法学思维小学堂

法律人的6堂思维训练课

（第二版）

No.1 法律中的概念

No.2 法律解释的古典方法

No.3 法律续造的论证形式

No.4 法律与逻辑

No.5 论证理论

No.6 体系方法

著——[德] 英格博格·普珀

译————————蔡圣伟

北京大学出版社
PEKING UNIVERSITY PRESS

著作权合同登记号　图字:01-2024-0512
图书在版编目(CIP)数据

法学思维小学堂:法律人的6堂思维训练课／(德)英格博格·普珀著;蔡圣伟译. — 2版. — 北京:北京大学出版社,2024.5
ISBN 978-7-301-35069-0

Ⅰ. ①法… Ⅱ. ①英… ②蔡… Ⅲ. ①法学—方法论 Ⅳ. ①D90-0

中国国家版本馆 CIP 数据核字(2024)第 097040 号

簡體中文版由元照出版有限公司(Taiwan)授權北京大學出版社有限公司出版發行
法學思維小學堂——法學方法論密集班,Ingeborg Pupe 著,蔡聖偉譯,(2023 年 11 月二版)
ISBN:978-957-511-331-5
© Brill Deutschland GmbH, Vandenhoeck & Ruprecht, Kleine Schule des Juristischen Denkens, Ingeborg Puppe(5. Auflage, Göttingen, 2023)

书　　　名	法学思维小学堂:法律人的6堂思维训练课(第二版) FAXUE SIWEI XIAOXUETANG:FALÜREN DE 6 TANG SIWEI XUNLIAN KE(DI-ER BAN)
著作责任者	〔德〕英格博格·普珀(Ingeborg Puppe) 著 蔡圣伟　译
责任编辑	孙　辉　方尔埼
标准书号	ISBN 978-7-301-35069-0
出版发行	北京大学出版社
地　　　址	北京市海淀区成府路 205 号　100871
网　　　址	http://www.pup.cn　http://www.yandayuanzhao.com
电子邮箱	编辑部 yandayuanzhao@pup.cn　总编室 zpup@pup.cn
新浪微博	@北京大学出版社　@北大出版社燕大元照法律图书
电　　　话	邮购部 010-62752015　发行部 010-62750672 编辑部 010-62117788
印　刷　者	北京中科印刷有限公司
经　销　者	新华书店
	880 毫米×1230 毫米　A5　13.375 印张　302 千字 2011 年 8 月第 1 版 2024 年 5 月第 2 版　2024 年 5 月第 1 次印刷
定　　　价	69.00 元

未经许可,不得以任何方式复制或抄袭本书之部分或全部内容。
版权所有,侵权必究
举报电话:010-62752024　电子邮箱:fd@pup.cn
图书如有印装质量问题,请与出版部联系,电话:010-62756370

贝多芬在1814年秋天赢得一场诉讼后,对他的律师K表示:

尊敬的K,万分感谢,我终于又遇见一位不需要那些可怜的公式还能够书写和思考的诉讼代理人与人类。

Tausend Dank mein verehrter K., ich sehe endlich wieder einen Rechtsvertreter und Menschen, der schreiben und denken kann, ohne der armseligen Formeln zu gebrauchen.

~Ludwig van Beethoven, 1814.

目 录

译者说明（中译本二版） ················· 001
译者说明（中译本一版） ················· 001
原著五版序 ························· 001
原著四版序 ························· 001
原著三版序 ························· 001
原著二版序 ························· 001
原著一版序 ························· 001
缩语表 ···························· 001

第一课　法律中的概念

第一章　法律人为什么要争执概念？ ········· 003
第二章　法律概念的意义 ················ 012
第三章　概念形式 ···················· 049
第四章　法律上的概念定义 ·············· 064
第五章　把法律适用于个案 ·············· 083

第二课　法律解释的古典方法

第一章　解释方法概述 …………………………………… 131
第二章　根据文义的解释 ………………………………… 141
第三章　体系解释 ………………………………………… 146
第四章　目的论解释 ……………………………………… 168
第五章　各种解释方法间的顺位问题 …………………… 190
第六章　合宪解释 ………………………………………… 202

第三课　法律续造的论证形式

第一章　所谓类比推论与反面推论 ……………………… 217
第二章　当然推论，亦称大小推论 ……………………… 235
第三章　归谬论证 ………………………………………… 248

第四课　法律与逻辑

第一章　法学上对于逻辑的蔑视 ………………………… 267
第二章　语句逻辑 ………………………………………… 272
第三章　对于逻辑论证的审查，或是：
　　　　逻辑在法律上的艰困工作 ……………………… 288
第四章　规范逻辑 ………………………………………… 297
第五章　逻辑错误 ………………………………………… 305

第五课　论证理论

第一章　论证理论 …………………………………… 329
第二章　法学对话 …………………………………… 347

第六课　体系方法

第一章　体系学与论点学 …………………………… 363
第二章　所谓的审查架构 …………………………… 376

推荐读物 ……………………………………………… 383

译者说明(中译本二版)

　　一晃眼,距离中译本的初版竟已过了将近 15 个年头。其间,德文版原著已经历了 4 次改版,此次的译文是根据甫于 2023 年 3 月问世的德文版原著第五版所译。中译本初版是根据原著第一版的文本翻译,当时原著有 191 页,到第五版时,德文版则已增至 332 页,除增加许多新内容外,原本的既有内容也经历了相当程度的调整或改写。作者从第三版开始,便有意识地加入大量来自公法及民事法领域的讨论素材,让这本书更加符合跨领域方法论的教本属性。这些修订,除使本书的价值大幅提升外,也大幅提高了翻译的难度。中译本的改版计划原本是以德文版第四版的文本为对象,但就在 2022 年夏天翻译即将完成之际,Puppe 教授又来信告知将会有第五版的问世。几经考量,决定延后时程改译第五版,让同样内容的中译本和德文版同步问世。其间又遇到德国出版社搬迁,进程再次延后,但也因此多了校对和顺稿的时间。在这段时间,我重新检视了全书文稿。由于前版中译本的工作进程较为仓促,忙中不免有错,部分段落也有词未达意的问题,本次改版均一并修正、改善。于此要特别说明的是,作者在德文版第 4 次改版时，加入了欧盟法方针规定对德国法解释的影响，这虽然是近年来德国法学界的一大研究重点，但对非欧盟法国家的法律人来说，或许不是那么重要，因此接受 Puppe 教授的建议，将此部分略去，这也是中译本与原本在内容上的主要不同处。

由于作者几次改版时均大量加入其他法领域的素材，而本人的专业领域仅为刑法，因此刑法以外的部分就必须求教于各领域的专家，以确保翻译内容和译语的正确性。这部分要特别感谢台北大学法律学院郭玲惠教授、王怡苹教授、向明恩教授、王士帆副教授，东吴大学程明修教授与范文清教授，台湾大学林钰雄教授和周漾沂教授以及云林科技大学的恽纯良教授。他们分别对劳工法、民事法、刑事诉讼法、公法、欧盟法、法哲学和经济刑法领域的相关用语提供了诸多宝贵建议，让我能够选用这些领域中较正确或通行的译语，但文责当然仍由译者本人承担。此外，德国友人 Christian Kau 律师对于书中所使用的许多口语表达也不厌其烦地提供解说或翻译建议，同样功不可没。最后，也是最主要的，当然还是 Puppe 教授本人的释疑。这次改版，我向作者提出过数十则问题确认内容，她总是极为迅速地详尽回复，除了大幅提升译文的正确性，也让我在翻译过程中获益良多，借此机会对 Puppe 教授致上最诚挚的感谢。教授虽已年过八旬，但仍持续研究著述和参加学术研讨会，严谨认真的治学态度也是译者一直以来效仿的对象。

接下来要说明一些技术性问题。翻译时，若是遇到较为复杂的语句（这在法学德文中并非罕见），难以翻成顺畅的中文时，我就会把原文拆解或改写成较易翻译的句子或语词，跟作者确认后，便依改写后的语句翻译。至于我和作者关于实质内容的讨论，就援用前版的处理方式：作者回信中的补充说明若有助于读者理解，我就会将之加入译文中。可简短通过一句话解决，就用【译按】的方式直接加在内文；若补充的内容较长，置于文中会影响阅读的流畅，则会采用译注的方式（如"＊"）。此外，当作者援引德国法条时，我也会使用译注的方式附上相关条文的中译，供读者对照参考。最后，作者于改版时删除的部分，倘若我认为仍有对照参考的价值，也同样会用译注的方式附上，读者对照后或许可更加理解作者的思路。

翻译这本书，有点像帮一部精彩的电影翻译字幕，翻译的同时自己也在欣赏影片内容，乐在其中，虽然想要早点完成工作，但又舍不得太快结束。就是在这样的复杂心情下，完成了这次的中译文改版。"lost in translation"，是每个翻译者都会担心，却又无法避免的状况。有些语气通过翻译转换成外文，感觉就会有落差。像本书第79页处，作者用德国知名舞台剧《四川好人》的结尾作为比喻，德国人看了多半能会心一笑，但中文读者恐怕就是雾里看花。在这些部分，我都会把查找的相关信息附在译注中，希望让读者借由这些补充说明更能理解作者的原意。囿于个人能力，必然不免会有些意味逸失于翻译过程中，还请读者见谅并给予指正，也希望不至于让这本出色的著作失色太多。

关于本书的修改校正，要感谢秦季芳老师提供的诸多宝贵专业意见和翻译建议，以及台北大学法研所博士班郭文杰同学、硕士班赵执中同学和台湾大学法研所硕士班刘劭容同学的细心校对，还有成功大学许泽天教授与陈奕廷律师对于个别译语选择的建议。他们的参与，让中译本能够以更好的面貌呈现。

最后,还要感谢元照出版公司同仁在取得翻译授权和书籍排版、编辑与封面设计等出版庶务上的协助,以及北京大学出版社蒋浩副总编辑的关心及督促。诚挚感谢每位不可想象不存在的有形或无形帮助者。后面再附上初版的译者说明,还请读者阅读过作者的第一版序言和初版的译者说明后,再阅读内文。

蔡圣伟
2023 年 10 月

译者说明（中译本一版）

2008年4月30日清晨，一开门便收到Puppe教授寄赠的小书一本。翻看了前言和目录就深深地被这本书所吸引。后来我也选择了其中的部分章节，当作东吴大学法律学研究所"德国法学名著选读"的课程读物之一。读得越多，就越觉得应该把这本书介绍给不谙德语的中文读者。基于这样的冲动，尽管自己能力、精力和时间都非常有限，还是向Puppe教授提出了将此书翻译成中文的建议。在此要特别感谢Puppe教授的信赖与协助，她不但慨然应允翻译计划，而且在版权的取得上出力甚多。关于授权的取得，当然也要感谢元照出版有限公司版权部同仁所付出的辛劳。希望接下这个翻译重任，不会成为"超越承担的过失"。

Puppe教授虽然有视力障碍，但从她的著作中，完全感受不到作者在阅读上受到任何影响。教授在刑法学界享有盛名，经常因对通说提出犀利的批判而成为反对阵营的大将[*]，每次阅读她的

---

[*] 通说，说穿了也不过就是"通通都这么说"，而大部分的人之所以都这么说，有时候不见得是因为说法很有道理，而是因为这种说法比较不麻烦，可以让法律适用者偷懒（例如：标准较模糊，在个案中留有极大的"法感调校空间"）。（转下页）

文章都会有诸多启发。东吴法学院曾经两次邀请Puppe教授来台讲学，参与过这几场演讲的人，大概都可以或多或少感受到她的老顽童性格，而这种性格更可从写作创意上看出。Puppe教授曾经在少数的几篇文章中，跳脱一般学术论文的写作方式，用创新诙谐的笔法撰写。其中最令我印象深刻者，要数以科幻小说的形态讨论因果关系的一篇短文*。在这篇文章中，Puppe教授从外星人的角度来检视德国刑法学界所奉行的条件公式，极富创意与启发性。这本书，就如同她所撰写的刑法文章一样，也是偏离于传统教科书的论述方式，比如方法论的案例实习教本，重在各种方法的实际操演。本书可说是Puppe教授集自己数十年来的教学与写作经验，为法律初学者所撰写的一本思维导引手册。书名之所以采用"法学思维"一词，据作者的说明，是源于德国刑法暨法理论大师Engisch**于1956年所撰写的《法学思维导论》(Einführung in das juristische Denken)。该书是法学方法论教科书的先驱，影响德国法学界非常深远。自此之后，"法学思维"一词

（接上页）了解了这点就不难说明，为什么在很多争议中，明明就是少数说讲得比较清楚、比较合理，最后却还是没能成为通说。

*　该文篇名为：Kausalität – Ein Versuch, kriminalistisch zu denken，刊载于SchwZStW 107 (1990)。该文已有西班牙文翻译本，分别于阿根廷（1992）以及智利（1993）发表。在1996年也被译为中文（《因果关系：一个从刑事政策面思考的新尝试》，郑铭仁译，载《军法专刊》第42卷12期，第27页以下），但似乎没有引起太大的注意，十分可惜。

**　Karl Engisch（卡尔·恩吉施，1899—1990），德国刑法学、法哲暨方法论大师，曾任教于慕尼黑、海德堡等大学。在刑法学的研究上，Engisch教授对于故意与过失之分界、过失犯的构造、因果关系的认定（提出"合法则之条件理论"）、意志自由、医疗行为与安乐死等重大议题均有杰出的研究成果。而在法理论的研究上，尤其是关于法律适用方法论的研究成果（像著名的"目光于事实与规范间来回游移"、法律适用逻辑学等），均对后人造成了深远的影响。

便带有法学方法论的意涵。学习方法论的理由,可用一句话来说明:与其一直要鱼吃,不如自己学钓鱼。学会思维说理方式,才能独立地得出自己的法学推论;在面对从未思考过的法律问题时,才不至于完全没有头绪。要特别说明的是,Puppe教授这次提供了两个全新撰写的章节,分别是第四课(法律与逻辑)当中的第二章(基础的语句逻辑)与第七章(概念混淆)。因此,中文读者所阅读的译本,内容要比目前市面上的德文版更新鲜,是刚出炉的第一手资料。

讲到翻译,就会想到德国一则古老的谚语:"翻译后的文本就像人,美的不好、好的不美。"尽管这则谚语对于世人外在与内在间的关联性有偏颇的认知,但不能否认它贴切地点出了翻译工作的难。囿于文法结构与用词习惯的差异,致使法学翻译很难满足信达雅的要求。过分忠于原文的句法结构,就会影响到译文的美;过于追求译文语词表达的美,则往往又会让译文失真。所幸,本书作者给了我最大的支持。在翻译期间,每当遇到中文表达有困难时,我都会将原句改写发给作者确认,作者同意后再依照改写后的句子或语词来翻译。算算其间也有好几十个问题,通过电子邮件往返于台北与波恩两地的电脑屏幕上。于此要再次诚挚地感谢本书作者——Puppe教授,感谢她每次都在百忙中极为迅速地回信,让我能够尽可能地兼顾内容与表达方式,让这个翻译文本不至于太不美或太不好。

与Puppe教授的书信问答中,除了译语或句型的讨论,也经常涉及实质内容的确认。因为部分的讨论内容应有助于读者更精确地理解内文,所以我也将之用译者补充说明的方式加入本书。如果补充说明可简短用一句话解决,我就会使用"译按"的方式直接加注于内文里;若是补充说明过长,置于文中将会影响阅读的流畅,则会采用译注("*")的方式。除此之外,针对部分台湾地区尚无译语共识且难以望文生义的专有名词,我也会在译注中说明自己的译词选择,并且将其他的中文译词列出。除了因为这是学术工作的基本要求,也希望通过各种译语的并陈,能够帮助读者从不同的角度理解这些概念,甚至可以让有兴趣的读者借此找到中文的相关文献读物。此外,当书中引用了德国法的条文时,我也都会在译注中将这些条文翻译成中文(如果条文内容与台湾地区相关规定内容相同,则会交代相当于台湾地区有关规定的具体条目)。最后,书中偶尔会提及其他德国学者的姓名,虽然作者所引用到人名多半是出于偶然,但我还是在译注中简短地介绍这些人的背景,让这些人名在读者的眼中不再只是冷冰冰的字母,希望借此也能提高大家阅读时的兴味。

关于本书的完成,要特别感谢成功大学王鹏翔助理教授与台湾大学吴从周助理教授在译语选择上所提供的诸多宝贵建议,以及德国友人 Marc Lindener 先生与 Christian Kau 律师对于书中所使用的许多口语表达不厌其烦地提供解说,还有东吴法研所陈奕廷同学的校阅。由于他们的协助,让这本书的缺点能够减少许多。尽管如此,译文的内容一定还是会有疏失错漏之处,这当然是要由译者本人单独承担。除要请读者包涵外,也希望大家能不吝指正。

思维训练课即将开始,你,准备好了吗?

蔡圣伟

2009 年 9 月 9 日

原著五版序

新版有两个重要的增补。第一个增补涉及概念在法律中的意义,以及所谓规范性构成要件要素,见下文第一课第二章之三。

由于规范性(normativ)这个时髦概念的多义和不明确,我将之改称为制度性要素(institutionelle Merkmale)。借由这个称谓所指涉者,特别像是权利与法律关系。这次我给了这些概念一个独立的章节,而不是像先前那样放在描述性概念的标题下处理,理由在于,这种概念的意义在刑法上的错误理论中存有极大的混乱,而这混乱也延伸到对于评价性概念的理解。因此,在法学概念理论上,绝对有必要澄清这些描述权利与法律关系的概念意义。

第二个增补的文本,则是涉及德国联邦宪法法院赋予宪法位阶的磨除禁止(Verschleifungsverbot),以及该禁令与一般性(不具有宪法位阶)的不赘言要求(Nichtredundanzpostulat)之间的区别。因为这两个规则都是属于构成要件的体系解释,这个新章节就放在第二课第三章之四。

这次改版,我要感谢我的助理 Matthias Welzel 先生、Taina

Schneider 小姐、Julia Cremer 小姐，以及秘书 Claudia Rendschmidt 女士的热心协助。

Ingeborg Puppe

2022 年 10 月

原著四版序

　　本次改版顾及了方法论中的重点转移，新加入一个关于欧盟法合宪解释（europarechtskonforme Auslegung）的章节。我从体系解释的章节中，将合宪解释拉出，使之成为一个独立的章节，因为合宪解释不仅在内容上远超越体系解释，并且在方法上亦复如是。此外，我也考虑到，主观解释在时下的方法论中，扮演着较以往更加重要的角色。

　　对于这次的改版，我同事们的能力和热心都是不可或缺的。对此我要感谢 Lucas Tomiak 先生和 Claudia Rendschmidt 小姐。

Ingeborg Puppe
2019 年 4 月

原著三版序

原则上,法律的适用与法学的方法在所有法领域中都是相同的,所涉及者始终都是:理解某个法条和当中出现的概念,若有必要,还要将之精确化,以求将待决事实涵摄到这些概念下。不同的概念形式会同样地出现在所有的法领域。这也同样适用于文义、体系、法律目的之解释规则,以及法律续造的角色,如类推、反面推论、当然推论、归谬论证。逻辑规则,一如其适用于所有理性言论那般,也同样适用于所有的法领域。因此,即便每个法学方法论学者都会优先从自己擅长的法领域找出展示教材,对于法律发现方法的学习来说也不会是个问题。这其实也无可避免,因为要学习和教授某种方法,不可能只靠阅读及说明理论性的相关论文,还必须在所涉学科的问题中检验这些方法,并且观察其他学者如何运用,以检测出这些方法的价值、产能功效及其极限。这就是为什么这本书的例子多半来自刑法的理由。同时,刑法也是对于初学者来说最为清楚易懂的法领域。

为了展示方法的相同性以及不同法领域在方法论上的特殊性,我在第三版中也使用了民法与公法的解说素材。举例来说，在每个法领域中都必须连结不同的法规范，这种必要性在民法中特别常见，并且制造了许多重大难题。类型概念（Typusbegriff）在民法上显得特别有用，但它在刑法上的变质却酿成了巨大的灾害。刑法上经常见到概念的论断式运用（zuschreibende Verwendung），民法上则有法律推定（gesetzliche Vermutung）可供使用。刑法上，特别是在刑法教学上，仍旧充斥着可完整定义法律概念的信仰，与此相对，在其他法领域，现今对于概念定义产能功效的信赖，则已较往昔减少许多。在行政法上，对于不确定法律概念在个案中的运用，发展出一套行政机关判断余地（Beurteilungsspielraum）的理论，但是德国联邦宪法法院和德国联邦行政法院对此划出了一条紧缩的界限。现在，这个理论在没有这层限制的情形下，漫溢到刑法基本概念的适用。德国联邦最高法院有时在运用这类原则性概念时，赋予下级审法院判断余地。在宪法上，德国联邦宪法法院对于法律的合宪解释则发展出一套特殊方法，这个方法超脱了其他排除法律矛盾所运用的手段，并且已被承认为一种获得法律的独立方法。

关于法律在个案中的运用，我提供了一个专门的章节，将先前有关定义及涵摄的章节并入其中，并且补充了民法和公法上的一些特殊适用问题。

对于第三版的改版工作，我要感谢 Hosea Wenschkewitz 先生、Benno Pützer 先生与 Lucas Tomiak 先生。

Ingeborg Puppe
2013 年 8 月

原著二版序

因为一版业已售罄，所以有出新版的必要，也借此机会在部分章节做了些微的补充，像关于论断式概念、类型概念、定义以及关于体系学和论点学的章节。关于逻辑的章节有彻底的修改，并且补充了一个自然语言中逻辑连结之多义性（Mehrdeutigkeit der logischen Verknüpfungen）的次章节："好，如果条件成真的话（Ja, wenn das Wörtchen wenn nicht wär）。"

在逻辑上的错误这部分，我通过一则来自最新文献的清楚例子来说明概念错换（Begriffsvertauschung）这种错误。在论证理论中，我则添加了一个简短的章节来说明公平与不公平的论证，读者借此不但可以学习自行公平的论证，也能够学会辨识不公平的论证。

关于改版工作，我要感谢：Thorsten Hemme 先生、Benno Pützer 先生、Hosea Wenschkewitz 先生、Franz Wenzel 先生，以及 Claudia Rendschmidt 小姐。

Ingeborg Puppe
波恩，2011年2月

原著一版序

　　法律人的技艺，就是论证。越是能够驾驭得好这项技艺，就越能成为一名成功的律师，越能成为一位受尊敬的法官、有影响力的政府官员，以及一个受到大家认同、肯定的法学写作者。

　　然而，"现代"的法学教育并没有提供法律初学者多少学习、练习这项技能的机会。从那些所谓的精简版教科书或是大部头的教科书中，法律初学者获取了法学知识。尽管这些教科书大多不是那么精简，但在里面还是欠缺了彻底处理法律问题的空间。教科书的作者通常都自限于用简短的话语介绍出不同意见，也就是所谓的争议立场，再接着用一个标准的论点来赞同所谓的通说。在那些教导案例解析的书籍中也是如此。这些标准论据，通过一种总是相同的描述，从教科书到教科书、一代代传承下去，并且大多都已经有了令人敬畏的年纪。对于其中的部分论据，我们将会有较为详细的分析。

　　即使是那么重要的最高法院裁判，也很少对于法律初学者提供彻底论证的榜样。判决的审判庭多半都能够找到一个持续的实务见解来援用，并且指出："本庭并无理由"去处理文献上对该实务见解的批评。德国联邦最高法院很少会改变他们的意见。我们会在他们必须要对新的法律以及新的法律问题表态时,最先发现他们的论证。但就算可能,德国联邦最高法院也是以官方草拟的立法理由中所表达的解释及目的设定作为依归;这些立法理由中的解释及目的设定,对于实务界有着绝对的权威,因为这被看作是"立法者的意志"。对此,我们也将会有更进一步的处理。

法学方法论的教科书是在一个较高的瞭望台上观察法律适用的种种问题,并且非常抽象地进行讨论。在这些教科书当中,方法论上的各种不同取径,像概念法学、利益法学、评价法学、诠释学以及论点学,都是按照其历史上的发展顺序一个接一个地被介绍出场,并且批判性地加以阐释。这显示了,关于法学方法的讨论,有超过百年的时间都在承受这种苦难:每个新构想都主张其自身的独裁专制,并且因此把它各自的前手说得一无是处。然而,这些被如此"残杀"的前手方法,在法学实务中还是继续愉悦地活着。您将会看到,尽管在课堂上听到种种对于概念法学的宣战与抨击,但我们在每个涵摄过程中,仍旧还是用概念法学的方式工作并且论证。

本书的目的,就是要把方法论中所有方向(诸如古典方法论、现代方法论)的知识,在一定程度上从较高的层次拉下来,将这些知识运用到实例上,借此来展示这些知识。这样不仅只是要批判性地反映出这些方法,而且也要训练法律初学者将这些方法运用到个案中的能力。他们应该学习怎样才能论证得更好,无论他们是支持哪种理论、运用了哪种方法,均然。这本书所根据的经验,是得自我在波恩大学法律系为新生所开设的数门关于法律适用方法的课程。事实证明,对于学生而言,抽象地说明一个理论、程式或是概念，要比将之正确且完整地（在必要时甚至还要有原创的想象力）运用到一个具体个案或具体问题中，来得容易许多。为了传播这些具体应用的能力，每个概念及论证方式都是通过一个例子来说明、演练。

这些在其他文献中出现、于本书中用来当作例子展示的论证，都会标明出处。相反的，我只有在极少的地方引用了方法论的教科书，只有在那些方法论的教科书特别清楚地表达了某个重要想法之处。如果要处理方法论的文献，那么我就必须在这些方法论的路线战争当中选边表态，但这并非本书的意图。因而，本书也不列出参考文献，所参考到的文献都只有偶然的性质。被简化引用的标准文献，则可在缩语表中找到。在本书的最后，我也提供了法学方法论文献的指引，是我推荐用以进阶的读物。其中部分的书籍在书店中已经买不到，尽管如此，我还是推荐了图书馆中能够取得的书籍。这些书籍是源自20世纪70年代末期到80年代初期，在那段期间，法学方法论受到形式逻辑、语言哲学、诠释学以及修辞学的启发，并且予以加工处理。这段时间过后，大家对于基本方法问题的兴趣似乎转弱，以至于当时的那些新作品，只有少数几本仍有继续改版上市。但是在法学方法论这个领域中，和其他特殊的法领域不同，比较不会受到文献新鲜度的影响。

只有在法律逻辑的章节中，我使用了语句逻辑的部分公式。其中对于法律适用最为重要的公式，就是质位换。为了让读者不用为此还要去学习逻辑符号（更何况这些逻辑符号在相关文献中的意义有时也不尽相同），我将每个使用到的公式都随即转换成一般语言。这些逻辑公式，督促写作者要精确，也防止写作者用逻辑来"蒙骗"。此外,这些逻辑公式也迎合了现代教育所强调的视觉化趋势。但是,法律人必须使用到的推论形式其实很简单,简单到可以立即用一般语言来表达。也就是说,法律人可以没有逻辑公式,但不能没有逻辑。

那些我用来说明法学方法论中不同概念、不同思维修辞以及不同论证模式的法律问题,全都是出自刑法的领域。理由很简单,因为这是我基于自身的实际论证经验以及观察其他法律人论证方式的领域。不运用自己的实际经验,就不可能会有实际的课程。但这不必然是个坏处。依照经验,刑法对于年轻的法律人来说,是最容易理解的科目。刑法上的问题,多半都是明白易懂并且能够各自独立。我们可以在几分钟内,对一个细心且聪明的小孩说明刑法上的问题。相反的,在民法及公法的领域中,要理解为什么会产生争议以及这个争议是绕着什么在转,往往就需要先具有相当可观的知识。

为了便于理解,我也在相关处加入了提示,说明我是以哪些法律问题为例,读者借此也能够独立于本书的文本去了解这些法律问题,但读者只需要稍微翻阅精简教科书中的相关章节即为已足。因为这本书的目的并不是要让读者对刑法有更深层的认识(当然在一定程度上会附带产生此种效果),所以我一再地运用相同的争议作为例子。为了在这些争议问题中实际操演法学论证的技能,我们最后也必须对于这些问题表态。对此,我当然只能作出我个人认为正确的评断。但是,本书所追求的学习目的,不应该随着读者在事理上是否赞同我而有所影响。甚至,当读者尝试去反驳我的看法或是尝试去证明我有论证上的瑕疵时,反而是达成了更好的学习效果。

最后,关于本书的完成,我要感谢 Thorsten Hemme 先生、Stefan Jönsson 先生以及 Claudia Rendschmidt 女士的尽心协助。

Ingeborg Puppe

2007 年 8 月于波恩

缩 语 表

简　写	意　义
a. A.	不同见解
abl.	反对的
Anm.	评释
Art.	条号
AT	总则
Aufl.	版次
Baumann/Weber/Mitsch AT	Jürgen Baumann、Ulrich Weber、Wolfgang Mitsch 合著,《刑法总则》,第 13 版,2021 年。
Bd.	册
BGB	民法典(Bürgerliches Gesetzbuch)
BGHR	联邦最高法院报导(Bundesgerichtshof Report)
BGHSt	联邦最高法院刑事判决官方汇编(Amtliche Sammlung des Bundesgerichtshofs in Strafsachen)

（续表）

简　写	意　义
Brox/Walker Schuldrecht AT	Hans Brox、Wolf-Dietrich Walker 合著,《债法总则》(Allgemeines Schuldrecht), 第 46 版, 2022 年。
BT	分则(Besonderer Teil)
BT-Drs.	联邦议会公报(Bundestagsdrucksache)
BverfG	联邦宪法法院(Bundesverfassungsgericht)
BVerfGE	官方联邦宪法法院裁判汇编(Amtliche Sammlung der Entscheidungen des Bundesverfassungsgerichts)
ders.	同作者(derselbe,男性)
dies.	同作者(dieselbe,女性)
Dreier-*Bearbeiter*	Horst Dreier,《基本法注释书》,第 1 册,第 3 版,2013 年。
dt.	德语版
Ehlers/Plünder-*Bearbeiter*	Dirk Ehlers、Hermann Plünder(编),《一般行政法》(Allgemeines Verwaltungsrecht), 第 15 版,2015 年。
EuGHE	欧盟法院官方判决汇编(Amtliche Sammlung der Entscheidungen des Europäischen Gerichtshofs)
f.	以下一页(folgende)
ff.	以下数页(fortfolgende)
Fischer	Thomas Fischer,《刑法典与附属刑法》,第 60 版,2013 年。
Fn.	注解(Fußnote)
FS	祝贺论文集(Festschrift)

(续表)

简　写	意　义
GA	德国法学期刊：Goltdammer《刑法文选》(Goltdammers Archiv für Strafrecht)
GG	《德国基本法》(Grundgesetz)
GjS	《散布危害青少年书刊法》(Gesetz über die Verbreitung jugendgefährdender Schriften)
Gössel/Dölling BT/1	Dieter Dölling、Karl Heinz Gössel 合著,《刑法分则(一)》,第 2 版,2004 年。
Gropp AT	Walter Gropp 著,《刑法总则》,第 3 版,2005 年。
GS	纪念论文集(Gedächtnisschrift)
Haft AT	Fritjof Haft 著,《刑法总则》,第 9 版,2004 年。
Haft BT/1	Fritjof Haft 著,《刑法分则(一)——财产犯罪》,第 8 版,2004 年。
h.L.	通说(herrschende Lehre)
Hrsg.	编者(Herausgeber)
i.S.	在……意义下(im Sinne)
i.V.m.	与……连结(in Verbindung mit)
JA	德国法学期刊：《法学丛刊》(Juristische Arbeitsblätter)
Jakobs AT	Günther Jakobs 著,《刑法总论》,第 2 版,1991 年。
Jarass/Pieroth-Bearbeiter	Hans Jarass、Bodo Pieroth 合著,《德意志联邦共和国基本法注释书》,第 12 版,2012 年。
Jescheck/Weigend AT	Hans-Heinrich Jescheck、Thomas Weigend 合著,《刑法总则教科书》,第 5 版,1996 年。

（续表）

简　写	意　义
Joecks/Jäger	Wolfgang Joecks、Christian Jäger 著,《学习版注释书》(Studienkommentar),《刑法》,第 13 版,2021 年。
JR	德国法学期刊:《法学综览》(Juristische Rundschau)
Jura	德国法学期刊:《法学教育》(Juristische Ausbildung)
JuS	德国法学期刊:《法学训练》(Juristische Schulung)
JZ	德国法学期刊:《法律人报》(Juristenzeitung)
Katz /Sander	Alfred Katz、Gerald Sander 著,《国家法——公法基本课程》(Staatrecht),第 13 版,2019 年。
Kindhäuser/Zimmermann AT	Urs Kindhäuser、Till Zimmermann 著,《刑法总论》,第 10 版,2021 年。
Kindhäuser/Schramm BT/1	Urs Kindhäuser、Edward Schramm 著,《刑法分则（一）》,第 10 版,2021 年。
Kindhäuser/Böse BT/2	Urs Kindhäuser、Martin Böse 著,《刑法分则（二）》,第 11 版,2020 年。
Klesczewski BT	Diethelm Klesczewski 著,《刑法分则》,2016 年。
Koch/Rüßmann	Hans-Joachim Koch、Helmut Rüßmann 著,《法学论证理论》,1982 年。
Krüper −Bearbeiter	Julian Krüper(编),《法之基础》,第 4 版,2021 年。
Kühl AT	Kristian Kühl 著,《刑法总论》,第 8 版,2017 年。

(续表)

简　写	意　义
Küper/Zopfs BT	Wilfried Küper、Jan Zopfs 著,《刑法分则——定义与解释》,第 10 版,2018 年。
Lackner/Kühl	Karl Lackner、Kristian Kühl 合著,《刑法注释书》,第 29 版,2018 年。
Larenz/Canaris	Karl Larenz、Claus-Wilhelm Canaris 著,《法学方法论》,第 3 版,1995 年。
LG	地方法院(Landgericht)
LK-*Bearbeiter*	Wilhelm v. Laufhütte Heinrich、Ruth Rissing-van Saan、Klaus Tiedemann(合编),《莱比锡刑法注释书》(Leipziger Kommentar zum Strafgesetzbuch),第 1 册,第 13 版,2020 年;第 2 册,第 13 版,2021 年;第 6 册之 1,第 13 版,2021 年;第 8 册,第 13 版,2021 年。
Looschelders AT	Dirk Looschelders 著,《债法总则》,第 19 版,2021 年。
m.w.N.	附有进一步的指引(mit weiteren Nachweisen)
Matt/Renzikowski-*Bearbeiter*	Holger Matt、Joachim Renzikowski 合著,《刑法注释书》,第 2 版,2020 年。
Maunz/Dürig-*Bearbeiter*	Theodor Maunz、Günter Dürig(编),《基本法注释书》,第 85 次增补,2018 年。
Maurach/Gössel/Zipf	Reinhard Maurach、Karl Heinz Gössel、Heinz Zipf 合著,《刑法总论》,第 2 册,第 8 版,2014 年。
Maurach/Schröder/Maiwald/Hoyer/Momsen BT/1	Reinhard Maurach、Friedrich-Christian Schröder、Manfred Maiwald、Andreas Hoyer、Carsten Momsen 著,《刑法分则》,第 1 册,第 11 版,2019 年。

（续表）

简　写	意　义
Maurach/Zipf AT/1	Reinhard Maurach、Heinz Zipf 著,《刑法总论》,第 1 册,第 8 版,1992 年。
Maurer/Waldhoff	Hartmut Maurer、Christian Waldhoff 著,《一般行政法》,第 20 版,2020 年。
MDR	德国法学期刊:《德国法月刊》(Monatsschrift für Deutsches Recht)
MüKo-*Bearbeiter*	Wolfgang Joecks、Klaus Miebach(编),《慕尼黑刑法典注释书》(Münchener Kommentar zum Strafgesetzbuch),第 1 册,第 4 版,2020 年;第 4 册,第 4 版,2021 年;第 5 册,第 4 版,2022 年。
MüKo BGB-*Bearbeiter*	Franz Jürgen Säcker、Roland Rixecker(主编),《慕尼黑民法注释书》,第 2 册,第 9 版,2022 年;第 5 册,第 8 版,2020 年;第 8 册,第 8 版,2020 年。
n.F.	新条文(neue Fassung)
NJW	德国法学期刊:《新法学周刊》(Neue Juristische Wochenschrift)
NK-*Bearbeiter*	Urs Kindhäuser、Ulfried Neumann、Hans-Ulrich Paeffgen(合编),Nomos《刑法典注释书》,第 4 版,2013 年。
NStZ	德国法学期刊:《新刑事法杂志》(Neue Zeitschrift für Strafrecht)
NStZ-RR	德国法学期刊:《新刑事法杂志实务见解报导》(NStZ Rechtsprechungsreport Strafrecht)
OLG	邦高等法院(Oberlandesgericht)
Otto AT	Harro Otto 著,《基础刑法(一般刑法理论)》,第 7 版,2004 年。

(续表)

简　写	意　义
Otto BT	Harro Otto 著，《基础刑法（个别犯罪类型）》，第 7 版，2005 年。
Grüneberg-*Bearbeiter*	Christian Grüneberg 著，《民法》，第 81 版，2022 年。
Puppe AT	Ingeborg Puppe 著，《刑法总论》，第 4 版，2019 年。
Rengier BT/2	Rudolf Rengier 著，《刑法分则（二）——侵害人身以及公众之犯罪》，第 23 版，2022 年。
RGSt	帝国法院刑事判决
RGZ	帝国法院民事判决
Rn.	编码（Randnummer）
Roxin/Greco AT/1	Claus Roxin、Luis Greco 著，《刑法总论（一）——犯罪论之结构》，第 5 版，2020 年。
Roxin AT/2	Claus Roxin 著，《刑法总论（二）——犯罪行为之特殊形态》，2003 年。
S.	页
Satzger InteuStrafR	Helmut Satzger 著，《国际刑法与欧盟刑法》，第 10 版，2022 年。
s. o.	见上文
Schmidhäuser AT	Eberhard Schmidhäuser 著，《刑法总论——学生版》，第 2 版，1984 年。
Schmidt-Bleibtreu/Klein-*Bearbeiter*	Bruno Schmidt-Bleibtreu、Franz Klein 原著，《基本法注释书》，第 12 版，2011 年。
Schönke/Schröder-*Bearbeiter*	Adolf Schönke、Horst Schröder 原著，《刑法典注释书》，第 30 版，2019 年。

(续表)

简　写	意　义
SchwZStr	瑞士法学期刊:《瑞士刑事法杂志》(Schweizerische Zeitschrift für Strafrecht)
SK-*Bearbeiter*	Hans-Joachim Rudolphi、Eckhard Horn、Hans Ludwig Günther、Erich Samson 合著,《刑法典体系注释书》。
sog.	所谓的(so genannte)
StGB	刑法典(Strafgesetzbuch)
Stratenwerth/Kuhlen AT	Günter Stratenwerth、Lothar Kuhlen 合著,《刑法总则(一)——犯罪行为》,第 6 版,2011 年。
StV	德国法学期刊:《刑事辩护人》(Strafverteidiger)
StVO	《道路交通规则》(Straßenverkehrsordnung)
StVZO	《道路交通许可规则》(Straßenverkehrszulassungsordnung)
v. *Mangoldt/Klein/Starck*-*Bearbeiter*	Hermann von Mangoldt、Friedrich Klein、Christian Starck 合著,《基本法注释书》,第 1 册,第 7 版,2018 年。
vgl.	参阅(vergleiche)
Vor §	某条之引言(Vorbemerkung)
VRS	交通法汇编
Wessels/Beulke/Satzger AT	Johannes Wessels、Werner Beulke、Hel-mut Satzger 著,《刑法总则》,第 51 版,2021 年。
Wessels/Hettinger BT/1	Johannes Wessels、Michael Hettinger 合著,《刑法分则(一)——侵害人格利益与公众利益之犯罪类型》,第 45 版,2021 年。

(续表)

简　写	意　义
Wessels/Hettinger BT/2	Johannes Wessels、Michael Hettinger 合著,《刑法分则（二）——财产犯罪》,第 44 版,2021 年。
wistra	德国法学期刊:《经济刑法与租税刑法杂志》(Zeitschrift für Wirtschafts-und Steuerstrafrecht)
ZStW	德国法学期刊:《整体刑事法学杂志》(Zeitschrift für die gesamte Strafrechtswissenschaft)

第一课
法律中的概念

第一章 法律人为什么要争执概念？

一直以来，我们法律人都在为了概念而争执。因为违反法律或违反公序良俗而无效的那些债权，如果还具有任何事实上的实现可能性，是否亦属诈欺构成要件中所称的"财产"？故意是否即为对于构成要件实现的认知与意欲？如果答案是肯定的，那么在这个脉络下应如何理解"意欲"一词？正确的正犯概念（Täterbegriff），究竟应该是客观的正犯概念（也就是具有犯罪支配力者为正犯），还是主观的正犯概念（亦即将犯行当作自己之犯行者为正犯）？在何种意义下，一个概念能够有对错真伪可言？只有那些描述事实的语句才能称为真实（正确）或虚伪（不正确）。我们可以用不同的概念来描述同一个事实，因此，定义上的任意性（definitorisches Belieben）适用于描述性科学（beschreibende Wissenschaften）、自然科学与人文科学（Humanwissenschaften）。[1] 每个学者只要在首次使用这些概念之前提出自己的定义，就可以任意地对其使用的概念下定义。如果他事后才对一个业已使用的概念加以定义，那么

---

[1] *von Savigny* Grundkurs im wissenschaftlichen Definieren (1970), S. 25 ff.

就会有陷入概念错换（Begriffsvertauschung）*的危险。当然，这种定义任意性的反面就是，于描述性科学中，我们无法通过概念定义来证成或证明任何必须被证成或证明的事物，这就是所谓定义的"无创造性"（Nichtkreativität）。②

在实践哲学（praktische Philosophie）中，也就是在伦理学的范畴，情形则有所不同。举个例子，某个战舰的舰长发现自己所面对的敌军拥有绝对的优势武力，便命令自己船舰上的官兵搭乘救生艇离开，之后弄沉该战舰，而没有遵循上级命令战至最后一兵一卒。③ 当两名伦理学的学者在争执这个指挥官的行为究竟应该算是勇敢还是怯懦时，他们其实就是在争执"应怎样理解勇敢、怯懦"这个问题，因为他们对于事实本身并无歧异。他们各自从自己对于勇敢与怯懦的概念理解，道出了自己赞许或谴责该战舰指挥官的结论，亦即各自道出了在类似的情形中建议或拒绝实施这种行为的结论。**

---

* 关于概念错换，详见第四课第五章之二。

② *Herberger/Simon* Wissenschaftstheorie für Juristen: Logik, Semiotik, Erfahrungswissenschaften (1980), S. 324 f.

③ 这就是发生在第二次世界大战初期的"朗斯多夫（Langsdorff）舰长案"。

** 于此附上原版中的说明以供读者对照参考：当两个伦理学学者在争执这个舰长的行为究竟应该算是勇敢还是怯懦时，他们显然各自对于勇敢与怯懦有着不同的概念理解。其中一位说，在毫无希望的处境中，为了拯救舰上官兵的性命，而违抗上级命令将自己的战舰炸沉，是勇敢的行为。他对于勇敢这个概念的理解，显然异于另一位将这一行为评定为怯懦的人。也就是说，对于各自运用的评价性概念而言，被评价的事实是其中必要的组成部分。因此，把一个评价性概念运用到某个事实上时，关键即在于穷尽这个事实，并且去斟酌所有支持或反对这个评价的事实。对此，德国实务界并没有提供好榜样；因为实务界要不是非常概括且不充分地说明他们的评价，不然就是只有片面的说明。他们显然认为，一个评价越是清楚、鲜明地得出，这个评价就越能使人信服。但这并不正确，尤其不适用于法学上的鉴定。相反地，越是彻底地考虑过那些反对自己结论的观点，所做的评价才越能使人信服。

法律人从他们的概念界（确）定（Begriffsbestimmungen）会推导出很实际的结论，也就是"包含这个概念的法律应否适用于某个特定案件"这样的结论。一个赃物犯对窃贼施诈，骗走盗赃物中原本应分给窃贼的部分④，这个赃物犯是否会构成诈欺罪？或者，一个毒贩在收了钱之后却交付给客户巧克力来代替海洛因⑤，这个毒贩是否构成诈欺罪？这些行为人是否构成诈欺罪，关键都在于"违反公序良俗的债权（sittenwidrige Forderungen）是否亦属财产"这个问题。再没有任何其他的学科及实务界会如此运用概念。所以，定义上的任意性不能适用于法律概念。随之便浮现了下一个问题：要依据什么标准，法律概念才会有对错之分？

　　曾经有一段时间，法律人相信世界上的事物自始就预先存于特定概念之中；这不是指其他不同的概念都是错的，而是指其他概念并没有完整地把实际事物（所谓的"具体现实"，Lebenskonkreta）⑥描述出来，而是从中抽象化。在今日，人们将这种想象称作"自然主义"（Naturalismus），并且原则性地反对这种想法。尽管如此，这种自然主义在法律上的某些领域，还是一如以往地居于主宰支配的地位。

　　其中一个领域就是竞合论。Binding*以他的规范理论作为基

---

④　BGHSt 2, 364.

⑤　BGH NStZ 2003, 152.

⑥　*Hettinger* Die Bewertung der „aberratio ictus" beim Alleintäter, GA 1990, 531 (549); 类似看法，如 *Roxin* AT/1, 12/119; *Frisch* Tatbe‑standsmäßiges Verhalten und Zurechnung des Erfolgs (1988), 599; *Koriath* Einige Überlegungen zum error in persona, JuS 1998, 215 (216).

*　Karl Binding（卡尔·宾丁，1841—1920），德国刑法学大师，提出了著名的"规范理论"（Normentheorie），通过其五大册的巨著《规范及其违反》（Die Normen und ihre Übertretung, 1872—1920）对刑法学界产成深远的影响。

础,主张"每个法规范的侵害都是一个原本必须独立处罚的犯罪"。举例来说,哥哥使用暴力迫使自己的亲妹妹与之实施性行为,这里便存在两个犯罪:近亲性交罪与强制性交罪。针对这个例子,v. Liszt* 则通过以下的文句来嘲讽规范理论:

> 规范理论通过某种方式来处理单纯生理意义下的性交行为,显得太过唯心论(idealistisch)。但可惜啊可惜,我们人类就是没办法脱离我们的本体,直到死亡为灵魂开启了万物。我们的法官每次对性交行为下判决,无论过去、现在还是未来,都是没有任何概念抽象性的野蛮行为。⑦

按照 v. Liszt 的看法,性交是实际的事实,而近亲性交与强制性交则只是这个事实的抽象描绘,仅有一个犯罪,只能科处一个刑罚。** 这是再纯粹不过的自然主义。综观古往今来,在法学

---

* Franz v. Liszt(弗兰茨·冯·李斯特,1851—1919),三阶层犯罪理论的创始者,实证主义的信徒,以自由法治国的模型来建构刑法学理的体系(古典犯罪论体系),并倡导目的导向的刑罚理论,反对应报概念而强调刑罚的特别预防机能。

⑦ v. Liszt Strafrechtliche Vorträge und Aufsätze, Bd. 1 (1905), 212 (245).

** 在竞合理论的脉络下,v. Liszt 的主张(犯罪数=行为数)与 Binding 的主张(犯罪数=被侵害之规范数)呈现出两个对立的极端,这就是早年关于想象竞合本质的著名论争:单数理论 vs. 复数理论。前一种立场,也就是自然主义的立场,基于"犯罪即行为"这个出发点,主张犯罪的个数始终等同于行为的个数。依此看法,一个自然的行为永远只能成立一个犯罪(一罪),无论这个行为实现了多少犯罪构成要件,均然;反之,数个犯罪(数罪)则必定是数行为。在如此的前提下,尽管想象竞合的情形涉及数个刑罚法律,但由于这些罪名是通过单一行为所违犯,故必然是所谓犯罪单数(此见 v. Liszt Lb, 1891, S. 246-247)。与此相对,复数理论则是将行为数与犯罪数区隔开,并主张:只要侵害了数个立基于不同评价角度的刑罚法律,就应该认定成数个犯罪;纵使外观上仅存有一行为,亦然(参见 Binding Handbuch des Strafrechts, Bd. 1, 1885, S. 569 ff.)。除这个论争 (转下页)

上,自然主义式的概念理解从来没有比那个时期更清楚、更为斗志高昂地被主张过;然而,通说直到今天还是如此诠释行为单数(Handlungseinheit)。⑧ 故意理论当中的意欲说(Willenstheorie),在今天也还是经常使用纯粹自然主义式的论据来说明故意;故意即意欲。⑨

自然主义相信有先天就准备好的对象(事物)及准备好的事实,我们能够用我们的概念,或多或少容易地描述这些对象及事实,但这些对象及事实独立于这些概念,以其"具体形态"(konkrete Gestalt)存在。在描述这些原本即预先存在的形态时,描述得越是精确、完整,我们的概念及描述就越好。关于因果关系的通说,就是这种世界观的一个保留区。依照此处的通说,在确认行为的原因性(Ursächlichkeit)时,所涉及的不是构成要件描述的结果对于构成要件不法具有决定性的质与量,而是"完全具体形态下之结果"(Erfolg in seiner ganz konkreten Gestalt)*。

(接上页)外,自然主义的支持者也认为确认行为数是一种事实的确认,因为在现实世界中早已切出一个个清楚区隔开的行为,就像河流是由其中的一颗颗水滴所组成那样(Beling 的比喻)。针对这个比喻,本书作者在另一篇文章中提出了一针见血的批评:我们可以通过各种不同的方式(工具)来做出或大或小的水滴,问题只在于,究竟应该要通过怎样的方式做出何种大小的水滴。自然主义的立场根本没有对此问题进行任何回应,到最后当然就会有被恣意操控的危险,法律适用者可以任意地视自己的需求,切分出或大或小的行为片段(*Puppe* GA 1982, 149 = *dies.* Strafrechtsdogmatische Analysen, 2006, S. 389 f.)。

⑧ Schönke/Schröder-*Stree/Sternberg-Lieben/Bosch* Vor § 52 Rn. 11; LK-*Rissing-van-Saan* Vor § 52 Rn. 9; *Fischer* Vor § 52 Rn. 3; SK-*Jäger* Vor § 52 Rn. 51; *Lackner/Kühl-Kühl* Vor § 52 Rn. 3; *Wessels/Beulke/ Satzger* AT Rn. 1245.

⑨ *Jescheck/Weigend* AT 29 II 2; *Stratenwerth/Kuhlen* AT 8/66; *Spendel* „Zum Begriff des Vorsatzes", FS-Lackner (1987), 167 (168).

* 于此再附上原版中对于通说的描述,供读者参考:像在确认因果关系时,通说所要追问的就是:关于"完全具体形态下之结果"的原因。依照(转下页)

如果这是正确的,亦即,现实世界果真是以如此规模,一份一份分装完成的形式呈现,那么就算不管各自的关联性,也还是可以确认某个特定陈述是否属于具体形态的结果。在帝国法院审理的一则经典案件中,被告把一件"防尘衫"(一种风衣)借给正犯,该名正犯打算埋伏并殴打被害人,由于防尘衫,被害人无法立刻从衣着认出正犯。帝国法院显然不把"正犯于实施伤害行为时的衣着"算入具体形态的伤害结果,并且认为有必要借由这个案件来阐明,帮助犯不需要是结果的必要原因,只要对于正犯行为有任何的促进、支助,即为已足。[10] 对此,Mezger(梅茨格尔)用激烈的语词加以批判。[11] 他指摘帝国法院的判决是立基于"因果关系思维的混乱",没有搞清楚因果关系的确认必须取决于"完全具体形态下之结果"。对于 Mezger 来说,行为人于实施伤害行为时的衣着显然也属于伤害结果的具体形态,他甚至认为这一点极为显然,以至于无须任何进一步的论述。然而,人们当然可以合理地争执这一点,并且,正因为人们能够争执这一点,就足以证明实际上根本没有这种(独立于我们的描述而存在,并且在任何脉络下都是标准的)完全具体形态下的现实世界(对此亦见下文第一课第五章之一)。

在描述性科学的范畴,自然主义会和定义的任意性有所冲突。如果实际的事物本质上即先于我们存在于特定概念之中,那

(接上页)这种想象,现实世界就是以一种已完成且相互区隔的形态(in fertigen, gegeneinander abgegrenzten Gestalten)存在的;而且,哪些东西属于或不属于这样的形态,是原本便自始确定的。当一个具体形态的概念包含了所有自始即属于该形态的事物时,这个概念便是正确的。

[10] RGSt 8, 267.
[11] *Mezger* Lb. (3. Aufl., Berlin 1949), 413; *ders*. StuB AT/1, 224.

么在描述性的学科中,也就同样会有正确或错误的概念、也同样会有错误或不完整描述现实世界的陈述,尽管这些概念与陈述系属真实。撇开这些直到今日还存在、令人讶异的自然主义保留区不看,自然主义在今日的法学界几乎可说是全面地被击溃。在方法论上大家都认识到,我们必须自己形成并界定我们要使用的概念。但这些界定不能像在描述性的学门中那样任意;因为,这些概念会被运用到法律中,这些概念界定联结上相关法律后,就会产生实践的后果【译按:会产生相关法律得否适用、是否引发法律效果的后果】。因此,我们需要标准来判断一个概念界定是否正确,也就是正确性判准(Richtigkeitskriterien)。

在所有的判准中,最为显而易见的判准,就是立法者自己对于这个概念的使用方式,这就是所谓主观解释(subjektive Auslegung)。使用定义(Gebrauchsdefinition),就其是否正确呈现立法者的文字使用这方面而言,的确能够区分对错真伪。然而,使用定义几乎不可能是完整的,因为立法者不可能预先想到这个概念的所有多义性及模糊面,特别是那些立法当时根本还没出现的现象。

第二个正确性判准是一般的语言使用(allgemeiner Sprachgebrauch),也就是所谓客观解释(objektive Auslegung)。这个一般的语言使用,划定了解释的最外围界限;一旦超越了这个界限,便进入类推适用(analoge Anwendung)的范畴。这个标准也通往一个原则上能被界定真伪(假)的使用定义。然而,这个判准非但不完整,而且在一定情形下也容易形成误导,因为街上的路人,所谓母语者(native speaker),通常不会面临那些法律人必须决定的概念使用问题。举例来说,一般人被问到"对结果的意欲是否属于故意"这个问题时,会本能地回答"是的"。但如果我们现在问他"在所谓托马斯案(Fall Thomas)中,行为人为了骗取保险金而炸毁一艘船[12],就船上工作人员死亡的部分,是否因为这个行为人并没有意欲(希望)让这些人死亡,所以仅应论以过失致人于死罪"这个问题时,他一定又会反对。但如此一来,他就修改了自己原先对于故意概念的使用习惯。

第三个正确性判准,同时也是对于法律概念的定义最为重要的判准,就是法律适用上的实践后果(praktische Konsequenzen),也就是所谓目的论解释(teleologische Auslegung)。一个如此的概念界定不会有真伪可言,而是一种规范性的陈述,它表达了:依照法律适用者或法学者的看法应如何理解所涉之抽象概念。这种从概念定义中证立法律结论的程序,会有循环论证的嫌疑:我们先用实践的结论来证立概念的界定,以求随后再从概念的界定中导出实践的结论。但是,只要人们另行证立其中任何一个论据,就能够打破这个循环。

对此有一个例子:在民法上,人们将人的生命起点界定在生产完成之时;在刑法上,则是把这个起点定在生产过程开始之时。借此,我们在刑法上就可以通过过失致人于死罪或是伤害罪,处罚那些接生时因自己的疏失而引起婴儿死亡或是健康损害的助产医疗人员。假设,妇产科医师 A 没有及时辨识出脐带绕着胎儿 K 的颈部,因此对于 K 的死亡有过错,那么从"人是一个始于生产过程开始的人类生命"这个概念界定,连结到《德国刑法》第 222 条【译按:过失致人于死罪】便会导出以下的结论:A 医师应受处

---

[12] *Binding* Die Normen und ihre Übertretung Band II/2, S. 851 f., Fn. 1.

罚,因为他过失导致了一个人的死亡。然而,每一个循环都会通过"其中的一个要素被另行证立"来消解。在此,就是必须要对"婴儿在生产过程中就已经是刑法意义下的人"这个命题加入论证理由。而这一点可通过以下的理由来证立:生产过程本身就是一个特别危险的生命阶段,需要助产医疗人员最高度的专注与谨慎,因此,在生产过程中就已经需要动用刑法来保护婴儿,保护其不受过失行为侵害。在概念形式上,我们的法律概念定义在某种程度上是被冻结的法律语句(eingefrorene Rechtssätze)*,至少当这些定义是以结论为导向时,就会是如此。

---

* 根据作者的解说,这里的"法律语句"是指针对出现在构成要件中的概念所做的定义。"冻结"一词,则是指被定义之概念的解释。定义越不确定,法条就越有弹性。

第二章　法律概念的意义

一、描述性概念

在今日,法律概念通常被称作规范性的(normativ),因为它们出现在规范当中,而且是在考虑过适用此规范所追求的结果后才被确定。

但规范性概念这个表述,暗示(有时也指称)了相关的概念——根据其内涵、意义来看——是在表达一个规范。在这种意义下,评价性概念,像"违反道德""违反诚信""特别可非难"或是"卑劣的动机"等,是规范性的概念。它们蕴含了规范,告诉人们应当从事或不要从事这些概念所指称的行为。反之,描述性概念则没有表达任何的规范。但只要描述性要素出现在法规范中,它们就会确定这个规范的意义,因此,在确定这些要素本身的描述性意涵时,就会考虑到相关规范产生的后果,也就是会根据这个规范应该具有的内涵来确定。现在,如果我们只是因为要通过相关规范应具有的特定内涵来确定这些概念,就把所有出现在规范中的概念都称为规范性概念,就是把决定概念内涵的理由和这个概念内涵本身混为一谈了。

我们可以用"人的生命"这个概念来说明此一区别。民法上的权利能力,也就是民法上人的生命始于生产结束。从这一刻开始,他便成为权利义务的承担者。这对继承权有其意义。如果胎儿是在出生后死亡,他就可以成为继承人,并且可以让这个胎儿的法定继承人继续继承。但他若是在生产过程中就死亡,那么在继承程序中就不会考虑到他。刑法上,人的生命则是始于生产开始,较精准地说,是始于阵痛开始。关于人的生命,刑法上的确定方式异于民法,这有其道理,希望借此在生产过程中就能够给予新生儿完整的生命保护,特别是针对过失的侵害,而不仅只是像现行法对胎儿所提供的那种不完整保护。* 规范性的理由则是在于,生产阶段特别危险,所以要求参与者(尤其是助产的医师)必须特别注意。无论是对于民法上人之始期的确定还是对于刑法上的确定,我们都可加以争执。举例来说,我们可以采取这样的看法:就算是还在母体中的胎儿,也应当具有权利能力,并且应该在继承程序中被顾及。或者也可以采取以下的意见:生产过程中的婴儿只应该针对故意杀害而受到保护,但不应及于过失的侵害。这样的争执涉及规范及其内容和理由,因此被称作规范性。但这一点并不会影响以下的事实:这两个被争执的人的生命概念,都是纯粹描述性的确定。婴儿是否脱离母体(生产是否完成),我们原则上都看得到,生产过程(开启阵痛)是否业已开

---

* 刑法上对于胎儿是通过堕胎罪章来提供保护,其中仅处罚故意犯,而未罚及过失。与此相对,杀人罪章的保护密度则明显高许多,除故意既遂犯之外,也罚及未遂与过失。

始,我们也可以通过阵痛测量器来确定。*

有人主张,描述性概念(beschreibende Begriffe)就是指一种经由纯粹的感官知觉就能正确运用的概念,而无须对之进行心智上的理解(geistiges Verstehen)⑬。《德国刑法》第 311 条第 1 项释放电离辐射罪(Freisetzen ionisierender Strahlen)中的"电离辐射"(ionisierende strahlen)这个概念,毫无疑问地是一个描述性概念;但若没有"心智上理解的动作"(Akt geistigen verstehens),我们就不可能正确运用得了这个概念。原则上,这适用于每一种概念,当然也包括了那些最简单、日常生活中最为一般的概念。凡是在心智上没有正确理解汽车或自行车这些概念的人,在看到一辆汽车或自行车时,就不可能正确地运用这些概念。描述性概念的特性在于,那些含有描述性概念并将之运用到某种情形上的语句,有真伪(假)之别,也就是说,描述性概念是在描述事实。

这可能是自然的事实,也可能是所谓制度性事实(institutionelle Tatsachen)。⑭ 后者是指社会上的事实,包括权利与法律关系

---

* 本段内容于新版中已有改写,但原版内容可帮助理解,且具有启发性,故于此仍附上本段的第一版原始内容:但光是因为规范性(Normativität)这个概念适合于所有的法律概念这点,就可以知道这个概念没什么用处。尤其是这个概念对于法律概念的意义以及更进一步的确定,什么都没有说。一个在此种意义下规范地被确定的概念,依其内容可以是完全描述性的。我们在前面所提到的"人"这个概念就是一个例子。"人"这个概念,被确定成始于生产开始,是为了要处罚在生产过程中过失引起婴儿死亡或伤害的助产医疗人员。但是,这个概念本身依其意义来看则是纯描述性的,我们可以用阵痛测量器来测量阵痛何时开始出现。

⑬ Schönke/Schröder/Sternberg-Lieben-Schuster § 15 Rn. 18 ff., 43; SK-Rudolphi (8. Aufl.), § 16 Rn. 21 (Stand: Oktober 2002);异于现在 SK-Stein § 16 Rn. 18; MüKo-Joecks/Kulhanek § 16 Rn. 70; Roxin AT/1 10/57, 12/100; Tischler Verbotsirrtum und Irrtum über normative Tatbestandsmerkmale (1984), 36 有进一步的文献指引。

⑭ NK-Puppe § 16 Rn. 31, 46 ff.

(Rechte und Rechtsverhältnisse)。在这里，"规范"这个时髦用语再度引起了混乱，因为描述权利与法律关系的概念也被称作（应与描述性要素对立的）规范性要素。然而，一个描述权利与法律关系的语句也会有真伪之别。若这个语句为真，那么它便描述了一个事实。当一个动产属于别人所有，这个动产对我来说就是他人之物，我是否有请求权，某个人合团体是否为民事法上的公司，等等。为了正确运用这些概念，都会需要心智上理解的动作[15]；但这一点并不能区分规范性要素与其他描述自然事实的描述性要素二者。

二、模糊概念

若是把"如何在内容上确定一个概念""这个概念的意义是什么"这类问题，和"为什么是如此确定这个概念"这样的问题相混，就会把模糊的（vag）、不确定的（unbestimmt）概念称作规范性概念，甚至是评价性的概念。[16] 然而，模糊概念绝对有可能是描述性的。像数量上（quantitativ）的模糊概念，如《德国刑法》第315条之3的"贵重物品"（Sachen von bedeutendem Wert）、第248条之1的"价值轻微之物"（geringwertige Sachen）、第263条第3项第2款的"重大财产损害"（Vermögensschaden großen Ausmaßes）以及

---

[15] Schönke/Schröder/Sternberg-Lieben-Schuster § 15 Rn. 43; SK-*Rudolphi* § 16 Rn. 21 (Stand: Oktober 2002)；异于现在 SK-*Stein* § 16 Rn. 18 f.; MüKo-*Joecks*/Kulhanek § 16 Rn. 70; *Roxin* AT/1 10/57, 12/100; *Tischler* Verbotsirrtum und Irrtum über normative Tatbestandsmerkmale (1984), 36 有进一步的文献指示。

[16] 对此参见 *Koch/Rüssmann* S. 194 ff.

《德国麻醉药品法》第29条之1第1项第2款的"并非微量（nicht geringer Menge）的麻醉药品"。

我们可以规定出一个所谓极限值（Grenzwerte），将部分数量上的概念转换成数字，予以精确化。在确定这个极限值时，必须考虑到，这样的确定会对含有这些数量概念的规范在适用上产生何种效果，但这并不会改变这些概念依其内涵是纯粹描述性的。《北莱茵·威斯特法伦州犬只管理法》（Hundegesetz）第11条，规定了所谓"大型犬"的饲养。饲养大型犬者，必须通知主管机关，证明其可靠并具有专门知识，为该犬投保主要责任险，以及用晶片作为犬只证明并标示其饲主。在公共街道上应使用牵绳控制大型犬。"大型犬"这个概念本身是模糊的，但是《北莱茵·威斯特法伦州犬只管理法》第11条第1项将之定义为"肩部高度40厘米以上或重量20公斤以上"的犬只。立法者在描述这个立法定义时，肯定是受以下这个规范性的问题所导引：狗要到多高、多重时，源自兽性或不当饲养对待的危险，会大到需要适用《北莱茵·威斯特法伦州犬只管理法》第11条所设的规定及限制，才能抑制这样的危险。于此要考虑的是，部分的类似危险也可能来自较小的犬只，但这不会改变此一"大型犬"概念的立法定义系属纯粹的描述性，且相当精确。这有益于法安定性以及行政机关操作的简化。倘若只有"大型犬"这样的模糊概念，主管机关就必须根据个案逐一认定相关犬只在该法的意义下是否已属大型，并有《北莱茵·威斯特法伦州犬只管理法》第11条关于豢养限制的适用。这个为了法安定性所付出的代价，当然就是开始头痛的界限，肩高几厘米或体重重半磅的少许差异，就可能影响到有无《北莱茵·威斯特法伦州犬只管理法》第11条规定的适用。

对于数量概念所做的数字定义，其优点和缺点在行政法上已众所周知，像空气污染保护法（Immissionsschutzrecht）。在《德国环境影响保护法》*第48条中，就一再委由行政命令制定者【译按：相关事务的行政主管机关】甚或司法实务界，规定所谓极限值，对于这些数量概念提出数字定义，以求这些数值能够快速地适应相关法领域的事实变更以及自然科学上的新知。

德国联邦最高法院也曾经将重大财产损害这个概念精确化，将之定在5万欧元【译按：约人民币39万元】以上的损失。对此，最高法院有其规范面的理由。为了法安定性及明确性，最高法院放弃让重大财产损害这个概念取决于个别诈欺被害人的财产状况，让法安定性优先于公平标准所要求的区别处理。这个决定有其规范性的理由，并且我们也可以用规范性的理由来争执这个决定，但这都不会改变以下这一点："5万欧元以上之财产损害"这个概念，依其意义是纯描述性的。**我们的法律之所以运用这种模糊的数量概念，是为了让法院能够根据不同的状况调整其

---

* 全名为《防止空气污染、噪音、震动及类似事件影响环境保护法》（Gesetz zum Schutz vor schädlichen Umwelteinwirkungen durch Luftverunreinigungen, Geräusche, Erschütterungen und ähnliche Vorgänge＝BImSchG）。

** 于此再附上原版中的说明：实务界的任务即在于将这些模糊的描述性概念予以精确化，必要时还要让这个精确化适应改变的社会环境。举例来说，德国联邦最高法院确定了重大财产损害是指5万欧元以上的数额［BGH NJW 2004, 169 (171)］。在如此的精确化当中，价值决定也可能扮演了一定的角色。像德国联邦最高法院在上述的案件中便反对去考虑受损害者个人的财产状况，而是侧重于法安定性，让法安定性的价值优先于正义的价值。但这并不会使概念确定本身变成一个评价性的陈述。我们可以对"诈骗者让被害人蒙受5万欧元以上的损失"这句话验证真伪，这句话是纯描述性的。

内涵,而无须因此更动法条文字。⑰ 如果日后欧元贬值,最高法院就可以将重大财产损害这个概念改定为 10 万欧元以上的损失,而不必更动法条的文字。

然而,即便立法者自己立刻就能用数字来确定数量概念,也还有另一个支持立法者把这件事交由司法实务来做的理由,那就是标界的痛苦(Schmerz der Grenze)。举例来说,我们绝对能够证立,招致重大财产损害是一种特别严重的诈欺,但这还是无法让人明了,为何这个重大损害要从 5 万欧元起算,而不是 4.9 万欧元或 5.1 万欧元。尽管如此,总还是必须通过某种方式划出一条界限。没有某程度的恣意,就不可能办得到,因此不会公然出现在成文法中,而是现身在司法实务的怀里。《北莱茵·威斯特法伦州犬只管理法》则是一个反例,但在那里所涉及的法律效果,不像刑法中那么重大。

也有一些模糊的数量概念无法通过定义转化成精确的数字,尽管这在理论上是可能的。因为,一如我们在知识论中所说,这些数值概念并非有效的概念。*也就是说,要应用这种概念的人,无论是人民还是法官,都没有能力自行取得事实面的认知来查明数值。对此,危险(Gefahr)概念就是一个经典范例。我们只有在负面评价某个(危险判断所涉及的)事件时,才会使用危险一词;就此而言,危险概念具有评价成分。如果是正面评价一个

---

⑰ 关于这种不确定法律概念的合宪性:BVerfGE 49, 89 (139 f.)。

* 依作者的补充说明,这里所用的"有效"(valid)一词,是在"效度"(Validität)的意义下,指方法上测量构想与实际测量对象二者间在内容上的一致性;易言之,就是指所使用的测量方式能否如实反映其要测量的对象。而一个概念界定(定义)的效度,在知识论的范畴,就是指个案中确认这个概念界定的可能性。

事件,我们会把该事件发生的概然性称作机会。但是在概念上,我们可以将一个事件发生的概然性与对该事件的负面或正面评价区隔开,然后获得概然性的模糊数量概念。人们一再尝试在量上去确定危险概念,像被负面评价的事件,其发生的概率必须大于不发生的概率。⑱ 精确地说,这也就是意味着高于 50% 的概率。首先,这多少是恣意定出的。难道危险的概然性系数不也应该要顾及损害的大小吗？但无论如何,规定出这种数值的意义也不大,因为,不管是法官还是作为规范相对人的市民,在行为当下都没有办法指出或查明发生损害的概然性系数。举例来说,若涉及《德国刑法》第 315c 条道路交通中的具体危险*,势必就要广泛地做交通上的统计调查。此外,就算这样也还是没有确定,调查时应考量个案中的哪些事实,以及必须将哪些事实抽象化。这些对于事件的概然性调查都会有很大的影响。因此,人们不将危险这个模糊的数量概念转化成数值概念,而是尝试将之转化成一种质的概念(qualitativer Begriff),尽管这样从知识理论的立场来看是某种退步。** 实务与通说将具体危险定义成一种情状,在这种

---

⑱ *Lacmann* Über die Abgrenzung des Vorsatzbegriffes, GA 58 (1911), 109 (129); *Sauer* Grundlagen des Strafrechts (1921), 610 f.

* 《德国刑法》第 315c 条为道路交通危险罪(Gefährdung des Straßenverkehr),其中第 1 项系具体危险犯的构成要件模式,具体危险结果为"危及他人身体、生命或贵重物品"(Leib oder Leben eines anderen Menschen oder fremde Sachen von bedeutendem Wert gefährden)。

** 数值概念与质的模糊概念(quantitative vage Begriffe)相较,因为前者较为精准,所以在知识论上被认为是可取的。然而,作者在回信中的补充说明里强调,就算我们对于具体危险的认定预先定出一个具体、精准的概然性数字(例如实害发生的概率必须达到 80% 才能肯定具体危险的存在),但只要在个案中无法那么精准地确定概然性数值,手上拿着精准的数字标准也是无用。

情状中，某个特定损害发生与否"仅取决于偶然"[19]。这个描述具有诱导性，严格说来，其实什么都没讲。第一，生活中所有的事物都取决于偶然；第二，仍旧不清楚的是，哪些建构危险或阻碍危险的事实在这里应该被当作（或不被当作）偶然。我则会这样解释危险概念：当其他交通参与者为了避免损害而被迫采取不寻常的措施，而这些措施成功与否要取决于他的能力时，就存有道路交通上的危险。

法律人，特别是法律学者，经常抱怨概念的模糊，并且习于指摘其对手的概念建议会导致无法忍受的区分困难（反之，如果是自己的概念建议会造成区分困难，那么这样的困难就是无可回避的）。当然对实务界来说，就如同业已显示的，反而经常会乐见概念某程度的模糊与弹性。我们也是倾向跳过那些法律概念可否适用于不具有争议的大部分适用范围，而将目光集中在概念适用的边界领域。

三、制度性事实与制度性概念

到此为止，我们所处理的都是描述自然事实的概念。然而，也有些事实并非源于自然世界，而是来自人类的社会及其组织，例如，经济生活、文化生活以及法律生活中的事实。当您把50欧元的钞票当作自然现象来观察，那么您会确认这是一张彩色印刷的纸。但这张钞票在欧盟是一种有效的支付工具，也就是货

---

[19] BGH NStZ 2012, 701; NStZ-RR 2012, 123 (124); MüKo-*Radtke* Vor §§ 306 ff. Rn 8; Schönke/Schröder/*Heine-Bosch* Vor §§ 306 ff. Rn. 3.

币,这也是一个事实。因为这个事实以货币制度为基础,所以人们将这种事实称作制度性事实(institutionelle Tatsache)。[20] 通说把那些描述制度性事实的概念称作规范性概念,因为这些概念是通过规范建立的。[21] 在今日的法学中,规范性这个形容词是一个时髦的用语,但就和许多时髦用语一样,具有完全不同的意义。[22] 因此,对于这种事实及概念,我们使用制度性这个表述。举例来说,所有法律上的组织形式(像国家、地方自治团体、股份有限公司或联合企业)、一切的权利、法律关系以及法律地位,都是制度性事实。一个特定人担任公职,他是一个受雇人或出租人,某个特定物属于他所有或是他人之物,对于未履行债务的他人享有损害赔偿请求权等,凡此均属制度性事实。

如果不是刑法上的错误理论对于制度性事实及其与自然事实的区分有着奇怪的想法,就没有必要强调这些不言而喻之事。依照这种想法,自然事实和自然概念应该和制度性事实与制度性概念有所区分,区分的方式如下:人们在确认一个自然事实时,也就是要将一个自然概念适用到个案时,只需要"感官上的知觉"(sinnliche Wahrnehmung);与此相对,在确认制度性事实以及要正

---

[20] 这概念源于 Searle: Sprechakte (1988), S. 78 ff., 80 f.;参见 *Neumann* Regel und Sachverhalt in der strafrechtlichen Irrtumsdogmatik, in Puppe-FS (2011), S. 171 (181 f.); LK-*Vogel/Bülte* § 16 Rn. 23; Marwedel, Der Pflichtwidrigkeitsvorsatz bei § 266 StGB-Jagd nach einem weißen Schimmel, ZStW 123 (2011), 548 (559 f.).

[21] *Roxin/Greco* AT 12/100; *Jakobs,* AT 8/58; *LK-Vogel/Bülte* § 16 Rn. 40 f.; S/S-*Sternberg-Lieben/Schuster* § 15 Rn. 41; *Sternberg-Lieben Vor-satz im Strafrecht* (2012), S. 170 f.

[22] 关于"规范性"一词,在构成要件要素的关联下极为分歧的意义,见 *Hilgendorf* Handbuch des Strafrechts Bd. 2 (2020), § 27 Rn. 85 ff.

确适用一个制度性概念时,则必须从事某种"心智上理解的动作"㉓。如果我要理解《德国刑法》第311条电离辐射的概念,难道不需要理解物理学上的关系吗?我能够用我的感官感觉到电离辐射吗?尽管如此,"伽马射线是电离辐射"这个语句所描述的,仍旧是一个自然事实。

最晚也是从康德的纯粹理性批判开始,认识论(Erkenntnistheorie)便已指出,没有概念的感觉是"盲目的"㉔,并且知觉心理学(Wahrnehmungspsychologie)能够在实验上证明这一点。如果我没有在"心智上"理解某个概念,例如我不知道什么是手机,那么当我看到一个手机时,我也许会以为这是一个迷你电视,但不会认知到这是个手机。也就是说,根本没有通说所要求的那种自然事实和所谓"规范性"事实以及概念之间的区分。

然而,刑法上的错误理论却把这个区分更进一步地推进并主张,若要正确运用这种制度性概念,不仅需要"心智上理解的动

㉓ Welzel JZ 1953, 119 (120); Mezger Lb (1949), S. 325; Mezger FS-Traeger (1926), S. 187 (225); S/S-Sternberg-Lieben/Schuster § 15 Rn. 43; MüKoStGB/Joecks/Kulhanek § 16 Rn. 70; Matt/Renzikowski/Gaede § 16 Rn. 19 f.; Schmidhäuser AT 10/53; Roxin/Greco AT/1 10/57,12/100; Maurach/Zipf AT/1 37/49; Baumann/Weber/Mitsch AT 20/20; Radke Tatbestands-und Verbotsirrtum bei der Steuerhinterziehung, Joecks-GS (2018), S. 543 (548 f.); Kindhäuser Zur Abgrenzung des Irrtums über Tatumstände vom Verbotsirrtum, JuS 2019, 953 (959).

㉔ Kant Kritik der reinen Vernunft, Zweiter Teil (Transzendentale Logik),引自 Cassirer (Hrsg.) Werke, Bd Ⅲ. 1913, S. 80;对此见 Piaget/ Inhelder die Psychologie des Kindes (1973), S. 57;亦参见 Schmidhäuser AT 10/52; AK/Zielinski § § 15, 16 Rn. 43; Herberger die deskriptiven und normativen Tatbestandsmerkmale im Strafrecht (1970), S. 124 (134 ff.); Puppe Tatirrtum, Rechtsirrtum, Subsumtionsirrtum, GA 1990, 145 (149) = (2006), 265 (270); Kindhäuser Zur Unterscheidung von Tat-und Rechtsirrtum, GA 1990, 407 (412); Kohlrausch Irrtum und Schuldbegriff (1903), S. 88 f.

作",还需要"评价的动作"。但因为法律外行人在心智上无法充分理解法律概念,所以只需要对法律事实具有一种约略的想象(ungefähre Vorstellung)即为已足,并将这种想象称为"外行人的平行评价"(Parallelwertung in der Laiensphäre)。[25] 对于简单的法律概念,像所有权、请求权或质权,大部分具有行为能力的外行人都能够充分理解。[26] 然而,"外行人的平行评价"这个蹩脚的公式,特别导致了事实与评价的混乱(关于评价性概念,请见下段)。在今天,人们把制度性概念和评价性概念一起称作规范性概念,让这场混乱又更上了层楼。[27]

我们在这里,要求严格区隔制度性概念与评价性概念二者,对此有一个反对理由指出:有些制度性概念是立基于评价之上的,亦即,一个通过此种概念所描述的事实,是以某种评价为前提,或是蕴含了某种评价。举例来说,"某人对他人所施加的损害

---

[25] *Mezger* Lb. (1949), S. 325 ff.; *Mezger* Anmerkung zum Urteil des BGH v. 5. 1.1951 (BGHSt 1, 15) zu § § 156, 43, 253 StGB, JZ 1951, 179 f.; *Fischer* § 16 Rn. 14; LK[11] - *Schroeder* § 16 Rn. 43; S/S - *Sternberg - Lieben/Schuster* § 15 Rn. 43a; MüKoStGB/*Joecks/Kulhanek* § 16 Rn. 70 ff.; Matt/Renzikowski/ *Gaede* § 16 Rn. 20; *Eser/Burkhardt* Strafrecht Ⅰ/16 Rn. 25; *Jescheck/Weigend* AT 29 Ⅱ 3 a; *Baumann/Weber/Mitsch* AT 21/5 ff.; *Maurach/Zipf* AT 22/49; *Roxin/Greco* AT/1 12/101; *Welzel* Lb (1969), S. 73; *Arthur Kaufmann* die Parallelwertung in der Laiensphäre: ein sprachphilosophischer Beitrag zur allgemeinen Verbrechenslehre (1982), S. 20 (37 f.); *Schlüchter* Irrtum über normative Tatbestandsmerkmale im Strafrecht (1983), S. 67 ff.; GS-*Otto/Meyer* (1990), S. 583 (587); *Welzel* JZ 1954, 276 (279).

[26] 如果行为人不具备这样的法律理解,像一名想赖账的客人,没有结账就带着他的摄影器材偷偷离开饭店,如果他不知道饭店业者对这些摄影器材已取得质权(Pfandrecht),就不会具有私取质物罪(Pfandkehr)【译按:《德国刑法》第289条】的故意,于此,就算"外行人的平行评价"也帮不了什么忙;NK-*Puppe* § 16 Rn. 45。

[27] 例如 S/S-*Sternberg-Lieben/Schuster* § 15 Rn. 43 ff.; *Baumann/Weber/Mitsch/ Eisele* Strafrecht AT, 6/24; *Wessels/Beulke/Satzger* Strafrecht AT, 194.

是否违反风俗（sittenwidrig）"这个问题，就是一个评价性的问题。由此而生的后果便是，"甲对乙基于如此这般的理由享有《德国民法》第 826 条*的请求权"这个语句，也是在表达一个评价，而非事实。然后，人们便只能够在这种意义下谈论甲所主张的事实：依照《德国民法》第 826 条，甲依法有机会去说服承审法官，这个损害违反风俗，并因此促使法官认可甲享有《德国民法》第 826 条的损害赔偿债权。所谓"法律现实主义"（legal realism）就是这样观察。㉓ 但这在一定程度上就是从外部来观察法律。法社会学者（Rechtssoziologe）可以采取如此的观点，甚至一名律师，当他必须判断根据《德国民法》第 826 条提出的控诉有无希望时，也可以采取这样的立场。但法律本身不能采取这种立场。在法律的层级，每个请求权都是一种事实，是一种独立于法官对其存续所为之判决而存在的事实，亦即也有真假可言；即便形成这个法律事实的构成要件包含了评价，亦然。

四、评价性概念

评价性（bewertend）概念不仅是在描述一个事实（像某个情状或行为），而且也表达了对该事实的正面或负面判断，亦即这个事实应当如何、应该（或不应该）通过行为来追求（或避免）这个事

---

* 《德国民法》第 826 条规定：故意以背于善良风俗（gegen die guten Sitten）之方式加损害于他人者，对该他人负损害赔偿义务。

㉓ Oliver Wendell Holmes, The Path of the Law, Harvard Law Review 10 (1897), 457 (460)："我所指称的法律，就是对法院事实上会如何做的预测（The prophecies of what the courts will do in fact, and nothing more pretentious, are what I mean by the law）。"

实。评价性概念始终表达了一个规范。如果有概念种类应当被标示为规范性概念，那就应该是评价性概念。[29] 在下文中，我们将会在这种意义下使用"规范性概念"这个表述。因为规范性概念在刑法及民法中，多半是在禁止命令的关联下出现，我们遇到负面评价的机会要比遇到正面评价的机会来得多，像抵触人性尊严、违反诚实信用、违反善良风俗(《德国民法》第 138 条与第 826 条)、恶意诈欺(《德国民法》第 123 条)、剥削(《德国民法》第 138 条第 2 项、《德国刑法》第 181a 条第 1 项第 1 款)、煽动仇恨(《德国刑法》第 130 条第 1 项第 1 款)、色情(《德国刑法》第 184 条)、显失公平(《德国民法》第 138 条第 2 项)或是可非难(《德国刑法》第 240 条)。反之，在公法中则有许多正面的评价概念，像依情状系属合宜(《德国行政程序法》第 56 条第 1 项第 2 句)、安全与秩序以及必要措施(《北莱茵·威斯特法伦州秩序局法》第 14 条第 1 项)、基于公共福祉(《德国建筑法》第 31 条第 2 项第 1 款)、儿童或青少年福祉(《德国社会法》第 8 编第 27 条第 1 项)、依照科学及技术水准所必要的注意(《德国和平运用核能及危险防护法》第 6 条第 2 项第 2 款)。另外，交易上所必要的注意(《德国民法》第 276 条第 2 项)或合宜的手段(《德国刑法》第 34 条)，也都是正面的评价概念。在公法上的考试中所做的成绩评等，也算是评价性概念。*

---

[29]　*Engisch* Einführung in das juristische Denken, S. 162; *Koch/Rüßmann* S. 202.
*　第一版有一段说明，或可帮助读者理解：价值决定的非理性(Irrationalität)在这里显现了它的影响，我们先前也已经提到过此点。今天的法学界习惯将这个黑盒子称作"评价的动作"(Akt der Wertung)。尽管如此，法院以及要解析实例的人，还是有义务要在案例事实当中，将出现于个案中的评价问题清楚地找出来，然后明确地回答，而不要让这些评价问题消失在黑盒子里面；唯有如此，在法学上运用评价性概念时，才能够让判决的公平性、法安定性以及可论辩性也能够达到某种程度。

规范性或评价性的概念并非总具有某种道德或美学的意义【译按：并非总涉及对错、善恶或美丑】。在法学上，"根据法律所设定之目的，将某个措施或举止认定为适当或必要"的这种合目的性(Zweckmäßigkeit)概念，也被我们归入评价性概念。规范性法律概念包含了一个可将事实判定为对或错的规范，这就是它与描述性法律概念的不同之处。一个规范性法律概念对于某个事实所作的陈述，既非真亦非伪，而是如同这些概念中所包含的规范，只会有"有效/无效""被承认/不被承认"可言。

如果我们要分析一个评价性陈述的意义，就会遭遇两难的处境。一个如此的陈述无法被证明，其并无真伪可言。这种陈述是言说者最高度的个人表意，这个表意首先只适用于他自己。哲学家，有时法律人也是，可能会激烈地为这种评价性的陈述争辩。但如果一个评价性陈述就只是在表达个别言说者自己的个人感受，就不可能会是如此。然而，个别言说者借由一个评价所要表达的，不会只是他的感觉（像对特定行为所表达的好感或反感），他也要求某个评价以及包含于其中的规范适用于他人。㉚

㉚ *Hare* Die Sprache der Moral (Orig.: The Language of Moral, 1952) dt. v. Morstein (1972), S. 208; *Larenz/Canaris* S. 111.【译按：以下这段原版中的内容，虽然在改版时被删除，但因具有高度启发性，故附录于下供读者参考：评价性概念以一种特殊的方式指涉被评价的事实，也就是说，被评价的事实本身也是评价意义的组成部分。对此，英国著名伦理学家Hare(黑尔)使用了下面这个思想实验来说明：我们想象一下，有个人主张两幅画作中的一幅画是好的，另一幅则是差的；当他被问到"这两幅画除此之外还能如何相互区别"时，他却答道："这两幅画除通过一幅好另一幅坏之外，无法从其他方面区分。"那么我们对于说这话的人，要不是认为他的精神状况有问题，不然就是会认定，这个人并没有正确地理解好与坏这些语词的意义。】

让我们回想一下那两位伦理学学者的争论【译按：上文第 4 页】。他们所争执的是，斯佩伯爵号战舰指挥官朗斯多夫的行为（因为敌军的优势武力而让舰上官兵登上救生艇，并炸沉自己的战舰）究竟是勇敢还是怯懦。他们并没有争执其所评价的事实。如果他们的评价只是在表达一种个人感觉，像"这让我感动"或"我不喜欢"，那么他们就不可能对此有所争执，因为每个人都有他自己的感觉。但因为每个人借由他的评价判断不仅是在表达某种感受，而且也是在要求普遍的效力，亦即要求每个战舰的指挥官在这种状况下都应该（或不应该）这样做，所以他们才会争执。价值判断没有真伪可言，它所表达的不是一个事实，而是一个规范。但这个规范所要求的是，不应仅适用于发言者，而且也要适用于每个人；不仅适用于个案，而且也适用于所有（在对评价具有决定性的特性上）相同的案型。这被称作伦理规范的可普遍性（Universalisierbarkeit）。[31] 但如果发言者没有外部的权力或权威来让他的规范对其他人生效，那么他就只能证立他的规范，借此使其规范的有效性主张产生效力。而证立一个规范的唯一可能性，就是让该规范显示为其他（对话相对人可能承认的）规范的结果。

让我们再回到那两位伦理学学者的争论中。将朗斯多夫指挥官的行为评价为怯懦（也就是不正确）的那位伦理学学者，为了证立其主张，可能会提出以下的说法："在战争中，如果每个军队指挥官或战舰舰长都还要挂心执行其战斗任务在个案中是否值得（譬

---

[31] 对此，进阶文献可参见 Schroth Die Universalisierbarkeit moralischer Urteile (2001).

如,性命的牺牲之于敌人可能施加的损害是否处于一种适当比例),我们将何去何从？如此一来,个别单位的作战行动就不再能够相互协调,军队的战斗力就完了。"另一位将朗斯多夫指挥官的行为评价为有勇气的伦理学学者则可能会指出,整个第二次世界大战都是犯罪。第一位学者对于这个论点可能会这么反驳:不可以让前线的军官为战争主事者担负犯行责任。对手可能也认同这一点,但也许会直接如下般回应:"你的规则(前线军官在具体局势中不得自行评断战斗任务的意义)或许通常是有效的,但是当个案中执行这个战斗任务毫无希望,并且会让很多人丧命时,这个规则就不再适用。朗斯多夫指挥官就是处在这种极端情势之中(斯佩伯爵号上有上千名船员,若是与敌方交火,其中大多数人将无法存活)。因此,在这种情形下不理会普遍有效的军事服从要求,而让人道考量优先,才是勇敢的。"这两位对立的伦理学学者就是在争执以下这个规范性问题:一个军官于军事上的服从义务是否在任何条件下都有效？还是,当成功的希望与可能带来的牺牲二者间极端失衡时,会形成服从义务的例外？这里所争执的,是规范。

然而,一个规范性概念的评价内涵,不仅只是某事物应不应该的陈述。许多评价性概念是可层升的(steigerbar),像对艺术、学术或商业上成就的评价。考试的成绩可以是好或非常好,一个行为可以是应受非难或更加应受非难。对此,另一个例子则是《德国刑法》第211条的"卑劣动机"。[*] 先不论刺杀暴君这类的行

---

[*] 《德国刑法》第211条是谋杀罪(Mord)的规定,条文内容如下:谋杀者处无期徒刑(第1项)。谋杀者系指行为人(1)基于谋杀癖好、为了满足性欲、出于贪婪或其他卑劣的动机而杀人,或(2)阴险或残暴地杀人,或使用公共危险之手段杀人,或是(3)为了促成或掩饰其他犯行而杀人(第2项)。

为,就杀人来说,应该没有好理由。那些比其他动机更加低劣的动机,才称得上卑劣。*

每个规范都有事实上的前提要件,法律人将之称为构成要件。否定或肯定的内涵,只是评价性陈述的部分意义而已。该陈述所指涉的事实,同样属于这个意义。"好"这个字,单就其本身来说,并没有意义㉜,会随着所指涉的是一个好人、一个好律师、一本好书还是一辆好车,而具有完全不同的意涵。因为"好"这个陈述,无论涉及人、律师、书本还是车子,都是意味着这个人、这个律师、这本书或这辆车现在的状况就是应当要有的样子。像好车这个概念,会随着发言者的不同而有所差异,这一点大家应该都很清楚。对某人来说,一辆好车可能是一辆装配有强力引擎、加速快且极速高的车子,但对其他人来说,则可能是指耗油较少、较安静以及排放较少的有害物质。**

---

* 原版于此曾有一段说明,应可帮助于读者理解:依照惯用的定义,当一个动机"在道德上处于最低的层次,因此应受指摘、鄙夷"时,该动机即属卑劣。譬如,一个法律适用者将那些为报杀死亲人之仇的动机评断为卑劣,另一个法律适用者则是能够充分体谅这种动机,因此不把这种动机称作道德上最低层次,也就是不将之评断为卑劣。前一个法律适用者不能将后一个法律适用者所表达的语句称为不真实,也就是说,评价性陈述不会有真实与否的问题;就此而言,评价性陈述与描述性陈述有所不同。

㉜ Hare Die Sprache der Moral (Orig.: The Language of Moral, 1952) dt. v. Morstein (1972), S. 110 f.

** 作者于第一版中,曾援引了另一个与期待可能性相关的例子,其中有一段评论颇值参考,故于此附上:期待可能与期待不可能,也是评价性概念。像"为了警告在场的矿工而留在有瓦斯爆炸危险的坑道中,这对被告而言是不可期待的"这样的语句,是一个价值判断。这样的问题,在现今实务上多半是这么处理的:在确认了此处涉及一个评价问题或是涉及一个法官所必须从事的评价行为后,这个问题就消失在一个黑盒子当中,然后评价的结论就直接从中跑出来了 [BGHSt 35, 347; BGH StV 2003, 279; BGHR StGB § 25 Abs. 2 Tatinteresse 5; BGH (转下页)

《德国商业规则》(Gewerbeordnung=GewO)第35条第1项第1句规定：

> 若有事实证明，企业经营者或受企业管理阶层所委托之人对该企业系属不可信赖(Unzuverlässigkeit)，主管机关即应禁止该企业全部或一部之活动，只要该禁止对于公众及企业内部员工的保护来说系属必要。

"可信赖"一词的普遍意义就是：相关人士担保自己在该企业的活动中，会如其所应为地那般从事行为。第35条清楚地表达了，端视所涉企业类型的不同，可信赖这个概念就会有不同的意涵。[33] 一个可信赖的货运业者，是指将其车辆维持在很好（特别是交通安全）的状态，并且留意其驾驶会遵守最高驾驶时间。一个可信赖的房地产中介，则是不会提供错误信息给客户，并且不会欺瞒客户。一个可信赖的武馆经营者，则是指不会收那些明显具有暴力倾向的青少年为学徒，并且不会性骚扰青少年学徒。也就是说，可不可信赖，会随着所涉行业的不同，而取决于完全相异的事实。然而，可信赖这个概念，就和许多评价性概念一样，是可层升的。一个企业经营者始终是或多或少的可信赖。没有人能够百分之百地担保自己绝对不会抵触该行业的标准行为规范。要对企业经营者要求多高程度的可信赖性，是一个应该由企业监督者来决定的规范性问题。他也要决定，是否应视可能招致之损害的严重程度，而对不

（接上页）NStZ-RR 2004, 40 (41); BGH NStZ-RR 2000, 165 (166); BGH NStZ 2002, 315 (316); 2000, 583 (584)]，有时候则是伴随着"经评价后得出……"这样的话语 [像BGHSt 41, 1 (3)]。在每个评价动作里面，当然都藏有无法被证立的决断(Dezision)成分，但这并不表示我们完全无法对评价进行论证。

[33] 对此参见 Koch/Rüßmann S. 203.

同的行业要求不同的可信赖程度。因为,行政机关在这类决定(裁决)中(明确或含蓄地)所提出的规范也具有普遍的效力(可普遍性),机关本身也会受到自己过去裁决所根据的规范的拘束。这在行政法上被称为行政的自我拘束(Selbstbindung der Verwaltung)。

规范性概念也可以如同描述性概念那般,拆解成个别的要素,而这些个别要素可能具有评价性的意义,也可能具有描述性的意义。像《德国民法》第138条第2项将"因重利而违反风俗的法律行为"(das wegen Wuchers sittenwidrige Geschäft)定义成以下的法律行为:

> 利用他人之急迫情境、无经验、欠缺判断能力或意志显著薄弱,使其对自己或第三人为特定给付承诺或担保财产利益,而该利益与给付显失公平者。

这个关于重利的概念规定,几乎都是由表达负面评价的概念所组成。这里要由法律适用者去确定,应该用哪些事实来说明对契约当事人状况的评价(评价为急迫情境、将其评价为无经验、将其判断力评价为不足,或是将他的决定理由评价成意志显著薄弱)以及给付与对待给付之间被评价成显失公平的价差。于此,人们绝对可以争执,哪些事实应该被纳入这个价值判断中,哪些事实则否。对于滥用要素的认定,德国联邦最高法院要求重利者须具有应受非难的意念,这个意念当然可以从"重利者知悉给付与对待给付间显失公平"这一点推出。[34] 但因为此处并非涉及对重利者的处罚,而只是要保护交易相对人得免于重利交易约定的

---

[34] BGH NJW 1982, 2767 (2768); 1994, 1275; NJW-RR 1990, 1199; 2000, 1431 (1432 f.).

后果,所以人们也可以主张,仅应取决于交易的客观特性以及给付与对待给付间客观上的失衡关系,随而,纵使获利者不知或无法知悉给付与对待给付间显失公平,相关交易亦属重利并因而无效。

法律(在个案中则是司法实务单位)也可以人工地限制评价的事实基础。修辞学教授 Walter Jens(瓦尔特·延斯)被法院依强制罪判决有罪,因为他参与了反对北约组织扩充军备决议的静坐封锁抗议活动;他对此判决结果感到愤慨,认为基于追求世界和平的动机而使用这种手段,不应被称为可非难。*然而,根据德国联邦最高法院的见解,《德国刑法》第240条意义下可非难性判断的事实基础并不包含行为人的目的设定,而是仅限于强制手段与其直接追求的强制效果(在本案中即为限制军人的行动自由)二者间的关系。㉟我们可以毫不犹豫地向 Walter Jens 坦承,"特别可非难"这个表述并不适合用于这个关于公民行为(被如此不自然地限制)的价值判断。

所谓概括(一般)条款(Generalklauseln)**,体现为一种全面

---

*　依照《德国刑法》第240条(强制罪)第2项之规定,行为人所施加的强制手段,必须对于其所追求的目的来说系属"可非难"(verwerflich),始具备强制罪的违法性。而此处的"目的",除近程目的(妨害相对人自由的直接效果)外,是否亦可考虑行为人的远程目的(如追求世界和平或反对核武),仍存有争议。对此问题,可参见吴耀宗:《犯罪与法之抗制(一)》,2000年版,第207页以下。

㉟　BGHSt 35, 270 (275 ff.).

**　读者于此需留意,本书所称的概括条款,要比台湾地区文献中所理解的概括条款来得狭隘。据作者于回信中的说明,其以概括条款一词所指称为"基于评价观点对有效之规则(法条或是具有拘束力的契约)创设例外的法律",故只可能是评价性的构成要件。与此相对,台湾地区文献中所指称的概括条款则包含了跟随在例示概念后的抽象(上位)的法律概念,这个法律概念有可能是评价性的,也可能是描述性的。描述性的概括条款,像台湾地区"刑法"第203条"船票、火车、电车票或其他往来客票"中的"其他往来客票",或第186条"炸药、棉花药、雷汞或其他相类之爆裂物"中的"其他相类之爆裂物"。

性并因而不确定的评价性概念,像违反风俗、违反诚实信用,或者像无期待可能性。概括条款的功能在于建构一般法原则的例外,一定程度上可说是法体系的紧急刹车。《德国民法》是以私法自治原则(Prinzip der Privatautonomie)——特别是其中的契约自由——以及有约必守原则(Prinzip pacta sunt servanda)为基础的。在契约上负有给付义务者,原则上不能以契约对其不利为由,来摆脱自己所负担的义务。但如果在一个继续性的债权关系(Dauerschuldverhältnis)中,由于部分参与者的个人因素而无法期待其他当事人继续这样的关系,那么该名当事人便可通过特殊终止来解消继续性的债权关系,即便契约中并未约定此种终止,亦然。如果对待给付的价值还是极端地远低于约定给付的价值,并且是以不公平的方式结束契约,那么依照《德国民法》第138条*,该契约即属无效。这对于"每个人于缔结契约时,就其自身利益之维护须自我负责,且依法受缔结之契约所拘束"这个原则来说,是一个例外。然而,何时应出现如此的例外,在概括条款中没有充分的陈明。就如人们所言,必须通过案例群组的形成来具体化概括条款。这个表述并没有标示出原本所涉及者。这里并不是将任何的案例编成群组,而是要通过(同样也表达了评价的)特殊概念的形成,赋予价值概念本身得以直接适用于个案的内涵。

举例来说,束缚性契约(Knebelungsvertrag)也是违反风俗行

---

* 《德国民法》第138条规定:法律行为违反善良风俗者,无效(第1项)。特别是通过法律行为,利用他人之急迫情境、无经验、欠缺判断能力或意志显著薄弱,使其对自己或第三人为特定给付承诺或担保财产利益,而该利益与给付显失公平者,该法律行为无效(第2项)。

为的一种下位类型。这种契约是通过约定来直接限制一方当事人在经济上的行动自由。㊱ 此外，若契约当事人为确保他方当事人契约上的请求权，而对其提供过高的担保，或者是他未能履行给付义务，必须让与过高的经济利益时，也存在这样的契约。㊲ 但契约也可能会因为过度侵害局外人而违反风俗，例如，契约当事人的其他债权人由于超额担保（Übersicherung）几乎分不到任何的责任财产（Haftungsmasse），或是由于隐藏的担保约定（verschleierte Sicherungsabreden）而不再能够看得出债务人的经济状况。㊳ 但这所有的具体化，总还是包含着评价概念。因此，一般的评价概念经常被称为"需要填补价值的概念"（wertausfüllungsbedürftige Begriffe）。㊴ 然而，只有当我们用描述性概念将那些（在评价性概念的意义下）被评价的事实终局描述出来，再用这些描述性概念来替换评价性概念时，才算是对于评价性概念做出完整的内容确定。将之改称为"需要填补的评价概念"（ausfüllungsbedürftige Wertbegriffe）或许比较好些。

如果我们能够在这种意义下将评价性概念填满，终局地穷举出所有在此种概念意义下可能被评价的事实，我们就可以放弃这个评价性概念。我们若舍此不为，就意味着我们没有能力做出如此的描述性概念确定。但如果借由终局列举特定事实，列举那些属于适用评价性概念的充分条件（但非必要条件）的事实，让一个评价性概念至少局部地去规范化（entnorma-

---

㊱ BGH NJW 2012, 3162 (3164); NJW-RR 1987, 628 (629).
㊲ BGH NJW 2009, 1135 (1136).
㊳ BGHZ 138, 291 (300); BGH NJW 1999, 2588 (2589).
㊴ 如 *Koch/Rüßmann* S. 201 ff.

tiviert），那么在法安定性与简化法律适用上，就已经体现出高度的收益。

对于《德国刑法》第316条"不能安全驾驶交通工具"的概念确定就是一个例子。*首先，这是一个规范性概念。公众不再忍受该名驾驶者参与道路交通所引发的危险，在这种意义下，此概念标示出对于驾驶者状态的评价。我们当然可以争执，何时可算是达到此种状态。绝对不能安全驾驶的界限原本定在2‰，后来经过几次校正，下修到1.1‰。**在某些国家则是将界限设在0‰。也就是说，我们可以建立一个纯描述且精确的绝对不能安全驾驶概念：凡是血液酒精含量在1.1‰以上者，即属绝对不能安全驾驶。但司法实务并没有要让不能安全驾驶这个概念完全地去规范化，而是也承认了所谓相对不能安全驾驶，这就是要在个案中

---

* 《德国刑法》第316条规定：因服用酒精性饮品或其他麻醉药品而不能安全驾驶交通工具之人，于交通中驾驶交通工具，若该行为不能依第315a条或第315c条处罚时，处1年以下自由刑或科罚金（第1项）。过失违犯者，亦依第1项罚之（第2项）。关于第1项"不能安全驾驶"这个要素的认定，依照德国司法实务上的稳定看法，法律适用者于此应区分绝对不能安全驾驶（absolute Fahrunsicherheit）与相对不能安全驾驶（relative Fahrunsicherheit）两种情形。前者，系指体内血液酒精含量（Blutalkoholkonzentration=BAK）已达1.1‰；此时法官便无须考虑行为人的个别状况（如异于常人的酒量、酒后的言行举止仍然正常稳定等），一旦达到该数值即应认定业已不能安全驾驶，不容任何反证推翻。相对不能安全驾驶则是指血液中的酒精含量落在0.3‰～1.1‰之间，且存有其他的事实情状足以佐证行为人业已无法安全驾驶（像蛇行、没来由地突然偏离车道或急踩刹车、高速驶向静止的车辆，或交警于现场所做的驾驶人生理平衡检测纪录）。法官必须对于所有的表征事实（间接证据）与具体行为情状进行整体评价（随而只是"相对"判准，而非绝对），于个案中逐一认定。

** 由于道路交通的密度与速度不断提高，德国联邦最高法院就一再调降这个绝对限值。较近的几次下修，分别是1.5‰（BGHSt 5, 168 ff.）、1.3‰（BGHSt 21, 157 ff.），接下来就到目前的1.1‰（BGHSt 37, 89 ff.）。

通过个别驾驶不足的行为来确定。*

如果没有成功地把一个评价性概念完全去规范化，就不可能如同运用描述性概念时那样，在概念的界定与概念的个案运用二者间划出一条清楚的界限。在描述性概念中，用来证立概念界定的语句是规范性的。而那些用来证立这些概念于个案中得以适用的语句，则是描述性的。在那些没有被转化成描述性概念的评价性概念中，用来证立这些概念于个案中得以适用的语句，和用来证立其更详细之界定的语句相同，都是规范性的。因此，法律适用者必须在涵摄的最底层说明，他在规范性概念的意义下，评价了事实情状中的哪些事实环节。否则，这些概念就会欠缺必要的描述性意义成分。**

-----

*　第一版中的相关说明较详细，于此附上供读者对照参考：法学界努力地要把价值概念中所包含的价值陈述，普遍地预先处理，所运用的方法便是通过描述性要素来定义评价性概念。举例来说，他们就是用这样的方式来处理《德国刑法》第316条"因服用酒精性饮品而不能安全驾驶交通工具"这个要素。"能够安全驾驶汽车"是个评价性概念，这个概念的否定【译按：指"不能"安全驾驶汽车】亦然。实务界现在借由下面的方式，将这个概念部分地"去规范化"：当汽车驾驶者血液酒精含量达到1.1‰时，这名驾驶者无论如何即属不能安全驾驶车辆。借此，对于"不能安全驾驶交通工具"这个概念而言，当然只有一个局部定义以及只有部分的去规范化是成功的，因为对于这个概念的实现来说，上述血液酒精含量的界限虽然提供了一个充分条件，但没有提出必要条件。所谓相对无驾驶能力，则仍然还是评价性的概念。

**　用"色情"（pornographisch）这个概念可以很好地说明为什么规范性概念在其边缘区域，无论如何都不可能完全地解消成描述性概念。一张具有性关联的图片当然有其描述性的成分，像其中的线条、人物的动作等。但人们可能会争执，是否因为当中表达了将女性贬抑为单纯性客体的内容，所以是色情的。这里就必须作出判断，而我们没办法单纯借由描述性陈述来证立这个判断。

五、论断式概念

> 与本节内容相关者,包括所谓规范罪责概念(normativer Schuldbegriff),《德国刑法》第20条【译按:规定了基于精神干扰所导致的无责任能力,相当于台湾地区"刑法"第19条】以及故意与过失的区分,《德国刑法》第15条【译按:相当于台湾地区"刑法"第12条】。

除描述性和评价性的概念运用之外,还有第三种概念运用方式,就是论断式概念(zuschreibende Begriffe)。* 这类概念是指通过某个事实的确认来认定另一个事实,或是如一般所言,来论断另一个事实。为了达到这个目的,《德国民法》运用了不可推翻的推定(unwiderlegliche Vermutung)这个法律设计。** 在不可推翻的推定中,于特定的事实前提下,就会如同另一个特定事实也同样存在般地对待关系人,而不管另一个事实实际上是否真的存在。依照《德国民法》第1566条,当夫妻分居满1年且双方均提出离婚声请,或是双方分居满3年时,便不可推翻地推定涉案之婚姻关系系属破裂,得依《德国民法》第1565条*** 离婚。这样的规定让

---

* 德语中的"zuschreiben"一词,原意为:(1)补(写)上、添(写)上,(2)把……转到……的账上,以及(3)把……归因(归咎)于……关于"zuschreibende Begriffe"一词,曾经考虑过的翻译选项有"归因性概念""归属性概念""添写性概念""标示性概念"以及"拟制(假定)性概念"等,但这些用词要不是与此处的文义脉络不尽相符,不然就是无法让人望文生义。相较之下,"论断式概念"似乎是其中最能表达此处所指意涵的翻译方式。

** 德国法上有区分"法律上的拟制""不可推翻的推定"以及"可推翻的推定"三者;从法律效果来看,前二者与台湾地区法上的"视为"相当。

*** 《德国民法》第1565条为"婚姻破裂"(Scheitern der Ehe)的规定,内容如下:婚姻破裂时,得离婚。当夫妻不再共同生活,且无法期待夫妻会恢(转下页)

法官不用去预测《德国民法》第1565条第1项第2句的无法期待夫妻会恢复共同生活，或是去作出《德国民法》第1565条第2项意义下"仅得于维持婚姻因对方个人因素而对声请方构成无法期待之严苛"这样的评价。法官既不用确认那些建构"婚姻共同生活不会再恢复"这个预测的事实，也不需要去确认依其评价标准可正当化"维持婚姻对于声请方将会体现为一种无法期待之严苛"这个评价的事实。

在刑法上，不利于被告的推定无论如何都是不被允许的。所谓规范罪责概念⑩，就是一个论断式概念的经典范例。在这里，"规范"一词再度出现，并且我们将会看到，这个语词也再次具有另一种意义。何谓伦理学意义下的人类罪责，这是实践哲学中最困难的问题之一。我们在此并不需要去讨论它，而只要看立法者在《德国刑法》第20条对于罪责所下的定义即为已足。依照这个规定，罪责就是指"行为人辨识其犯行不法的能力，以及依其辨识而行为的能力"。也就是说，行为人必须在行为当时具有为其他（不同于其实际之所为）行为的能力，他对于这个行为才具有罪责。* 特定的行为人在特定状况中是否能够做出与其实际所为者不同的行为，是一个完全无法回答的问题。要回答这个问题，不仅必须先对"人类的意志是否自由"这个争议做出根本的立场决

（接上页）复共同生活时，婚姻即属破裂（第1项）。夫妻分居若未满1年，仅得于维持婚姻因对方个人因素而对声请方构成无法期待之严苛时，始得离婚（第2项）。

⑩ Frank Über den Aufbau des Schuldbegriffs (1907) Anm. II Vor § 51; Joecks/Jäger Vor § 13 Rn.70 f.; Roxin AT/1 19/15; Schönke/Schröder-Eisele Vor § 13 Rn. 113 f.; Gallas Zum gegenwärtigen Stand der Lehre vom Verbrechen, ZStW 67 (1955), 1 (45).

* 关于各种罪责本质的理解，可参见李文健：《罪责概念之研究——非难的实质基础》，1998年版，第三章以下，有详细的介绍与分析。

定,而且也要确认这个案件中的行为人于作出决定的当下是自由的。有鉴于此,刑法典便原则性地认定每种状况及每个人都存有此种能力,因而不用证明它;也就是说,刑法典论断人类具有此种能力。然而,这种论断有其事实上的前提,依照《德国刑法》第20条,如果行为人在心理或精神上显示出特定的严重干扰,就不会形成这种论断。

为了确定间接故意(dolus eventualis),也有人建议论断式地使用"意欲"一词。依此,就不再需要在个案中确认这个行为人是否意欲结果发生、是否同意或忍受结果发生,而是要先提出事实上的前提要件,当这些要件实现时,行为人就应该被当成希望或容认结果发生来对待。这种情况就是:行为人在最终决定要实施此行为的当下,有认识到(或想象到)结果发生的危险,而任何一个理智的人,只要他并非容认结果发生,就不可能在存有如此危险的情形下还会决定要从事这样的行为。[41] 事实上,在日常用语中,对于希望一词也有这种论断性的使用方式。当一个不用功的学生一如预期地没有通过考试,却又要抱怨自己没有通过考试的结果时,他的父亲或许就会对他说:这不就是你想要的!

人们可能会认为,论断式概念的应用本质上无异于不可推翻的推定。但不可推翻的推定只能通过法律,并且在清楚且确定的要件下形成,而论断式概念的应用则不具有法定基础,并且可以由法院来实践。然而,特别是法院,对于这些论断式概

---

[41] *Puppe* AT 9/5 ff., *dies.* Begriffskonzeption des dolus eventualis, GA 2006, 65 (73);并参见 *Hassemer* Kennzeichen des Vorsatzes, GS‐Kaufmann (1989), 289 (295ff.); *Schünemann* Vom philologischen zum typologischen Vorsatzbegriff, FS‐Hirsch (1999), 363 (373).

念的应用所确认的前提要件,多半不是终局确定地提出,也没有清楚的定义。

一个具有代表性的例子,就是司法实务及通说对于间接故意所谓意欲要素的应用。间接故意的概念是一个论断性的概念。依此,行为人若是"同意地接受结果"或是为了追求的目的而"忍受构成要件的实现",就是基于对结果的间接故意而行为。如果行为人是认真地(而非只是模糊地)信赖结果于此情形不会发生,纵然他认知到危险【译按:对于构成要件实现的可能性有所认知】,亦属基于过失而行为。[42] 德国联邦最高法院自己一再强调,这里所涉及者是纯粹的事实确认,要确认一个心理事实,事实审法院可以(且必须)借由程序上的证明方法来确认,并且法律审法院原则上会受该确认结果所拘束。[43] 依据此种立场,这个事实之所以无法直接通过感知来确认,只是因为法官无法看见行为人于行为之际脑袋里想了什么。[44] 不过,问题其实存于更深处。就算事实审的法官能够看见行为人于行为之际脑袋里面想了什么,他也找不到任何类似的东西;既没有"同意地接受结果""忍受结果",也没有"认真地(而非只是模糊地)信赖这次结果不会发生"。即使是一个预先审慎谋划犯行的行为人,例如一个打算用

---

[42] 仅参见 BGH NStZ 2016, 211 (215); NStZ 2012, 384 (386); NStZ 2015, 266 (267); NStZ-RR 2016, 204; Schönke/Schröder/*Sternberg-Lieben-Schuster* § 15 Rn. 82, 84; SK-*Stein* § 16 Rn. 31 f.; LK-*Vogel/Bülte* § 15 Rn. 148; *Wessels/Beulke/Satzger* AT, Rn. 331, 338; *Roxin* AT/1, 12/27 ff.

[43] BGH NStZ 2018, 37 (38 f.); NStZ 2013, 581 (582); BGH NStZ-RR 2013, 75 (77); BGH NStZ-RR 2013, 89 (90).

[44] *Hassemer* Kennzeichen des Vorsatzes, GS-Armin Kaufmann (1989), 289 (303 ff.); *Volk* Begriff und Beweis subjektiver Merkmale, BGH-FG (2000), Bd. Ⅳ, 739 (744, 746); *Mylonopoulos* Vorsatz als Dispositionsbegriff, FS-Frisch (2013), 349.

榔头敲击被害人头部使之昏迷的抢匪，在下手前也并非总会对以下这些事项做出决意：他是否想要接受结果，是否为了追求的目的而忍受结果发生，或者是虽然清楚认知了生命危险，却仍然认真地（而非只是模糊地）信赖这次结果不会发生。至于那些出于愤怒而突然行为的人，就更加是如此了；当他踢、刺或敲击被害人时，更加不会做出相关决意。先且不论"不清楚这个（被理解为心理事实的）区分究竟应该意味着什么"，光是因为在众多案件中行为人的脑袋里根本就没有这样的心理现象，就已经注定不可能借由实证认识的方法来确认。⑤

然而，德国联邦最高法院为了确认间接故意，还是一再地于个案中通过以下的说词指示下级审法院：

> 施用非常危险的暴力行为时，就明显存在一个相应的间接杀人故意。有鉴于杀人罪有着高度的抑制门槛（Hemmschwelle）【译按：也就是通常会有较高的心理障碍】，对于死亡结果的同意当然就需要更加小心谨慎地审查，要审酌个案中的所有情状。"某种行为方式显然带有生命危险"这一点，对于间接杀人故意的证明来说，便体现为一种极具重要性的情状。此外，在对所有客观与主观之行为情状进行必要的整体审酌时，也必须要一并考虑到行为人于

---

⑤ *Puppe* Rasen im Straßenverkehr und Tötungsvorsatz, JR 2018, 323 (325); *dies.* Tötungsvorsatz und Affekt, NStZ 2014, 183 (185 f.); *dies.* Beweisen oder Bewerten, ZIS 2014, 66 (68); 赞同者有 *Leitmeier* Bedingter Vorsatz-ein Wertbegriff, HRRS 2016, 243 (244 f.); *Schünemann* Vom philologischen zum typologischen Vorsatzbegriff, FS-Hirsch (1999), S. 363 (367 f.).

行为时的心理状态及动机。㊻

这样的文字不能理解成上级审对下级法院关于确认事实的指示，否则将会成为一种对于事实审法院自由评价证据（freie Beweiswürdigung）【译按：自由心证原则】的强烈干预。您想象一下，法律审法院在废弃下级审侵入住居的有罪判决后，判决将该案转交给另一个事实审法院，并且给予该法院以下的指示：

> 关于"被告是否确实违犯了侵入住居罪"这一点，法院必须斟酌个案中所有情状谨慎地审查，并且以事实来证明。"警方在行为人的占有中发现被侵入窃走的物件"这个事实，是一个极具重要性的情状。此外也必须审酌，行为人于侵入前、侵入当时以及侵入后身在何处。

德国联邦最高法院给予下级法院的这些证立间接故意的指示，如果不是对于事实确认的指示，那么就只能理解成是审判法院论断间接故意的规则。文献上也普遍是如此地诠释这些指示。㊼

㊻ BGH NStZ 2003, 431 f.; 另见 BGHSt 36, 1, 15; BGH NStZ 1983, 365, 407; 1984, 19, 585; 1986, 549; 1987, 284, 424; 1988, 175, 362; 1991, 126; 1992, 384, 587; 1993, 307, 384; 1994, 19, 585; 2003, 220, 221, 369, 431 f.; 2004, 329, 330; 2006, 169 f.; 2007, 199 f., 267 f., 307; 2008, 453 (454); StV 1982, 509; 1984, 187 f.; 1987, 92; 1988, 93; 1991, 510; 1992, 10; 1993, 307; 1993, 641; 1994, 14, 655; 1997, 7; 2004, 74 f., 75, 76. 为避免误会，要说明的是，德国联邦最高法院不久前放弃了抑制门槛论据，见 BGH NStZ 2012, 384 (386 ff.)。但该判决也对于这个法律适用的方法多所着墨，说明即便放弃了这个（在该院诸多判决中用来废弃下级判决的）观点，也不会对于结论有所改变，aaO., S. 386.

㊼ *Puppe* Feststellen, zuschreiben, werten, NStZ 2012, 409 (414); *Roxin* Zur Normativierung des dolus eventualis und der Lehre von der Vorsatzgefahr, FS-Rudolphi (2004), 243 (246 f.); *Jakobs* Altes und Neues zum strafrechtlichen Vorsatzbegriff, Rechtswissenschaft 2010, 283 (287 ff.); *Hruschka* Über Schwierigkeiten mit dem（转下页）

德国联邦最高法院对于决定这些问题所提出的判准,和我们对照的例子中所举出的判准有着本质上的差异。"发现被告占有赃物"这个事实,在内容上和"他违法侵入住宅"这个事实没有关联。"被告于侵入的时点在他处被看见"这个事实,在内容上也和"他没有侵入住宅"这个事实没有关系。前者只是认定后者的一个(即便相当具有说服力)间接证据,因为没有人能够同时出现在两个不同的地方。反之,"被告用一种显然具有生命危险的方式攻击被害人"这个事实,则不单纯是一个认定间接杀害故意的间接证据,而是一个断论行为人间接杀人故意的理由。

但如此一来,"同意地接受结果"或"忍受结果"这些概念就也改变了自身的意义,就不再是一个能够确认的心理事实,而是一种对于行为人举止的说明,说明在法律共同体(Rechtsgemeinschaft)中应该如何理解这个举止,像在这种意义下:凡是在何种条件下,基于何种的心理素质(情绪)如此地行为,就会接受结果、就会忍受结果的发生。于(作为判决基础的)事实确认与判决本身之间的关系,也不同于间接证据与(通过间接证据来证明的)事实之间的关系,而是类似于建构评价之事实与评价自身二者间的关系。也就是说,建构论断的事实和建构评价的事实一样,是论断过程中不可或缺的成分。[48] 随着我们在证立论断时,究竟是要侧重于行为人所认知之危险的大小,还是要置重

(接上页) Beweis des Vorsatzes, FS-Kleinknecht (1985), 191 (201); *Kindhäuser* Gleichgültigkeit als Vorsatz? FS-Eser, 345 (354); *Pérez-Barberá* Vorsatz als Vorwurf, GA 2013, 454 (456 f.); *Stuckenberg* Vorstudien zu Vorsatz und Irrtum im Völkerstrafrecht (2007), S. 385 f.; *Leitmeier* Bedingter Vorsatzein Wertbegriff, HRRS 2016, 243 (245 f.).

[48] *Hassemer* Kennzeichen des Vorsatzes, GS-Armin-Kaufmann (1989), 289 (304); *Puppe* Feststellen, zuschreiben, werten NStZ 2012, 409 (414).

于行为人的意念，对被害人或侵害法益的态度或是行为后表现的悔悟，会让故意的论断具有不同的意义。也就是说，论断在结构上更接近于评价而非事实确认。论断与评价二者的差异，仅在于前者对于行为人之行为的解释中，并未含有规范，亦即并没有表达出应拒绝该行为并建议从事其他行为的意思。对于自己行为的危险性有所认知的行为人，不应该接受结果，也不应该认真地信赖其不会发生。他应该基于对危险的认知而放弃该行为。

因此，论断式的判断就和评价性的判断一样，都会面对以下的法律问题：支持论断——所谓故意指标（Vorsatzindikatoren）——的诸项理由中，何者应当被认可、何者则否。在这里，就会出现故意理论中所谓意欲主义（voluntaristisch）与认知主义（kognitivistisch）间的争议。意欲主义的故意理论把可能的故意指标范围极尽可能地扩大，并且根本不去终局地确定这个范围。[49]认知主义的故意理论则是将故意判准严格地限缩在行为人于实行犯行时所具有的危险想象。依此，当（且仅当）行为人有意招致（或以为招致）的危险是如此巨大且显见，以至于一个处于行为人地位的理性第三人若不想忍受结果发生就不会涉入这样的危险时，便可根据这个危险想象来肯定故意，而无须考虑行为人的心理素质、通常的态度以及性格。[50]

---

[49] *Roxin* Zur Normativierung des dolus eventualis und der Lehre von der Vorsatzgefahr, FS-Rudolphi (2004), 243 (245 f.); *Philips* An der Grenze von Vorsatz und Fahrlässigkeit, FS-Roxin (2001), 365 (367); GS-*Hassemer* Armin Kaufmann, 289 (305 ff.).

[50] NK-*Puppe* § 15 Rn. 68.

然而，依照意欲主义的故意理论和认知主义的故意理论，这种论断式的故意判断究竟应该具有何种意义？这个意义是一种不同的意义，因为能证立论断的指标各有不同。但就算穷举了这些指标，也不会让我们无须回答以下这个问题：根据这些指标，我们究竟要论断行为人什么？就如同穷举被评价的事实不会让我们免于思考（我们通过这些事实所证立的）价值判断的意义一样。依照意欲主义式的理论，论断的意义就是行为人对于其认为可能发生之结果的内在态度，也就是他接受、忍受并在这种意义下同意了结果的发生。于此脉络下，同意一词没有独立的意义。认知主义的故意理论则是认真看待同意这个概念，但不是在"论断行为人于行为时具有被称作赞同的情绪"这种意义下，而是将行为人的行为诠释成一个依照准则行事之理性者所为的行为。如果行为人有意识地创设了结果发生的高度危险，危险大到任何一个处于行为人地位的理性第三人只要不同意结果就不会制造如此的危险，那么在这个词的论断意义下，行为人就是同意了结果。行为人通过其行为表达了一个准则：结果可以在此时此地发生。[51]

由于论断式判断的概念结构就和评价性判断的概念结构相同，因此在论断式概念这里，事实问题与法律问题间的区分，也就会与评价性概念那里所做的区分相同。作为论断根据的事实，所谓指标，是由下级审法院来确认，这里的确认是依据自由证据评价【译按：自由心证原则】做成，并且不得就此部分上诉至法律审。

---

[51] *Puppe* Anm. zu LG Berlin, Urt. v. 27. 2. 2017–535 Ks 8/17, ZIS 2017, 439 (442); *dies.* Der Vorstellungsinhalt des dolus eventualis, ZStW 103 (1991), 1 (14 ff.).

然而,哪些事实依法会建构一个论断,则是一个法律问题,应该由法律审定夺。就此订出规则,是法律审法院的任务。因为,若是没有普遍适用的规则,那么每个论断式概念的运用就都会沦为感觉司法(Gefühlsjurisprudenz)和恣意决断。[52]

德国联邦最高法院在很大程度上逃避了这个任务,并且不仅只是用"同意地接受全然是一种事实"这句话来当作理由,在诸多判决中还另行明白地指出:

> 在证明结果的整体评价中,去评价个别不利或有利指标的意义及重要性,同样应该是事实审法院的工作。[53]

但在较新的判决中,这一点则被称为法律问题。[54] 如果法院想要废弃下级审的判决,就只需要指摘其并未如最高法院所要求的那般,将个案中所有的重要情状都纳入"评价性的整体观察"(wertende Gesamtschau)中,因此系属严重的不备理由。[55] 但只要投注一些想象力,就可以轻易地随便找出一个法院根本没有审酌的情状,或者是法院审酌得不够仔细,或是没有以最高法院认为适当的分量去审酌。*

---

[52] *Puppe* Beweisen oder Bewerten, ZIS 2014, 66 (68); *dies.* Feststellen, zuschreiben, werten, NStZ 2012, 409 (414); *dies.* Begriffskonzeptionen des dolus eventualis, GA 2006, 65 (76 ff.).

[53] BGH NStZ-RR 2013, 89 (90); BGH NStZ 2018, 37 (39).

[54] BGH NStZ 2016, 211 (215); NStZ-RR 2016, 204 (205).

[55] BGH NStZ 2015, 266 (267), 516 (517); NStZ 2014, 35; NStZ-RR 2013, 89 (90); NStZ 2015, 516 (517);对此亦可参见 *Puppe* Durchgreifende Erörterungsmängel als Revisionsgrund, ZIS 2015, 320 (321 f.).

* 于此附上作者于本版删去的初版内容,或有助于读者理解:由上面所引用的内容可以澄清两件事:第一,法院对于同意或忍受结果这些概念的使用,是一种论断式的使用。亦即,它并非要求事实审的法官要去问被告在行为的(转下页)

论断式概念的方法绝非仅限于故意的认定,这种方法逐渐蔓延开来,特别是在刑法总则的范畴。对此,另一个重要的例子就是德国联邦最高法院在区分正犯与共犯时提出的公式。这个公式是这么说的:

> 在区分共同正犯与帮助犯时,依照德国联邦最高法院的稳定见解,如果犯罪参与者并非只想单纯地促进(fördern)他人的作为,而其贡献亦已属集体行为的部分(Teil einer gemeinschaftlichen Tätigkeit)时,便应成立共同正犯。参与者必须希望自己的贡献是他人行为的部分,并且也相反地希望他人行为亦成为自己犯行的补充。一个参与者是否和犯行之间具有这种紧密的关联,必须要在一种评价式的观察下,根据参与者所认识到的整体情状来判断。这个判断的重要根据,可能会在他自己对于犯行结果的利益程度中找到,或是在犯行参与的范围中觅得,以及在犯罪支配中(或者至少在

(接上页)那一刻是否真的容认了结果的发生,以求证明心理学意义下的同意或忍受。取而代之的,法院列举出一连串的个案标准;依照这些标准,法官应该要判定行为人是否同意或忍受了他人的死亡。这些标准,像明显的生命危险、行为人在实施犯行时的心理状态以及动机等。第二,在这些应作为法官导引的判准中,因为最后还要求法律适用者要对所有客观与主观的行为情状进行必要之整体审酌(Gesamtschau aller objektiven und subjektiven Tatumstände),所以这个判准的目录并没有终局地确定下来。要正确适用这个概念,除"考虑所有应考虑的情状"外,别无其他的标准。如果最高法院想要废弃下级审法院关于间接故意的判决,就只需要指摘下级审法院并未顾及所有的重要情状,或是斥责下级审法院在判决中没有赋予这些情状正确的重要性(分量)……当一个考生在案例解析中论断式地运用一个概念时,也会被如此地评估,看他有多谨慎地根据各种赞成或反对论断的理由来评价事实。对此,法律人的法感判断力、健全的正常人理智,以及想象力都是有帮助的。在决定个别"重要情状"的重要性(分量)时,法律适用者有很大的空间。因此,关于论断的判断就会变得不确定,有时候甚至完全无法捉摸。

支配的意志中)发现,以至于犯行的实行与结局主要取决于他的意志。㊾

如果我们还能从这些语句中得出某种意义,那就一定是论断的意义。

然而,每个依法得出的论断,都必须根据普遍有效且被认可的规则而得出。在一个只想促进他人行为的参与者,和一个贡献了部分集体行为的参与者之间,差别何在?前一个行为人不也合于后者?【译按:作者要表达的是,促进他人行为,同时也就是贡献了部分的集体行为】共同正犯必须参与实行行为,还是于预备阶段有参与即可?㊿

这些例子显示了,若是对于"何种指标可建构论断式的应用"这一点欠缺固定的规则,那么概念的论断式运用就会隐含着以下的危险:人们不再能够弄清楚概念的意义,而是把个案中的决定交由神秘的"整体观察"。尽管如此,我们还是必须接受,法律发现过程中没有这样的论断式概念运用显然行不通。然而,如此的论断不可以被假扮成事实确认,亦即不能被当作简单的真实或虚伪(真或假)的陈述。我们必须公开承认,法官于此要作出一个决定,并且这个决定必须受到法律规则所拘束。法学上应当讨论这些论断规则的合宜性,新进的法律人必须学习,诚实且理性地对待这种法律发现的方法,以及对抗其他法律人的批判。

㊾ BGH NStZ 1995, 285; ähnlich BGH NStZ 2000, 482; BGH NStZ 2002, 200 f.; BGH NStZ 2003, 90 (91); BGH NStZ 2003, 253 (254); BGH NStZ 2006, 94; BGH NStZ 2006, 454; BGH NStZ 2008, 273 (275); BGH NStZ 2009, 25 (26); BGH NStZ-RR 2010, 236; BGH NStZ-RR 2011, 111 (112).

㊿ 对此详见 Puppe Die Architektur der Beteiligungsformen, GA 2013, 514 (515).

第三章　概念形式

一、分类概念

> 为了能在本节有更好的学习效果,建议读者先对窃盗罪的构成要件(《德国刑法》第242条)有基本的了解。

法律概念,无论其具有描述性、论断性还是评价性的意义,都可以有不同的形式,端视所涉概念中个别要素相互间是处于何种关系。其中最简单的概念形式,就是分类概念（Klassenbegriffe）[*]。定义这种概念的方法,就是列举出那些具体个案中,对此概念之实现而言系属必要（notwendig）且充分（hinreichend）的要素。个别的要素,可以是累积式（kumulativ）必要,但也可以是选择式（alternativ）必要。在前一种情形,这些要素相互间是通过"及（且）"来连结,人们将此称为"连（并）言式定义"（konjunktive

---

[*] 此译语参见吴从周:《类型思维与法学方法》,1993年,第9页;亦有译为"类别概念",如林立:《法学方法论与德沃金》,2002年版,第104页。

Definition);在后一种情形,则是通过"或"来连结,人们称之为"选言式定义"(disjunktive Definition)。

> 文书,是指持续附着于有体物的思想表示,得以从中辨识其制作人,且系被用来并适于作为证明。[58]

于此,列举出了一系列的特性(Eigenschaften),确定了一个类别(Klasse)。其中的每个成员都必须显现出这些特性,随而,所有应落入文书概念下的物品,在这些特性上都是相同的。连言式分类概念的优点在于,其指定出落入概念中的客体所应具备的特性,这些客体因此应该被等同对待。

在选言式定义,类别的成员则有可能会具备完全不同的特性,端视它们所实现的是概念界定中的哪个选择要素(选项)。

选言式的定义像我们对于"取得"(Zueignung)[*]所下的定义:

> 取得某物,是指将该物的本体"或"该物的价值并入自己的财产中。[59]

在法学上,曾经有很长一段时间都不承认选言式的定义是一种定义。[60] 这种定义的缺点在于,它并没有说明,实现某个选择要素的客体和实现另一个选择要素的客体二者是在何种观点下

---

[58] Schönke/Schröder/*Heine-Schuster* § 267 Rn. 2; *Fischer* § 267 Rn. 2.

[*] 相当于台湾地区"刑法""不法所有意图"中的"所有"要素,德国法上之所以避用所有一词,是因为依照《德国民法》规定,所有权原则上无法通过犯罪行为取得。对此,可参见蔡圣伟文章,载《月旦法学教室》,第 78 期,68—69 页。

[59] BGHSt 16, 190 (192); 24, 115 (119); Schönke/Schröder-*Bosch* § 242 Rn. 47; Lackner/*Kühl-Kühl* § 242 Rn. 21.

[60] *Schmidhäuser* Zum Begriff der Rechtfertigung, FS-Lackner (1987), 77 (87).

相同,以至于它们可以被相同地对待。*譬如,人们会问道,为什么要把"将某物的价值据为己用"和"将该物的实体据为己有"等同处理。但如果我们现在拿一个连言式定义来取代选言式定义,像:

> 取得某物,系指将该物自所有权人处持续地(dauernd)剥夺,"并且"至少暂时地以该物之所有人自居。

如此一来,概念就会变得很不明确:什么叫作"以所有人自居"?是否也包括将该物毁损?[61]

这是因为,一个连言式定义的概念越是一般,亦即其适用范围越大,这个概念所含有的要素就必须越少(merkmalsärmer)。选言式定义的概念就不是如此。我们可以通过选择要素的添加,而在不减少这个概念之固有要素的情形下,对于所定义的概念增添其他适用范围。举例来说,让我们从以下这个取得的定义出发:

> 取得某物,是指从它的所有权人那里持续地剥夺该物"并且"至少暂时地将之并入自己的财产。

然后再将第二个定义加入:

> 将一纸有价证券的价值自其所有权人那里持续地剥夺"并且"将之并入自己财产,亦属取得某物。

---

* 这里所谓相同对待,是指都会引起相同的效果:无论是满足了哪一个选择要素,这个概念都会被实现。

[61] 一般认为,毁损某物并非取得该物,尽管只有所有权人才有权限这么做;Schönke/Schröder–*Bosch* § 242 Rn. 55; *Fischer* § 242 Rn. 35a; *Küper/Zopfs* BT Rn. 832.

经由这种方式,我们可以一方面扩展"取得"这个概念原本的适用范围,另一方面也不会损伤这个概念在内涵要素上的丰富性、清楚易懂性以及明确性。紧接着虽然还要提出理由来说明,为何把这两个选择要素同样当作"取得"来处理,但这个理由就不再需要具有定义的形式。它可以像是:除有价证券外,物的经济价值都体现在该物的实体中,不可能和这个实物的本体分离;与此相对,通过行使有价证券所体现的权利,可以将有价证券的价值和该证券的实体分离开来。

尽管选言式定义的个别要素有可能和连言式定义的要素一样模糊,但将选言式定义适用到个案中却可能会比较清楚。如果我把一个额外的要素加进一个连言式的定义中,这个要素在每一个个案中都必须被实现,那么,如此界定的概念在具体个案中的适用绝不会变得更清楚,而是会变得更不明确。相反的,如果我是将一个额外的选择要素加进一个选言式的定义中,这个概念整体看来或许不会因此变得更精确,但它在特定个案中的适用则会因此变得更清楚。这里所指的情形,就是法律适用者虽然对于某个选择要素的实现还有所怀疑,但其他选择要素的实现已明确存在的情形。让我们用《德国刑法》第223条(故意伤害罪)中的伤害定义为例。依此规定,身体伤害是指:

在身体上不当对待他人或是损害其健康。

这两个选择要素都不是很精确,因此,有可能会对这两个选择要素中每一个要素的实现都存有怀疑。但如果能确定其中一个选择要素被实现,那么伤害概念就会清楚地被实现。

例如，剪下别人的头发或胡须是否算是健康损害，大家或许会有所争执。但因为每一种身体实体上的损害（Einbuße an Körpersubstanz）都是一种身体上的不当对待（körperliche Misshandlung），所以伤害概念还是清楚地被实现。一个医生在未经同意的情形下替病患动手术，能否称之为身体上的不当对待，可能会有疑问，然而，只要我们不是通过"健康损害与健康获益二者结算"（Saldierung zwischen Gesundheitsschaden und Gesundheitsgewinn）的方式来认定伤害是否存在*，这种行为便无疑地也算是一种健康损害。[62]

如果在一个选言式定义的概念中，选择要素中的任一要素在个案中清楚地被实现，但对于其他选择要素是否实现则仍存有疑问时，我们就不应该在存疑的选择要素这里耽搁太久。这无论如何可适用于以下的情形：两个选择概念在适用范围上的交集，大到它们相互间只是些微地扩展了条文的适用范围。举例来说，如果还不确定某物是否具有经济价值，但行为人业已清楚地将该物的实体置于其支配之下，那么我们就不需要继续绞尽脑汁地思考，行为人是否也将该物的价值移入了他的财产。这应该同样地适用于身体上的不当对待与健康损害这两个选择要素之上。

---

*　亦即，只要不是用"行为后的健康状况要比行为前的健康状况更糟"这样的标准来认定伤害，那么未获病患同意擅自实施手术（擅行医疗）的医生就不能以"手术最终成功、病患的身体状况被改善"为由，主张自己不构成伤害。

[62]　NK–*Puppe* Vor § 13 Rn. 78; *dies*. Die strafrechtliche Verantwortlichkeit des Arztes bei mangelnder Aufklärung über eine Behandlungsinitiative–Zugleich Besprechung von BGH, Urteile vom 03.03.1994 und 29.06.1995, GA 2003, 764 (765).

二、类型概念

> 本节涉及持有、占有以及中级管理阶层（leitender Angestellter）的概念。

所谓类型概念（Typusbegriffe），是从选言式的概念确定方式进一步发展出来。所指的是，在一个概念中出现了至少一个可区分等级（abstufbar）的要素。这个要素以外的其他要素，要不是同样亦属可层升【译按：可区分出强弱高低等级】，不然就是仅属择一的必要。这些要素相互间都具有如下的连结关系：一个可区分等级的概念要素在个案中越是高度地被实现，其他可区分等级的要素所必须被实现的程度即可随之降低，或者就越不需要实现其他的选言式要素。

这听起来要比实际操作来得复杂，就让我们用持有概念来说明。对于这个概念的选言式定义，像是以下的叙述：

> 持有，是一种对于某个物件的处分力（Verfügungsgewalt），这种处分力是由支配意思（Herrschaftswille）建构，由交易观点来决定其范围。[63]

或者像是：

> 持有，是自然人出于支配意思，对于某个物件所具有的一种事实/社会上（tatsächlich-sozial）的支配。[64]

---

[63] Kindhäuser/Böse BT/2, 2/28.
[64] Küper/Zopfs BT Rn.769.

先且不论人们不可能违背自己的意思持有物件,上述的定义都只有指出"持有"与对某物事实上的支配力(tatsächliche Herrschaftsgewalt)有关,并且也涉及社会上对于这个支配力的认可【译按:也就是社会上的承认(soziale Anerkennung)】。但由于它们的连言连结形式,这些定义没有说出这两个概念要素相互之间处于何种关系。

一个人对于某个物件在事实上的支配,强度上可能是或多或少的。当一个人把东西握在手中时,事实上的支配力是最强的。当这个人将该物放在他随手能够拿取的地方时,事实上的支配力就变得较弱些。当这个东西被放在这个人能够自由进出的空间里,而在他并未身处于该空间时,事实上的支配则又会更弱些。当这个人把该物(不管有没有加上防止他人拿取的措施)放在一个公共空间当中,并且知道放在哪里,即使他无法立刻取得该物,也还是存有事实上的支配力,只不过这个事实上的支配力是以最弱的程度存在。这显示了,事实上的支配力这个概念是一个可区分等级的概念。

而"社会上对于事实支配力的认可(承认)"这个概念,严格说来也是有等级之分。占有权(Recht zum Besitz)享有最高度的认可。但即便是无权占有,民法也还是在某种范围内加以承认,亦即仍使之享有《德国民法》第859条与第861条的保护*,可对抗他人的侵夺——甚至也可以对抗来自有权取得占有之人的侵夺,禁止其擅自拿取(verbotene Eigenmacht)。通过这些规

---

* 《德国民法》第859条(占有人之自力救济)与第861条(占有恢复之诉)分别与台湾地区"民法"第960条及第962条之规定相当。

定,即使是通过被禁止的方式所取得的占有,也还是享有民法上的某种承认。

现在,我们可以通过以下关于持有概念的确定,将这两个可分级的概念连结起来:

> 就持有概念的实现而言,一个人在事实上对于某物的支配力(拿取可能性)越强,"社会上对于此支配的认可"这个要求就可以越弱;反之,社会上对于某人之于某物的支配有越高度的认可,事实上拿取该物的可能性就可以越弱。

由此导出,当一个窃贼在商店中能够拿取到行为客体时,也还没有取得对该物的持有,甚至当他真的取走时,亦然。要一直等到他带着货物经过柜台,他才取得对该物的持有。反之,一个正当的所有权人,即使对于那些根本不可能立刻取得的所有物(像停放在远方公共停车场的汽车),也还是为其所持有(见《德国民法》第856条第2项*)。当这两个可分级的持有要素其中之一强烈地显示时,纵使另一者仅有微弱的显现,持有概念仍然是清楚地实现。只有当这两个要素都是很微弱地显现时,才会不确定这个概念是否仍属实现。然而,这两个可层升的要素不可以有任何一者降至零,也就是完全的欠缺。如果汽车驾驶人不再知道他的车子停放于何处,他就不再持有这辆车。

类型概念就和选言概念一样,亦可掌握非常多的不同现象,因此需要说明,这些现象"应落入相同概念并且具有相同法律

---

* 《德国民法》第856条规定了"占有的终止"(Beendigung des Besitzes):占有因占有人抛弃或以其他方式丧失其对物之事实上管领力(tatsächliche Gewalt über die Sache)而终止(第1项)。管领力之行使受到本质上的暂时妨碍,其占有不因而终止(第2项)。

效果"的正当理由为何。人们为何有权将这些不同现象在某些面向上等同对待？像把所有权人（或承租人）之于其停放于远处之汽车的关系，拿来和抢匪对其甫从正当占有者处夺得之物的关系，或和窃贼对其甫从百货公司柜台藏入大衣口袋之商品的关系，相同处理对待？这里涉及对物的拥有（Haben），这种拥有在事实上已被建立，也在某种观点下为社会所认可，之所以在法律上受到保护，不仅是因为权利，而且也是为了安定。这在民法上被称作直接占有（unmittelbarer Besitz）。依照《德国民法》第854条的规定*，占有和持有一样，也是通过取得对物之事实上的支配权力而建立，并且，依照《德国民法》第856条第1项之规定，占有终止于完全失去对物的事实管领力之时。占有也不是拿取物件的可能性（Zugriffsmöglichkeit auf die Sache）这种纯粹事实上的关系，《德国民法》第856条第2项已经显示了这点。如果占有只是一种纯粹事实上的管领支配关系，那么当这个管领支配关系（即便只是暂时地）事实上终止时，这种支配力关系就不复存在。但若支配力关系于社会上受到认可，占有就还没终止。也就是说，占有也显示了"事实上的支配力"与"社会上的认可"这两个可层升的要素。占有是一个法律制度，并且在民法上具有和刑法上的持有相同的机能。⑥ 占有与持有一再地被强调是不同的概念，这样的说法可归结于不同专业领域（民法与刑法）专家的本位

---

* 《德国民法》第854条规定了"占有的取得"（Erwerb des Besitzes），其中第1项规定：获得对物之事实管领力者，取得该物之占有。

⑥ Jüchser Gewahrsam – ein Begriff, der es nicht leicht macht, ZJS 2012, 195 (196).

主义(Ressortegoismus)。[66]

另一个关于类型概念的例子,则是来自劳动法。《德国企业组织法》(BetrVG)第 5 条第 3 项第 3 款描述了"管理阶层"(leitender Angestellter)立法定义中的一个选项。依此,管理阶层系指:

> 规律性地接受其他对于企业(Unternehmen)或事业(Betrieb)的存续及发展具有重要性的任务,并且,这些任务的履行是以特殊经验和知识为前提……如果他基本上可不受指示地做成决定,或是对于决定有关键性的影响……

这个概念显示出两个可层升的要素:员工的专业资格(fachliche Qualifikation)以及其对于企业重要决策的影响(Einfluss auf wichtige Entscheidungen im Betrieb)。适用管理阶层这个类型概念时,您可以提出以下的比较规则:

> 员工的专业资格越高,他就越应被算入管理阶层。
> 员工在企业中对于重要决策的影响越大,他就越应被算入管理阶层。

---

[66] 关于此点,所谓"继承占有"(Erbenbesitz)虽然一再被当作论据提出,指陈在这种情形并没有实现持有的概念要素。但是,依照《德国民法》第 857 条【译按:该条规定了占有的"可继承性"】移转给继承人者,也没有实现直接占有的要素,因为继承人对于该物不具有任何的支配力,并且,只要他还不知道继承已开始,就也不会具有占有意思(Besitzwillen)。能够移转给继承人的,只有占有人的权利,他人可在一定情形下为继承人行使这些权利。也就是说,依照第 857 条,继承人被当作仿佛他具有占有那样地对待。第 857 条就是一个拟制(Fiktion)。立法者使用这个拟制不是要欺骗法律适用者什么,而是为了适用某个(事实上未被实现之)构成要件的法律效果。一个拟制,也就是一种法律效果的准用(Rechtsfolgenverweisung)。

举例来说，在整体企业或整体部门中，能够单独做成全部重要决策的人，即便他仅具有低下的专业资格，仍属管理阶层；一个硕士工程师，即使他无权在企业中独自作决定，亦属管理阶层。但在这里，概念要素中的任何一者都不可以完全欠缺。

《德国刑法》第266条【译按：背信罪】意义下所谓的受托人（Treunehmer）概念，也是一种类型概念。受托人受委托照顾他人的财产，让他得以通过其法律行为或事实行为的执行，对他人财产造成重大损害。依照《德国刑法》第266条，受托人如果通过执行其权限或事实上的行为可能性，导致受托于己的财产受到损害，便构成背信罪。他人的财产会以特殊的方式托付于人*，有可能基于各种不同的理由。譬如像受托人必须要看管委托人的高额财产价值，或者像其依法得以自由且不受监督地处分信托人的财产，并且该信托关系具有某种继续的期间。**因此，像公证人在纪录登载并结算一个不动产买卖契约时，即属受托人，尽管他在如何处理托付于己的财产价值、金钱或文书这类事务上，受到详细列举的规定所拘束，并且他只是为了结算单次的法律行为而为契约当事人这么做。因为他必须处分契约当事人较高额的财产价值。反之，像仓库管理员或是公司的采买人各自处分的财产价

---

* 作者于此处称"以特殊的方式"所要强调的是，司法实务上不会把所有违法造成他人财产损害的行为（尤其是违反契约的行为）都论以背信罪，而是要求被害人的财产必须以特定的方式托付予行为人。至于应在怎样的事实条件下始可认定这种特殊方式，则要在个案中具体认定，详如内文所举之例。换句话说，也就是相当于台湾地区"刑法"第342条第1项（背信罪）中"为他人处理事务"要素的理解。

** 作者对于此处强调期间的持续补充说明如下：信托义务这个概念是一个类型概念，也就是说，并非单独取决于其中某一个类型化的要素。如果行为人对于被害人财产的实力，仅存于其能够单次（ein einziges Mal）不受监督地处分轻微财产价值，那么就还不会形成信托义务。

值,则是少很多。依此,为了确定受托人这个类型概念,我们可以提出以下两个比较规则:

> 委托的财产价值越高,受托人的处分自由(Dispositionsfreiheit)就可以越小;受托人的处分自由越大,委托的财产价值可以越低。

把这些如此不同的法律及事实地位涵摄到受托人概念下,能够将之正当化的一致性观点,就是依法托付于某人对他人财产的实力(Macht)。

就连间接故意的论断式概念,一如德国联邦最高法院所运用的那样(参见上文第一课第二章之五),也被其支持者标示为类型概念。⑰但这个概念正好欠缺了能够正当化同等对待不同现象的一致性观点。因为,援用不同故意指标来论断行为人的"同意地接受结果"或"忍受结果",究竟意味着什么还是不清楚。*我们虽然可以提出比较规则来决定不同指标相互间的分量与关系【译

---

⑰　*Hassemer* Kennzeichen des Vorsatzes, Armin GS-Kaufmann (1989), 289 (303 ff.); *Frisch* Gegenwartsprobleme des Vorsatzbegriffs und der Vorsatzfeststellung am Beispiel der AIDS-Diskussion, GS-Meyer (1990), 533 (550 ff.); *Volk* Begriff und Beweis subjektiver Merkmale, BGH-FG (2000), Bd. IV, 739 (744 ff.); *Philipps* An der Grenze von Vorsatz und Fahrlässigkeit, FS-Roxin (2001), 365 ff.; *Schünemann* Vom philologischen zum typologischen Vorsatzbegriff, FS-Hirsch (1989), 363 (374 f.); 亦参见 *Roxin* Zur Normativierung des dolus eventualis und der Lehre von der Vorsatzgefahr, FS-Rudolphi (2004), 243 (247).

　　* 作者于此要强调的是,"同意地接受结果"或"忍受结果"这些都是论断,而非事实。但论断也必须具有某种(评价性的)意义,如果没有讲出那些用来建构论断的诸项指标间处于何种关系,就只是丢给事实审法院处理(亦即当作事实来对待),那么便完全不清楚这个论断具有何种评价性意义。

按：相对的重要性】[68]，但不会被司法实务界认可。毋宁，由法官在每一个个案中，通过"评价性的整体观察"来决定个别指标的分量。这是类型概念及类型学方法的一种变质。类型概念只能与数量极有限的标准或指标相容，尤其是可层升的标准。人们只能够在某程度上理性地将两个或至多三个可层升的标准相互"结算"。

在运用类型概念中可分等级的要素时，光是确认这些要素在个案中被实现还不够，而是还要定出这些要素必须达到何种程度。如此才能够将这个确定类型概念的比较规则应用到个案中。最后，对于"类型概念在个案中是否被实现"这个问题，当然还是必须用"是"或"否"来回答，而不能答以多或少，因为法律效果的前提要件要不是已实现，不然就是没实现。尽管如此，类型概念还是有其优点：和运用单纯的分类概念相较，人们通过类型概念的运用，较能适应生活中流动的过渡阶段。[69]

由于类型概念的要素可分等级，致使类型概念的界限必然是流动的，在今日，人们偏好将这种概念存在与否的决定也称作一种评价活动；即便如此，类型概念就其内涵而言并不必然是评

---

[68] 人们也可以提出以下这两个比较性规则：行为人认知其所招致的危险越大，故意的意欲要素就越不重要；行为人越是欢迎结果，危险就可以越小。参见 *Puppe* Vom Umgang mit Definitionen in der Jurisprudenz, Armin GS-Kaufmann (1989), 15 (31)。然而，这个间接故意的类型概念，与德国联邦最高法院的类型概念有所不同。对德国联邦最高法院来说，危险大小只是一个用以认定行为人对结果之内在态度的指标，和其他众多指标一样，随时可被推翻。

[69] *Radbruch* Klassenbegriffe und Ordnungsbegriffe, in: Internationale Zeitschrift für Theorie des Rechts, 1938, 46 (49 f.).【译按：因为现实生活是流动的过程，经常是"或多或少"的问题，而分类概念却都要求我们作出"非此即彼"的决定。对此，可参见吴从周：《类型思维与法学方法》，1993年，第26—27页；徐育安：《刑法上类推禁止之生与死》，1998年版，第64页的说明。】

价性的。像持有概念，便仅含有描述性要素。"对某物在事实上的拿取可能性"这个要素描写了一个自然事实；而"社会上对于物之支配的认可"这个要素，则是在描述一种制度性的事实，我们可以从民法上的占有权（Besitzrecht）来认识这个事实。

　　类型概念这种概念形式的最大功勋是在民法和公法，与此相对，它在刑法上，一如我们所见，只要所涉及者不是邻近民法的概念*，就会有灾难性的影响。

　　例如，我们若是必须将众多现象编入一个由少数概念组成的点阵中，就会需要类型概念这种概念形式。这里当然不是要对可层升的要素定出相互间的比例，而是要去定出可放弃之要素的数量。这个比较规则就是：某个类型越多要素被实现，而且这些要素越是重要，那么相关现象就越可归入这个类型。举例来说，我们将债法上的契约（如买卖、租赁、借贷、承揽契约及雇佣契约）称为契约类型（Vertragstypen），其实并非偶然。现在可看到像介于借贷契约和买卖契约之间的混合形式（分期买卖），或是雇佣契约与承揽契约的混合形式。立法者不可能对每一种混合形式都提出独自的规定，因此，我们必须将这些混合形式归入某种法定契约类型，以求确定哪些（一定情形下居于补充地位的**）法律规定对之有所适用。举例来说，建筑师契约（Architektenvertrag）不仅含有承揽契约的要素（如制作房屋建筑计划），也包含了雇佣契约

---

　　*　所谓"邻近民法的概念"，据作者的说明，就像内文所举的"持有"概念，其与民法上直接占有（unmittelbarer Besitz）的概念相同。

　　**　作者于此通过"一定情形下居于补充地位"等语所要指出的是，规范债之关系的法律规定当中，部分并非强制规定，契约当事人可以通过自己的约定来取代这些规定。与此相对，强制性的法律规定则非居于补充地位，而是一律有其适用；当契约的约定与之抵触时，该约定无效。

的要素(如监督建筑工程、监工)。法律人必须将混合类型(Mischtypus)归入与之最为相近的纯粹契约类型中,也就是归入当中在整体给付上要素数量及重要性胜出的那种契约类型。德国联邦最高法院就是通过这样的方式,将建筑师契约归入承揽契约类型中。[70]

在税法上,整编众多现象(例如所得种类或税捐种类)时,也是只有少量的"抽屉"可供使用。然而,每个所得种类以及税捐种类都必须在其中一个抽屉找到它们的位置。也就是说,人们不能期待,在其中一个抽屉当中的现象,于所有重要的要素上都会相同。只要这些现象比其他现象更近似某个理想类型(Idealtypen),即属已足。[71]

---

[70] BGHZ 31, 224; 159, 376 (381); 43, 227 ff.; 32, 206 (207).
[71] 汉堡的财税法院也把《德国基本法》第106条所列出的租税种类称为类型概念,见 NVwZ 2011, 1401。

第四章　法律上的概念定义

一、定义在学术上的功能

在学术界，为了要清楚、明了并且尽可能精准地确定概念的意涵，就要对概念下定义。日常用语中的概念，不但模糊、不精确，甚至时常会有好几种意义，也就是多义的(mehrdeutig)。就让我们以"力"(Kraft)这个概念为例。这个概念在下列的各个语句中，都具有不同的意义：

　　1.要造成这种头颅伤害，行为人一定是非常用力地敲打被害人。
　　2.举重选手的力量很大。
　　3.当人们真心相信某种魔法时，这种魔法就会具有魔力。
　　4.主啊，请赐予我们承担的力量！
　　5.法律在公布的那天产生效力。

在上面的每个语句当中，都出现了"力"这个字，但各自具有不同的意涵,即便这些不同意涵相互间仍有一定程度的相似性,并且在某种意义下也许可说是相互推导出来的。要对"力"这个概念作出一个能够涵盖上述所有意涵的定义,几乎是不可能的;就算能够做到,这样的概念定义也一定很模糊、不明确且无法看透,以至于毫无用处。在古典力学(klassische Mechanik)中,力被定义如下:

力是"质量"乘以"加速度"。

这样的概念定义并不清楚,甚至可能会让一个物理外行人感到惊讶。然而,只要我们已经定义好何谓"质量"与"加速度",那么这个概念定义的意涵便是清楚明确的。此外,这样的概念定义还有一项优点,亦即其中的要素都是可测量的,随而力这个概念也就是可测量的。

就让我们再拿第二个关于定义的例子来看,这次所要看的是来自古典几何学的例子:

长方形,是由四个边所划定的一个平面,而这四个边各自两两平行,并且两两形成一直角。

我们也可以这么定义:

长方形,是由四个边所划定并含有四个直角的平面。

但若像下面这样定义,则是不正确的:

长方形,是由四个两两平行的边所划定、并含有四个直角的平面。

因为,如果一个平行四边形显示了一个直角,那么所有其他的角必然也同样是直角;并且,如果一个四角形有纯直角,那么两个对边也就一定会是平行的。也就是说,这个定义含有多余的概念要素,在定义上,有赘言的定义即属错误。

二、法学定义的评鉴标准

每个定义都必须满足一些形式上(逻辑上)的要求。首先,定义不可以是矛盾的,也就是说,不可以同时包含了"A"与"非A"这两个要素。您认为在法律上不可能会出现矛盾的定义?这里就有一个例子:

> 倘若被评断为伤害的行为,依照个案之具体情状,通常(generell)足以危及被害人生命,便存有"借由危及生命之对待"所违犯的伤害。[*]

一个行为,要不就是必须"依照具体情状"足以危及生命,不然就是"通常"足以危及生命,即属足够【译按:即可适用《德国刑法》第 224 条之危险伤害罪】;所谓通常,就是依照一般的标准来判断,无论如何都不会考虑个案中的所有情状。依此,"通常"这个表述正好与"依照个案之具体情状"对立。尽管如此,这个关于《德国刑法》第 224 条"危及生命之对待"的定义却几乎被每一本教科书和注释书引用[72],并且出现在每个涉及"行为人的某个特定

---

[*] 《德国刑法》第 224 条危险伤害罪(gefährliche Körperverletzung)是普通伤害罪的加重构成要件,此处系指该条第 1 项第 5 款的加重态样:施加危及生命之对待(mittels einer das Leben gefährdenden Behandlung)。完整的条文,见后文 141 页的译注。

[72] Wessels/Hettinger/Engländer BT/1 Rn. 307; Kindhäuser BT/1 9/21; Rengier BT/2 14/50; Matt/Renzikowski-Engländer § 224 Rn. 14; LK-Grünewald § 224 Rn. 34.

行为是否体现为一个危及被害人生命之对待"这个问题的判决开头㉳，这显示了法律人有多么不重视他们的定义。为了要从事真正的概念工作及涵摄工作，大多都是想都没想地就把这些定义召唤过来。

甚至在法律中，也可以发现自我矛盾的定义，像《德国刑法》第 330d 条第 1 项第 5 款。其内容如下：

> 本章所称之未经同意（Genehmigung）、欠缺规划核定（Planfeststellung）或是欠缺其他许可（Zulassung）的行为，亦包含通过胁迫、贿赂或勾结促成，或是通过不正确或不完整之申报而骗取之同意、规划核定或其他许可之行为。

若将之理解成定义，就会是个矛盾：

> 一个行为得有通过胁迫、贿赂（……）所促成之同意，亦属未经同意之行为。

这个语句提出了一些绝对是具有意义的事物。若是在民法上，人们会将这称作一种法律上（法定）的拟制（gesetzliche Fiktion），并且可能会描述如下：

> 一个通过胁迫、贿赂或勾结（……）促成的同意，于本法中视为未经同意。

在这里，法律上不能称作同意的无效，因为用这种方式取得的同意虽然可撤回，但在行政法上仍属有效。您可看见，概念定义的形式绝对是一种高标准的陈述形式，如果还想对一个概念陈

㉳ 例如 BGHSt 2, 160 (163); BGH NStZ 2004, 618; NStZ-RR 2010, 176 (177); BGH 4 StR 455/11.

述说些什么,就不应总是使用这种陈述形式。*

如果应被定义的概念再度出现在定义项(Definiens),不管是单独出现还是出现在词组中,这个定义就变成什么都没说。因为如此一来,概念就要自己定义自己,这被称作循环定义(Zirkeldefinition)。您以为这不会发生在法律当中?《北莱茵·威斯特法伦州的建筑规则》(Bauordnung)第2条就有一个循环定义:

> 建筑设施(bauliche Anlagen)系指与地面结合、由建筑制品(Bauprodukte)所制造的设施。

在这里,"设施"这个字出现在定义项中,亦即依此定义,一个设施就是一个设施;而"建筑"这个表述,不仅出现在"建筑设施"一词中,也出现在"建筑制品"这个字当中。随而,"建筑设施"就变成是通过"由建筑制品所组成之物"来定义,而"建筑制品"则被定义成"用以制造建筑设施之物"。从这样的文本,关于建筑设施这个概念所能探知的唯一陈述,就是关于这个概念的局部陈述(Teilaussage),亦即建筑设施只能够是一种与地面结合的物件。但并非所有与地面结合的物件都因此算是建筑设施。

在刑法典里也可以发现循环定义。例如《德国刑法》第11条,其标题为"人及事物概念"(Personen-und Sachbegriffe),当中第3款规定了:

> 于本法中,法官系指依照德国法为职业法官或荣誉职法官之人。

---

* 作者于此要强调的是,不应该也不可能用定义的形式来作出每一个关于概念的陈述,就像前面对于同意或是下文对于法官或机关所举的例子,展示了应如何正确说出自己想表达的内容。

作为一个定义,这是不合格的;因为被定义项(Definiendum),也就是"法官"一词,又重复出现在"职业法官"或"荣誉职法官"这些定义项当中:法官就是那些是法官的人。但这并非意味着这个语句没有任何意义。若要正确叙述,可以像以下的语句:

于本法中,荣誉职法官亦属法官。

与此相对,同条第7款的描述则是正确的:

法院于本法中亦属机关(Behörde)。

《德国刑法》第330d条的官方标题为概念界定(Begriffsbestimmungen)。在这里,也同样可以发现循环定义:

于本章中(第1款),水体(Gewässer)系指地表上的水体(oberirdisches Gewässer)、地下水及海洋。

正确描述则应该如下所示:

地下水与海洋于本章中亦属水体。

法律人(包含立法者)总是想要让所有针对概念所提出的陈述都享有定义的形式,这一点绝对是错的。

有种定义在形式上虽然不算是循环定义,但也没有比循环定义多出什么价值,那就是通过同义词(Synonym)来取代应被定义的表述。举例来说,占有人就某物所支出的必要费用(notwendige Verwendung)得依《德国民法》第994条向所有权人请求偿还[*],而民法实务界则是这么定义"必要支出"这个概念:

---

[*] 《德国民法》第994条第1项前段规定:占有人得向所有权人请求偿还其为占有物所支出之必要费用。

《德国民法》第 994 条意义下的必要（notwendig），系指所支出之费用对于维持或正常管理该物系属必须（erforderlich）。[74]

也就是说，"必要"就是指"必须"。关于必要费用这个概念，我们由此学不到什么东西。但无论如何这个定义还是蕴含了一个重要的局部陈述，亦即，不仅只是那些对于维护该物所必要的费用可视为必要，而是也包含了那些对于正常管理该物系属必要者。

同样繁琐且无内容的，还有《德国刑法》第 223 条伤害罪中第 2 个行为选项的惯用定义。* 这个定义就是：

健康损害（Gesundheitsbeschädigung）系指招致或提升了一个有害地偏离于身体正常机能状态的病理状态，且该病理状态有治疗的必要。

然而，"治疗"就是指排除病理状态，而"病理状态"一词，则是指一种使治疗成为必要的状态。[75]

司法实务在定义身体上的不当对待（körperliche Misshandlung）时，则更糟糕。该定义如下：

身体上的不当对待，是指一种不好的（übel）、不适当

---

[74] BGH WM 1996, 131 (132); BGH NJW 2002, 3478 (3479).

* 《德国刑法》第 223 条为普通伤害罪的规定，其第 1 项既遂犯的构成要件为：在身体上不当对待（misshandeln）他人或损害其健康者。

[75] *Kindhäuser* BT/1 7/7 f.; SK-*Wolters* § 223 Rn. 25.【译按：于此附上原版中对此定义的批评：然而，治疗程序不外乎就是一种病理状态的排除。我们通过"该损害需要治疗"来定义健康损害，而治疗程序又只能通过"可排除健康损害的过程"来定义，这就是一个所谓的"循环定义"：被定义项先通过定义项来定义，然后定义项又再通过被定义项来定义。】

（unangemessen）的对待，会对身体的舒适（Wohlbefinden）或完整性（Unversehrtheit）造成并非微不足道（nicht unerheblich）的影响。⑯

依此，不当对待首先是一种不好的、不适当的对待。"不好"和"不适当"是同义叠词（Pleonasmus），这两个表述显然意味着相同的内容。如果一个人在定义中将相同的事物说了两次，就是一个相当清楚的讯号，表示他自己也不是很清楚他到底想要说什么。一定程度上就是在思考上陷入了结巴。我们可以放心地直接把不好的、不适当的对待删除，而写成：

> 在身体上的不当对待，系指对身体的舒适或完整性造成并非微不足道的影响。

借此，又显示了这个定义的另一个更常遇到的瑕疵。这个定义唤起了一种印象，仿佛《德国刑法》第223条是一种行为犯，特别涉及行为的负面评价。实际上，伤害罪就是一个普通的结果犯。[*]立法者其实可以做得更好，可以把《德国刑法》第223条的构

---

⑯ Wessels/Hettinger/Engländer BT/1 Rn. 278；Rengier BT/2 13/7；Kindhäuser BT/1 7/5；NK-Paeffgen/Böse § 223 Rn.8；Schönke/Schröder-Sternberg-Lieben § 223 Rn. 3；LK-Grünewald § 223 Rn. 21；Lackner / Kühl – Kühl § 223 Rn. 4 对此之批评，则见 MüKo-Hardtung § 223 Rn. 53 的进一步指引。

[*] 原版中对此点有较详细的说明，为供读者参照，附录于下：《德国刑法》第223条的第一个选择要素是一个结果犯，即便条文是相当不明确地规定了它的结果："对于身体上的舒适或身体上的完整性造成影响。"通过这个结果的规定，所宣示的信息也不会比"身体伤害"这个表述本身来得更多或更清楚。至于"恶劣粗暴、不适当的对待"这些表述，则已抵触了禁止赘言的禁令（Redundanzverbot）。因为，只要"并非不适当"同时也就是"非恶劣粗暴"。定义中出现的同义叠词都是有问题的［Puppe Juristische Methodenlehre für die Strafrechtshausarbeit, JA 1989, 345 (347) = Strafrechtsdogmatische Analysen (2006), S. 27 (32)］。

成要件描述成：

> 凡是在身体上侵害他人或损害其健康者。

三、法学定义的失败及其理由

要找出更多例子来说明，法学的定义技术在相当简单的描述性概念那里就已经失败，我们其实不需要回头去看帝国法院那个饱受负评的尝试，亦即尝试对于"铁路"这个概念所下的定义。[77] 我们要看的是帝国法院的另一则判决，其中对一个表面上那么简单的概念"事实"（Tatsache）作了如下的定义：

> 事实，是某种业已发生或正在进行中者，它显现（zur Erscheinung gelangt）并且出现在现实中（in die Wirklichkeit getreten），因此是可被证明的。[78]

在这里我们清楚听到了思想上的口吃（geistiges Stottern）。"显现"这个表述的意义和"出现在现实中"这个表述有任何的不同吗？

通过这些例子应该已经足以显示，许多法学定义都不能满足"让被定义的概念更加清楚、明白、明确"这项要求。在相对简单的描述性分类概念这里，就已经发生这种现象。其中一个原因在

---

[77] RGZ 1, 247, 252.【译按：德意志帝国法院在1879年作成的这一则判决中，对"铁路"提出了一个定义，虽然只有一句，但在其中竟含有103个字！这个定义后来便常被拿来当作"过于繁琐、复杂之语句结构"的典型教科书范例。德国作家Reiners还曾经对于"帝国法院"一词，提出了类似风格的定义来讽刺该判决。】

[78] RGSt 24, 387.

于,定义特别是以能够(一并)掌握那些(亦应涵摄到此概念下的)最外围的边界案例作为导向。譬如,在定义身体伤害时,就要让作出的定义也能够包含甩巴掌、吐口水或是剪下胡须的情形。在这样的前提下,对于一个概念所确定的意义就不可能特别清楚,也不可能是单义的。如果在法学上,就连对那些简单的描述性分类概念都快要没办法完成定义上的阐明,那就更不用提类型概念了。对于类型概念,我们虽然能够提出适用的规则,但无法提出完整的定义。举例来说,我可以对于持有概念的概念要件提出以下的陈述:

> "事实上对物支配"这个概念要素越强,"社会上对该支配之认可"这个要素就可以越弱,反之亦然。

这对于持有概念于个案中被证实且证立的适用来说,是一个不错的导引,但不会是一个概念定义。在涉及评价性概念时,概念定义的方法则完全失效。我们用两个例子来说明:

> 《德国刑法》第 211 条谋杀罪所规定的"卑劣动机"(niedriger Beweggrund),是指"道德上处于最低层次的动机,并且该动机因此是应受非难(verwerflich)且可鄙的(verächtlich)"[79]。

对于《德国刑法》第 240 条*的可非难性(Verwerflichkeit)要

---

[79] BGHSt 3, 132 f.; 35, 116 (126 f.); 类似者如 BGH NJW 2002, 382 (383); 2004, 3051 (3054).

* 《德国刑法》第 240 条为强制罪(Nötigung)的规定:以强暴或可感受之恶害胁迫,违法地强制他人行为、忍受或不作为者,处 3 年以下有期徒刑或罚金(第 1 项)。当强暴之运用或恶害之胁迫之于所追求之目的应视为可非难(verwerflich)时,该犯行即属违法(第 2 项)。

求,则有人提出了以下的定义:

> 如果在整体评估方法与目的间的关系后(考量强制效果的范围及强度),于具体案件中得出"该犯行在社会伦理上(sozialethisch)是高度地应受责难(missbilligenswert),因此系属社会上难以忍受"的结论,那么所施用的强制方法之于其所确定之目的即属可非难。[80]

通过这样的定义,所呈现的不过就是这个评价性概念的同义词,充其量只是提醒法律适用者,在进行评价时应该要顾及个案中所有的重要情状。根据我们对评价性概念的认知,这其实也不足为奇。被评价的事实是评价性概念中不可或缺的组成部分,但若要通过描述性概念来定义这样的事实,则它又显得太多样。否则,我们就能够通过描述性概念来取代这个评价性概念了。这种通过描述性定义来取代一个评价性概念的做法,并不常见,而且也不可能完全地实现;对此,您只需要回想一下实务上对于所谓绝对的不能安全驾驶(absolute Fahruntüchtigkeit)所提出的定义便可了解。*

现在,如果我们追问,法律上的定义在多大程度上实现了学界赋予定义的目的(也就是让被定义的概念能更加地清楚、明确、精准),那么答案将会是令人失望的。只有实务上对于部分的数量概念(quantitative Begriffe)所确定的定义,才能主张其在某程度上是精确的。

---

[80] *Küper/Zopfs* BT Rn. 415.
* 意指法官也可以在该数值之下肯定被告不能安全驾驶,也就是同时承认相对不能安全驾驶的概念。

"重大财产损害"是指5万欧元以上的损害。[81]

一个物件若具有750欧元以上的价值,即属"贵重物品"。[82]

一个物件的价值若在50欧元以下,即属"价值低微之物"。[83]

撇开这些不看,法律上的定义多半都是将各个要素串连起来,而这些要素的意义,比起被定义的概念在日常生活用语中的意义,还要来得更不清楚、更不明确且更不精准。此外,它们大多也都是用一种咬文嚼字、不利落的机关公文的风格撰写而成。然而,法律人对此也不能做什么,法律上的概念本来就是不精确的,而且它们也不可以精确。[*]

四、为何法律上需要定义?

一个法律概念的定义对于这个概念在实际运用上的助益,比较不是在于概念整体的精确化,而是在于将之分解成能够被逐一审查的个别概念要素,并且描述这些要素之间,于概念实现时

---

[81] 参见 BT-Drs. 13/8587, S. 43; BGH NStZ-RR 2002, 50; NStZ 2004, 155 f.
[82] BGH NJW 2003, 836 (837).
[83] OLG Zweibrücken NStZ 2000, 536; OLG Hamm wistra 2003, 435; 2004, 34.
[*] 作者对此部分的补充说明如下:我们可以把许多法律概念描述得更精确,但有些概念,像正当防卫,为了使其更富弹性,通说及实务事后便软化其立场。精确的陈述,特别像具体的数值,在司法实务上经常会引发问题。因为,虽然可以清楚地让法律效果连结到某个特定的数值,但无法理性证立这个数值。举例来说,当行为人招致了重大财产损害时,可以证立存有特别严重的诈欺,但我们无法证立重大损害为何要定在5万欧元(而不是定在4万或6万欧元)。

必须存在的连结。个别要素之间的连结,并非只有用"且"连结的单纯连言或是用"或"所连结的选言。让我们用《德国刑法》第22条未遂犯的法律定义作为例子:

> 凡是依其对犯行之想象,直接邻近于构成要件实现者,为犯行之着手。

这是我们在刑法上看到最好的概念定义之一。它首先澄清了,在未遂概念意义下的犯行(Tat),是单独根据行为人的想象来确定,而不是根据客观事实。* 未遂唯一的客观概念要素,是直接开始实行【译按:着手实行】。但行为人直接开始做什么,则是单独根据他自己的想象来确定。这些全都不是自明之理。曾经有客观未遂理论,对于未遂行为提出某种客观危险性的要求。[84] 即便是在日常的语言使用上,我们当然也可以争执,像行为人把稻草人误认为人而对之开枪时,能否算是杀人未遂。最后,这个定义也表达了,直接性(Unmittelbarkeit)这个要求所涉及者,是邻近于(依行为人想象近在眼前的)构成要件实现,而非对于构成要件该当之法益招致了(依其想象近在眼前的)危险。德国联邦最高法院在判决中忽视了这一点,于是基于以下的理由否定了未遂犯的成立:行为人虽然已做完所有依其想象对于实现构成要件所必

---

* 亦即宣示了认定着手实行时应采取"主观/客观混合理论"(gemischt subjektiv-objektive Theorie),要根据行为人行为时对于犯行的想象作为判断基础。关于着手实行的认定问题,应该区分两个层次来讨论,也就是要分为①判断基础(Beurteilungsgrundlage)与②判断标准(Bewertungsmaßstab)二者。若是采取主客观混合理论,供作判断的背景事实就不再是客观事实,而是行为人主观上的认知、想象。详可参见蔡圣伟:《刑法案例解析方法论》,2023年版,第166—168页。

[84] NK-Zaczyk § 22 Rn. 37 有进一步的指引。

要的动作,但依其想象,行为客体的危险还要取决于进一步其无法影响的条件,并且在一定时间后才可能出现。[85] 也就是说,在文法上正确表明定义中个别要素间的关系,是对于法学定义的一个关键性评鉴标准。

> 对于单独正犯的中止未遂有基本概念的认知,将有助于理解下文。

《德国刑法》第 24 条第 1 项规定:

> 自愿放弃继续实行犯行或防止其既遂者,不依未遂犯处罚。若该犯行未既遂与中止者无关,但其已自愿诚挚努力防止犯行既遂,亦属不罚。

若我们将这个文本理解成单独正犯中止的立法定义,那么这个定义就带有定义技术上的瑕疵,因为它并不完整。它并没有说,放弃进一步可能的行为在何种前提下是足够的,也没有说,在何种前提下,行为人必须有效地防止结果或诚挚地努力防止。为了填补这个中止规定在构成要件上的漏洞,既了未遂*的概念被发展出来。其普遍流行的定义如下:

> 若行为人依其想象已完成其自身对招致结果的一切必要行为,该未遂即属既了(已完成)。[86]

---

[85] BGHSt 43, 177 (181);评论见 *Puppe* AT 20/28 ff.
* 既了未遂,亦有称作"已完成未遂"或"实行未遂",与之相对的概念,则是"未了未遂",后者也被称作"已完成未遂"或"着手未遂"。
[86] *Jescheck/Weigend* AT § 51 Ⅱ 2; *Kindhäuser* AT 32/8; Lackner/Kühl-*Kühl* § 24 Rn. 3.

但这个定义在两个观点下是不完整的。第一，定义必须在内涵上（intensional）是完整的，亦即，定义必须指明，个案中对于实现这个概念所有的必要要素。第二，定义必须在外延上（extensional）是完整的，亦即，定义必须含括这个概念所适用的一切案型，也就是说，不可以只是局部定义。

前面的定义在内涵上不完整，因为它没有清楚、完整地描绘出通过放弃来中止的前提要件。不完整的是这个陈述：其自身对招致结果的一切必要行为。有疑问的是，未遂行为必须对于何者为必要？是对于确定会招致结果为必要，还是对于其可能招致结果为必要，还是对于两者之间的何者为必要？不清楚的还有"依其想象"这个表述，因为没有确定这个想象是指开始着手实行犯行时的想象（所谓个别行为理论，Einzelakttheorie），还是行为人停止行为那一刻的想象（所谓中止视野，Rücktrittshorizont）。这就是为什么您在个案判断中，单靠这个定义多半也还是无法继续前行。

如果我们把既了未遂这个概念，理解成一个掌握所有"不再能够经由放弃而中止"之案型的概念，那么这个定义就也只是个局部定义，也就是说，它在外延上是不完整的。因为，当行为人认识到借由其可资运用的手段已不再可能招致结果时，也就是所谓失败未遂（fehlgeschlagener Versuch）的情形*，同样也不再能够通过放弃来中止。此外，当行为人认识到其未招致结果，但已达成

---

* 例如，诈骗者发现被害人已看穿自己的计谋，或是杀手发现自己要刺杀的对象并不在现场，此时行为人放弃续行当属正常反应，自然不应享有中止的刑罚减免宽典。

原先的行为目的时*,该未遂行为是否亦属既了,也引发了激烈的争辩。⑧ 在阅读了这个定义后,可以通过 Brecht 的著名诗句来形容:"我们失望地站着,错愕地看着,布幕已落下,所有问题却都没有解答(Wir stehen selbst enttäuscht und sehn betroffen den Vorhang zu und alle Fragen offen)。"⑧

然而,就算成功地描述出一个文法正确、内涵清楚的定义,到最后也经常会发现,司法实务界根本不想要这么明确、精准。对此,正当防卫权的发展提供了一个清楚的例子。在《德国刑法》第 32 条第 2 项中,正当防卫被这么定义:

> 正当防卫系指为防止自己或他人之现在违法侵害所必要的防御行为(Verteidigung)。

---

* 此即所谓"已实现构成要件外之目的(außertatbestandliches Ziel)"的案型,例如:被害人将车辆停靠路边休息,行为人想要抢钱,便基于间接的杀害故意朝车内开枪,受惊吓的被害人立刻逃离现场,此时行为人业已着手于杀人罪的实行,虽未既遂(被害人未死亡),但其原先之目的(排除被害人的阻碍以求顺利取走财物)业已达成。此时能否成立中止,德国学界及实务界有不同看法。对此,可参见黄荣坚:《基础刑法学》,2012 年版,第 556—557 页。

⑧ 主张已属既了未遂,故排除经由放弃来中止者,如 Roxin AT/2 30/59; Puppe AT 21/8 ff.;认为仍属未了未遂,仍可通过不续为进一步之实行行为(放弃即属停止)来中止者,特别像 BGH GS 39, 221; BGH NStZ 1990, 30; JZ 1993, 358 (359 f.)。

⑧ *Berthold Brecht* Der gute Mensch von Sezuan, 结尾的最后一个动作【译按:Bertold Brecht(贝托尔特·布莱希特,1898—1956)为德国知名戏剧家、诗人。文中的这段话,出自其所创作的著名戏剧作品《四川好人》,该剧的收场方式相当特异。该剧进行中,一位演员徒然走上台对观众念出这段收场诗句,所要表达的意思就是:这样的结局并不符合期待,观众在观赏到一半的时候看到舞台布幕落下会感到错愕,因为问题都还没解决就结束,观众要自行构思可能的结局。这是一种有别于其他戏剧的开放性收场,成为该剧的亮点之一。Puppe 教授借此想要表达,读者有时候在看完法学概念定义后,会和看完该剧的观众一样感到错愕,觉得该说的都还没说就结束了】。

这也是我们在刑法上找到的最佳定义之一。这个定义说明了，只有侵害仍属现在，才可能成立正当防卫。尝试要回复违法的结果（所谓追捕），则不算是正当防卫。*这个定义也进一步说明了，正当防卫只能针对一个"违法"的侵害，因此没有所谓对正当防卫的正当防卫。必要的防卫行为，则是指足以立即且终局阻挡侵害的行为；如果有好几个如此属性的行为可供选择，那么其中对于侵害者侵害最小或危险最低的行为，即属必要之防卫行为。[89] 这个对正当防卫所作的定义，清楚、明确且精准，而且就如事实所证明的那样，过于精确。如果被违法攻击的利益是相对地轻微，那么就不应该使用那些会对侵害者造成（与保护之利益相较）极端失衡之侵害或危险的方法来防卫[90]如果攻击者不具有罪责，或者攻击者是受到被攻击者【译按：正当防卫者】的挑唆，那么依照通说看法，在一定情形下被攻击者就不得使用最适宜的防卫方法。[91] 在这些案例中，即使是一个符合《德国刑法》第32条立法定义的防卫行为也不能阻却违法，因为它不是这个规定所称的"合宜"（geboten）。[92] 因此，立法者于修改《德国刑法》第32条时，让"通过正当防卫系属合宜"（durch Notwehr geboten）这句话留了下来，目的在于让所谓正当防卫权在法

---

* 作者于此所称的追捕（Nacheile），是不同于正当防卫的另一个阻却违法事由，系指占有遭受侵夺者，于侵害行为终止后，得自行恢复占有。由于其适用于侵害占有行为终止后的阶段，已经没有现在之不法侵害，故无法援用正当防卫。

[89] BGHSt 26, 143 (146), BGH NJW 2003, 1955 (1957).

[90] *Kühl* AT 7/171 ff.; *Kindhäuser* AT 16/44 ff.

[91] *Kühl* AT 7/192, 196, 207, 246; *MüKo-Erb* § 32 Rn. 210, 225.

[92] Roxin AT/1 15/55.【译按：《德国刑法》第32条第1项规定"违犯之犯行通过正当防卫系属合宜者，该犯行即非违法"。同样翻译成"合宜性"者，如薛智仁文章，载《中研院法学期刊》第16期，第42页；许恒达文章，载《台大法学论丛》第45卷1期，第326页。另则有译为"应当性"，如许泽天：《刑法总则》，2022年版，第150页。】

伦理上的限制(rechtsethische Einschränkungen des Notwehrrechts)实证法化。[93] 这个例子告诉我们,法律中精确的定义之所以罕见,不仅是因为无法做到,而且也是因为这并不受欢迎。[*]尽管在今日,这种损及法律适用安定性与可预测性的概念弹性化(Flexibilisierung)被过分地夸大[**],但为了避免在某些个案中产生无法接受的结果,法律概念的某种弹性(Elastizität)以及伴随而来的不明确,显然是必要的。

现在,希望我没有毁掉您原本对法学定义有益性及可靠性的信仰,以及背诵这些定义的兴致。但我们也看到了,为何尽管如此还是需要定义:就是为了将法律概念适用到个案,换句话说,为了将事实涵摄到这个法律概念之下。法律上的定义,较少用来让概念变得更精确,较常是将概念分解成个别的要素,并说明这些要件相互间的连结关系。如果这没成功或没有完全成功,那么这些定义在适用概念时也就帮不上什么忙,一如我们在定义既了未遂的例子所见到的那样。一个文法上错误的定义,会把法律适用者导入歧途,或是逼使他借由进一步的定义辛劳费力地校正,如同我们在伤害定义的例子中所见。在考试时,即便您被期待写出通行的概念定义,您也必须知道这些概念定义对您是否真的有用。也就是说,您必须学会如何区分好的定义与糟糕的定义。一个好的法学定义,必须满足以下的要求:

---

[93] BT-Drs. 5/4095, 14.

[*] 亦即,法律上很少有精确定义的原因有二:①对于法律语言中所使用的概念,通常无法非常精确地下定义,以及②人们往往想要保留一些决定空间,以求保留法律适用的弹性。

[**] 作者认为概念弹性化的需求在德国被过度强调,后果就是让公平、无恣意性及法安定性受到损伤。

1.无矛盾性(Widerspruchsfreiheit):一个定义不可以同时包含要素"A"与要素"非A"。

2.无循环性(Nichtzirkularität):一个定义不可以让被定义项出现在定义项中。

3.不赘言(Nichtredundanz):一个定义不可以多次包含同一概念要素。

4.内涵上的完整性(intensionale Vollständigkeit):定义必须包含概念的所有要素。

5.外延上的完整性(extensionale Vollständigkeit):定义必须涵盖所有应涵摄于相关概念下的案例。

6.文法上的正确性(grammatische Richtigkeit):定义必须把个别概念要素相互间的关系正确且完整地表达出来。

第五章　把法律适用于个案

一、什么是涵摄?

　　涵摄*,就是一个陈述,陈述了"某个现实的事物(某个物件、某个物件的某种特性、某个事实情状)实现了某个特定概念"这件事。但对我们来说,这个实际世界本身也只是存在于概念之中,我们从未挺进到物自身(Dinge an sich)及其直接的认知。选择用哪些概念来描述现实世界,某程度是恣意的;我们只需要有把握这些概念一定会被实际世界实现,亦即只需要有把握让这个描述成为真实(wahr)即可。依此,一个涵摄,就是一种关于"某个特定概念实现了另一个概念"的陈述,也就是在叙述某个特定概念是另一个概念的一种特殊情形(Spezialfall)。这个陈述有可能非常明显、不言而喻,以至于无须任何更进一步的说明。一个事实像是"A 趁 B 不注意时,从 B 的裤子口袋中抽走钱包并立刻跑

---

*　即德语中的"Subsumtion",也经常被译为"包摄"或"归属"。

开"可以被涵摄到"窃取他人之动产"这个概念下,而不需要提出进一步的论述。但如果一个涵摄不是那么的明显,那么人们要如何证成它？我在说明一个涵摄所使用的每一个语句,也都再次地具有涵摄的形式,亦即再次表明事实情状实现了某个特定概念。然后由这个所谓的中间概念(Mittelbegriff),主张它实现了事实情状原本应被涵摄的上位概念,如此便形成了"涵摄锁链"(Subsumtionsketten)。这些涵摄锁链连结了上位概念与事实情状二者,并且一直进行到案例事实对于中间概念的涵摄明显到不再需要任何进一步的说明时,才会停下来。[94]

二、涵摄与涵摄锁链

人们可以通过两种方式来形成这些中间概念:要不就是将上位概念拆解成个别的要素,然后我们再把案例事实的各个部分分别涵摄到这些个别要素,如此便形成了一个"水平概念锁链"(horizontale Begriffskette)。或者,也可以把中间概念塑造成上位概念的特殊概念(Spezialbegriffe),如此便看到一个"垂直概念锁链"(vertikale Begriffskette)。就水平概念锁链而言,对上位概念下定义是必要的,这个定义把上位概念分成个别的要素,并且表达了这些要素相互间的关系【译按:连言或选言的连结关系】。

对于水平概念锁链来说,我们需要对构成要件要素的特殊概

---

[94] Alexy Theorie der juristischen Argumentation (1978), 273 ff., 特别是 S. 280; Kuhlen Regel und Fall in der juristischen Methodenlehre, in: Alexy/Koch/Kuhlen/Rüßmann Elemente einer juristischen Begründungslehre (2003), 61 (66).

念作出定义,也就是局部定义(对此见下文第一课第五章之三)。因此,尽管定义可能未尽完善,但在法律适用过程中仍属不可或缺。

(一)水平概念锁链的例子

> 读者若先了解实务界对于《德国刑法》第 211 条*中"阴险"概念所下的定义,将有助于理解下文。

就让我们拿《德国刑法》第 211 条中关于谋杀者(Mörder)的立法定义为例。这个立法定义,是一个选言式的定义,包含了以下这个选择要素:

> 凡是阴险地(heimtückisch)杀害他人者,为谋杀者。

现在让我们来审查,下面的事实能否被涵摄到阴险谋杀这个概念下:T 与 O 为仇敌,因为 O 抢走了 T 的女朋友。T 恐吓 O 说总有一天要干掉他。某夜,T 趁 O 不注意,偷偷走向 O 并持刀刺进其背部,O 因而死亡。为了要决定这样的事实有无实现阴险杀人的概念,我们需要一个"阴险"的定义。

> 阴险地杀害他人,系指行为人利用被害人无戒心(Arglosigkeit)而无任何防备(Wehrlosigkeit)的特性。[55]

因为"无防备"必须是通过"无戒心"所引起(亦即前者以后者为条件),所以首先应该审查"无戒心"这个要素。此要素是否

---

* 《德国刑法》第 211 条为谋杀罪,是同法第 212 条故意杀人罪的加重规定,完整条文翻译见上文第 28 页译注*。

[55] 参见 BGHSt GS 11, 139; 30, 105; BGHSt 19, 321; 23, 119; 37, 376; 39, 353 (368).

实现,相当值得怀疑,因为 O 和 T 原本即为仇家,而 T 也曾威胁要杀害 O,所以一般说来,O 对 T 不会没有戒心。也就是说,这里的问题在于:究竟应该要取决于一般情形下的无戒心(generelle Arglosigkeit)还是攻击时的无戒心? 实务上对于"无戒心"所下的定义则为:

> 无戒心,系指在行为时没有预料到行为人的攻击行为。⑯

依此,在 T 行刺的当下,O 并没有预料到任何的攻击,因为他根本没有注意到 T 接近自己,所以 O 是无戒心。

> 无防备,在阴险的定义中,则是指一个人因为毫无戒心而致使他的防备可能性受到限制。⑰

如果 O 在行刺的前一秒并非毫无戒心,那么他就能够避开或是转身防御。因此,他正是因为毫无戒心乃至于自己的防卫可能性受限。

也就是说,T 阴险地杀害了 O,实现了谋杀者这个概念。

在这个例子当中,我们成功地通过定义锁链得出了简单明显到不再需要进一步说明的涵摄。但并不是每个案件都可以这么清楚地解决。举例来说,如果某人只是因为认为对方怯懦到不敢反抗,而没料到对方竟然会反击,是否亦属法律意义下的无戒心? 如果这个人是恐吓对方的人,并且完全没料到对方会从背后割断自己的喉咙,是否仍属无戒心?⑱ 就算是在这些案件中,阴险概念

---

⑯ BGH NStZ 2006, 96.

⑰ Küper/Zopfs BT Rn. 323;并参见 BGHSt 32, 382 (388); 39, 353 (368); BGH NStZ 1997, 490 (491).

⑱ BGH NJW 2003, 1955 ff.

的定义无论如何也还是能够帮助我们更精准地确定问题在哪里。

(二)垂直概念锁链的例子

垂直概念锁链,是从法律概念出发,由较一般的下位概念到较特殊的下位概念。[99] 人们也可以把较为特殊的概念看作是一般概念的局部定义,因为,这些特殊概念虽然没有定出实现一般概念的必要条件,但却指明了实现一般概念的充分条件(参见本章之三)。

这个锁链的各个环节,并不是通过一般概念(Allgemeinbegriff)的定义来连结在一起,而是通过下面这种涵摄来结合:特殊概念可被涵摄到先前较为一般的概念之下。这个锁链不可以中断,也就是说,不可以在未经涵摄的情形下加入新概念。居于这锁链尾端的,则同样也是一个案例事实的涵摄,只不过这个(将案例事实涵摄到构成要件该当之概念的特殊概念下的)过程明显到不可能还会被争执。对此,我们用一个例子来说明。这里必须要决定的是,下述事实能否被涵摄到身体伤害的概念下:

> T 想要从 O 那里套出某个信息,于是在两人一起喝酒时,一直暗中把烈酒倒入 O 的啤酒杯里,想要借此让 O 打开话匣子。最后,O 大醉。
>
> 身体伤害,是指身体上的不当对待或健康损害。
>
> 健康损害,也包括了正常身体功能的干扰(Störung der normalen Körperfunktionen)。

---

[99] 对此参见 *Koch* Deduktive Entscheidungsbegründung, in: *Alexy/Koch/Kuhlen/Rüßmann* Elemente einer juristischen Begründungslehre (2003), S. 37 ff.

酩酊状态（Rauschzustand）亦属数种不同身体功能的干扰。

酩酊状态是可层升（steigerbar）的概念。

让一个无论如何都会出现的酩酊状态加剧（提升），亦属惹起酩酊状态。

T通过暗中添加烈酒的行为，提升、加剧了O的酩酊状态。

T损害了O的健康。

(三) 对于类型概念的涵摄

如果我们要对类型概念进行涵摄，那么在分析事实时便要特别谨慎。于此，涵摄的困难在于，那些外在形式迥异的事实情状均可被涵摄到同一个类型概念下。因为对于类型概念而言，只要它的可层升要素中有任何一个较强烈地显现，其他的可层升要素便可较弱地显现。通过"窃取"（Wegnahme）要素可以很清楚地展示此点，因为在这个要素当中，"持有"这个类型概念就出现了两次之多。

建议读者先行较仔细地了解《德国刑法》第242条*中的窃取概念。

窃取，系指破坏他人的持有并建立起新的（通常是自己的）持有。

持有（Gewahrsam）这个概念是由两个可层升的要素结合而

---

* 《德国刑法》第242条为窃盗罪的规定：意图为自己或第三人违法之取得（zueignen）而窃取他人之动产者，处5年以下自由刑或罚金（第1项）。前项之未遂犯罚之（第2项）。

成,亦即:"事实上的支配"(tatsächliche Sachherrschaft)与"社会上的承认"(soziale Anerkennung)【译按:社会上对于相关事实支配关系的认可】。事实面的支配越强烈,社会上的认可就可以越薄弱;反之,社会上的认可越是强烈地显现,事实上的支配就可以越薄弱。

因为就合法占有人(rechtmäßiger Besitzer)的原持有而言,社会上的认可这个要素是强烈地显现(高度地实现),所以对于该物事实上的拿取可能性(tatsächliche Zugriffsmöglichkeit)这个要素便可以较为薄弱。相反的,社会上对于窃取者拥有窃得之物的认可则是极微弱,因此事实上的支配要素就必须要比在有权占有的情形更加强烈地显现。这说明了为什么我们会对于"被害人被破坏的持有关系"以及对于"行为人新建立的持有关系"二部分提出了完全不同的要求。

借由持有概念中这些可层升的要素,可以把下述案件也涵摄到窃取概念之下:

> O用一条便宜简陋的锁链,把他的自行车和路灯灯柱锁在一起。T轻易地剪断锁链,把O的自行车骑走。

窃取是以行为客体在他人持有下为前提。

持有这个概念显示了两个可层升的要素:"事实上的支配关系"以及"社会上对此支配的承认"。

对某物具直接占有(unmittelbarer Besitz)之人,将该物置放于公共空间后离开,也还是对于该物具有某程度的拿取可能性,只要他知道该物所在何处。这个拿取可能性在这里当然是较微弱地显现。

也就是说，O 在事实上对于他所停放的自行车只有一个微弱显现的支配。

占有某物的权利，可建立起一个对占有强烈显现的社会认可。

O 是自行车的所有权人，具有占有该车的权利。这个权利对其支配建构了一个强烈显现的社会认可。

当 T 把那辆自行车从 O 停放的地点骑走时，他完全地排除了 O 对于该车的拿取可能性，借此完全排除了持有的事实基础。

T 握住这辆自行车，坐上去骑走，借此他就对于这个物建立了完全直接的支配。

也就是说，持有概念中的支配要素此时是最高度的显现。

社会上对于 T 就该物之事实支配关系的承认虽然很微弱，但还不至于完全欠缺，因为即使是通过被禁止的自力侵夺（verbotene Eigenmacht）而取得的占有，对于第三人的夺取也还是受到《德国民法》第 859 条以下【译按：相当于台湾地区"民法"第 960 条以下】的保护。

也就是说，T 通过牵走自行车的行为，破坏了 O 对该车的持有，并且建立了自己对该车的新持有。

依此，T 窃取了 O 的自行车。

三、局部定义作为中间概念

要回答"某个特定事实是否实现了某个特定概念"这个问题，一个简单又安全的途径，就是经由这个概念的局部定义（Teildefinitionen)*。局部定义是对于概念的实现宣告出一个充分条件。⑩因为局部定义并不是以掌握某概念的所有边界案例为目标,所以它比一个概念的整体定义(Gesamtdefinition)更为精准、清楚,并且简单许多。只要能够证立这个局部定义果真体现了一个实现此上位概念的充分条件,那么对于局部定义的描述,和整体定义相较,便可以更加地贴近事实。如此一来,我们就能够通过一个清楚且使人信服的方式,把事实涵摄到上位概念之下,而不需要去处理这个上位概念的所有模糊、不确定之处,也可以跳过部分的争议问题。立法者自己也经常使用局部定义这种技术,特别是在遇到模糊概念或是评价性概念的时候。立法者可以先提出一个一般概念,然后再强调一些清楚实现这个一般概念的个别特殊案例。最简单的例子,就是《德国刑法》第 211 条【译按:谋杀罪】中关于卑劣动机(niedrige Beweggründe)的定义。在此,法条的描述为:

> 谋杀者,是指出于谋杀癖好(Mordlust)、为了满足性欲、出于贪婪(Habgier),或是基于其他卑劣的动机杀害他人者。

法律条文借由"或其他"(oder sonst)一词,表达出立法者是将前置的各种动机理解成卑劣动机的例示。如果卑劣动机的任何一种特殊情形业已实现时,像行为人基于贪婪而行为,法律适用者还要去探索、思考贪婪算不算是一种卑劣的动机,便是违犯了法律适用上的技术错误。如果行为人的行为可涵摄到贪婪这

---

* 或译为"部分定义",如王鹏翔文章,载《成大法学》第 9 期,第 36 页。
⑩ von Savigny Eike Grundkurs im wissenschaftlichen Definieren, S. 143 ff.; Puppe Vom Umgang mit Definitionen in der Jurisprudenz, GS-Kaufmann (1989), 15 (23)=Strafrechtsdogmatische Analysen (2006), 79 (87).

个特殊情形下,而法律适用者却先审查是否存有卑劣动机,则同样也是一种错误。此外,这些被凸显强调的例示也具有一种功能,就是将立法者对于"卑劣动机"这个表述的想法传达给法律适用者。

对于描述性构成要件要素,立法者也运用了这种局部定义的技术。当"或其他"的字样出现在构成要件时,便可由此辨识出局部定义。像在赃物罪【译按:《德国刑法》第 259 条】的构成要件中也出现了这类字眼,而且还出现了两次:

> 凡是购买或以其他方式,为自己或第三人取得他人所窃得或通过其他侵犯他人财产之违法行为所取得之物者……

如果前行为(Vortat)是窃盗,那么法律适用者就不需要绞尽脑汁去思考,这个前行为究竟是否属于侵犯他人财产的犯罪行为。如果行为人购买该物,那么他就毫无疑问地实现了《德国刑法》第 259 条所称的"为自己取得"。立法者通过"购买"(Ankaufen)这个特别概念,对于"取得"(Sich-Verschaffen)这个一般概念提出了局部定义,借此对其所理解的"为自己或他人取得"传达了一个更为清楚的想象。对此,光是取得他人占有(Fremdbesitz)还不够,行为人还必须要让自己或第三人对该物取得一种不受限的处分权力(unbeschränkte Verfügungsgewalt)。

(一)局部定义的形成

法律适用者也可以自行对一般概念提出局部定义,以求能够较容易且较安全地在清楚明确的案件中作出决定。就让我们以未遂概念为例。法律适用者往往难以确定行为人是否业已从某个犯行的预备阶段转进未遂阶段,亦即很难划定直接开始实现构成要件【译按:着手实行】的时点,经常是在没什么把握的情形下作出决定。然而,并不是在所有的案例都必须先对预备与未遂划出精确的界限,才能决定行为人是否已经进入未遂阶段。我们可以利用未遂的局部定义,来证立业已存在一个清楚的未遂行为。局部定义具有明确的优点,做法便是先针对每个个案剪裁出一个着手实行的充分条件。就其本质而言,这就是形成一个垂直涵摄锁链。

举例来说,有个行为人想要抢走被害人的公事包,以为里面有钱并想将之据为己有,于是持枪指着被害人。您现在必须要决定,这个行为人是否已经构成强盗未遂。您可以先针对此个案,就未遂【译按:着手实行】提出一个清楚明确的局部定义,就像:

> 当行为人已经实行构成要件该当行为的部分时,必定已属着手于该罪之实行。[101]

我们再将这个局部定义套用到强盗构成要件,就得出了强盗未遂的局部定义如下:

> 当行为人基于取走某物并据为己有之意图,对他人施以

---

[101] 关于这点,在第一个部分行为和第二个部分行为间原本即计划有较长中断的情形,曾经引起争论,见 *Burkhardt* Vorspiegelung von Tatsachen als Vorbereitungshandlung zum Betrug, JuS 1983, 426 (427 ff.); *Roxin* AT/2 29/110 ff.但这还是正确的,见 *Murmann* Versuchunrecht und Rücktritt (1999), S. 14 ff.; 因为,只有当第一个行为可以作为着手实行来归责于行为人时,第一个行为才能被当作双行为犯的部分实现来归责于行为人,无着手即无既遂。【译按:Murmann(乌韦·穆尔曼)这本书的中译本由冯圣晏、彭文茂译,载《台北大学法学论丛》第 106 期,第 178 页以下。】

现时之生命或身体危害来胁迫时，必定已属着手于强盗罪之实行。

把这个局部定义应用到上面的案件，我们便得到一个既简单又清楚的论述，可以说明本案的行为人已经实现了强盗未遂的构成要件。我们只需要去确认，拿着一把枪指向他人是一种对生命身体现时危害的默示胁迫。这有其良好的意义，因为德国联邦宪法法院从《德国基本法》第103条推导出尽可能精确描述的要求（精确化诫命，Präzisierungsgebot），这不仅是针对立法者，也适用于法院[102]，特别是最高审级的法院。由于局部定义在内涵上能够比一般性概念更加丰富，得以让法院把个案涵摄到法律概念时，能够做出比立法者更为精确的陈述。

（二）通过局部定义的使用来避免争端

如果一个概念的定义是有争议的，那么当某个争议与本案不相关时，我们也可以使用局部定义的技术来避免对该争议作出决定。

先行了解关于教唆概念（《德国刑法》第26条）的争议会有助于理解下文。

我们现在用一个例子来说明，这个在抽象的论述中或许有些不太明确的概念关系。为了定义《德国刑法》第26条【译按：相当于台湾地区"刑法"第29条关于教唆犯之规定】意义下的"教唆"，有三种概念被提出来。这三种概念相互间是处于包含（Inklusion）的关系，也就是当较狭隘的概念被实现时，其他较为宽松

---

[102] BVerfG 126, 170 (198 f.).

的概念也一定会被实现。我们就从要素最少的开始，由少至多依序将这三个定义列出：

定义1：犯罪的教唆，是指惹起（verursachen）他人违犯该罪的决意。[103]

定义2：犯罪的教唆，是指通过沟通上的影响（kommunikative Beeinflussung）来惹起他人违犯该罪的决意。[104]

定义3：犯罪的教唆，是指和他人形成一个违犯该犯罪的约定（Pakt），而这个人也确实在此约定的影响下违犯了该罪。[105]

如果在一个案例中，要素最多的教唆定义被实现，像被告和正犯曾经缔结了一个违犯某罪的不法约定（Unrechtspakt），那么当然也会实现另外两个定义。随而，在将被告的行为涵摄到教唆概念下的时候，就不需要去处理这三种主张之间的争议。如果被告对他人行为决意的形成与实行根本没有任何的影响可言，亦即连最宽松的教唆概念都没有实现，那么另外两种教唆概念也就一定没有实现。在这两种情形，都没有必要将案例事实逐一涵摄到这三种理论之下；因为即使这么做，最后也只是绕了一大圈去确认，无论依照何种理论都会得出相同的结论。只有当那些在学说与实务上互相争执的概念定义并非处于包含关系（亦即不能把

---

[103] BGHSt 9, 370 (379); NStZ 1994, 29 (30); MDR 1970, 730; SK-*Samson*, 6. Aufl., § 26 Rn. 5.

[104] *Jescheck/Weigend* AT § 64 II. 2.; Schönke/Schröder/*Heine–Weißer* § 26 Rn. 3 f.

[105] *Puppe* Der objektive Tatbestand der Anstiftung, GA 1984, 101 (113, 117); dies. AT/2 41/3; SK-*Hoyer* § 26 Rn. 12 ff.; 与此类似者，*Jakobs* AT 22/22.

其中一种立场当作另一种立场的特殊情形来看待），而是各自具有完全不同的要素时，我们才需要逐一涵摄到不同概念下。经由涵摄才能确认，这些不同的概念在个案中是否会导向相同的结论；若确实如此，才能确定没有必要对该争议表态。

> 读者应先对中止未遂脉络下所谓的个别行为理论（Einzelakttheorie）以及自然之未遂单数理论（Theorie von der natürlichen Versuchseinheit）中，关于既了（已完成）未遂的判准争议有基础认知。*

现在让我们再来看一个比较难的例子。《德国刑法》第24条第1项【译按：相当于台湾地区"刑法"第27条第1项】选言式地规定了中止未遂的两种可能性：行为人"放弃继续实行犯行"或"阻止犯行既遂"。很清楚的是，行为人不能自行选择要适用其中哪个选项，而是在特定情形，放弃犯行对于中止来说即属已足，在其他的情形则有必要积极地防止结果。如果行为人认为，就算没有进一步的行为结果也会发生，那么单纯的停止无论如何就都算不上是放弃。如果行为人不认为结果会发生，亦即仍属所谓的未了未遂（unbeendeter Versuch）**，则在何种条件下行为人还能够放弃，便存有争议。依照个别行为理论，未了未遂应如下的定义：

> 若行为人尚未完全使用其于行为开始时认为适于招致结果的第一种方法，未遂即属未了（未完成）。

---

* 对此争议感到陌生的读者，可以先行参见黄荣坚：《基础刑法学（下）》，2012年版，第539页以下、第545页以下的说明。

** 未了未遂，亦有称作"未完成未遂"或"着手未遂"，与之相对的概念，是"既了未遂"（beendeter Versuch），也被称作"已完成未遂"或"实行未遂"。

依据自然的未遂单数理论,则应这样定义未了未遂:

只要行为人还没有用罄其于行为情状中能够使用的所有方法,该未遂即属未了。

个别行为理论显然对于未了未遂提出了较严格的要求。如果这些未了未遂的前提均已实现,那么自然未遂单数理论所提出的前提便也同样会实现。自然之未遂单数理论对于未了未遂提出了较少的要求,如果这些要求没有实现,那么个别行为理论对于未了未遂提出的要求自然也同样不会实现。依此,对于那些没有争议的情形,也就是这两个理论会一致地认定为既了或一致地认定为未了的情形,我们可以提出以下两个陈述:

1.如果行为人连他在行为开始时认为适于招致结果的第一个方法都还没使用,则该未遂至少在这种情形尚未完成【译按:尚非属既了未遂】。

2.如果行为人已经徒然地使用了行为时其可用来招致结果的所有方法,则该未遂至少在这种情形系属既了。

个别行为理论的未了未遂概念,逻辑上包含了未遂单数理论的未了未遂概念。若是还没有完全使用任何一种方法,也就一定没有完全使用所有的方法。自然未遂单数理论的既了未遂概念,逻辑上则是包含了个别行为理论的既了未遂概念。若是行为人已经用罄其于行为情状中得以使用的所有方法,当然就至少已经用了一种方法。在这些情形,人们把事实涵摄进较窄的概念下,即可同时确认,较广的概念也同时被实现。借此可显示自己知道这个争议,但也同时显示出为何在本案中讨论这

个争议是多余的,没有必要分别涵摄到相互争执之理论所建议的概念下。*

把案件分别涵摄到不同理论所建议的概念下,如果这些涵摄都会导向相同的结论,那么只有当这些结论相同的理由是存在于个案的特殊性,而不是因为相关理论所建议的概念之间的概念逻辑关系,这样的涵摄才会是必要的。还好这在实务上并非罕见。如果这些运用不同区分标准的不同理论在绝大部分的个案中都会导出不同结论,那就不太妙了。**

举例来说,间接故意的意欲理论,就是以一个异于故意危险理论(Theorie von der Vorsatzgefahr)的间接故意概念作为出发点。***依照意欲理论,当行为人认为结果有可能发生,而且不是那种完全遥远(nicht ganz fernliegend)的可能性,并且同意地接受(billi-

---

* 第一版中对于将局部定义的方法套用到学说争议上曾经提出以下的说明:通过局部定义的方法,把相互争执的理论其中之一所提出的定义当作另一个理论的局部定义,我们可以简单且明确地证立这个涵摄结论。当然只有在这些相互争执的定义是处于包含关系时,才能使用这种处理方式。这里所称的包含关系是指:较狭隘(内涵要素较多)的概念一旦被实现,较宽松(内涵要素较少)的概念就也一定会被实现;反之,内涵要素较少的概念没有被实现时,内涵要素较多的概念就同样也不会被实现。

** 像在诈欺罪中,每个构成要件要素都含有大量争议。普通篇幅的教科书会用数十页来说明,如许泽天:《刑法分则(下)》,2022年版,第114—164页,大部头的刑法注释书更有花费上百页来阐述单一条文者,像德国刑法学者Lackner在第10版的《莱比锡刑法注释书》(LK-StGB)中,就用了253页的篇幅解说《德国刑法》第263条。如果这些争议在每个案件中都必须处理,那么所有涉及诈欺罪的判决就都会变成一篇篇的长文(甚至专书)。

*** 故意危险理论是本书作者所提出的理论,认为建构故意的危险是一种加重的危险,也就是促使结果发生的有效手段。如果行为人认识到自己的行为含有如此的危险,即属基于故意而行为。对此理论,另见本书第五课第二章之二的演练展示,亦可参见许玉秀:《主观与客观之间》,1997年版,第110页以下的介绍。

gend in Kauf nehmen)或是为了实现其目标而接受结果时,即属出于故意而行为。依照故意危险理论,当行为人想象到,与其行为或目的之实现必然会连结巨大(groß)且显明(anschaulich)的结果发生危险,即属基于间接故意而行为。如果个案中的行为人不仅想象到如此的危险,而且也同意或忍受了结果,那么将个案事实涵摄到这两个概念下,也只是得出这两个概念于本案中均已实现的结论。只有在这种情形,以下的语句在案例审查中才会是允当的:

> 这两个理论于本案中都会得出相同结论,因此不必对此争议作出决定。*

(三)处理相关的法律问题

大多数的法律人,从法律系学生到最高法院的法官,显然都怀有一种想象,认为每个与法律概念有关的一般性陈述都必须具有定义的形式。法律系学生在审查法律问题时,用死背下来的定义(像伤害、文书或是财产这些概念的定义)作为开头,然后接着才了解到,这些定义并没有对于问题的解答提供更进一步的帮助。在最高法院的部分判决中,理由论述也是从这些冗长但意义贫瘠的绦虫语句【译按:Bandwurmsätze,指极为冗长的句子】开始,像上文第一课第二章之三与之四所引用的例子,对于故意或共同正犯所下的定义。这些语句所要表达的其实只有一点,就是

---

* 这个句子是作者刻意模仿德国联邦最高法院的惯用句型。Puppe 教授曾多次撰文批评,德国联邦最高法院即便是在有表态必要的案件中,亦即相关的不同理论会分别导向不同结论时,还是经常通过这样的说词来逃避对争议表态。

法官在个案中必须从事整体观察(Gesamtbetrachtung)，他应该要考虑到所有的重要情状。[109] 如果这些法律概念的定义能够满足学术界一般对于定义所提出的要求，亦即都是清楚、单义、精确且简单的，那么对于法律概念加以定义便属合乎目的。但因为这些定义均非如此(并且也不可能是如此)，所以定义这个动作便经常会带来这些法律概念所有模糊地带及争议问题，随而不必要地增加法律适用者的负担。其实，法律适用者的任务就只是要决定，某个单一事实是否应被涵摄到这个概念下。

当您必须要在一宗违法交易中对于一方骗取他方对待给付的案件作出判决时，您并不需要去定义"法律、经济的财产概念"(juristisch-ökonomischer Vermögensbegriff)，否则将会招来以下的难题：当某个经济利益在法律、经济的财产概念下应属某人财产的部分时，在该利益与这个人之间必须存有何种法律上的归属关系？相反地，您其实只需要追问，在一个人依法不应拥有某种经济利益的情形，事实上所拥有的经济利益是否仍然属于这个人的财产。如此，您便已对于解答本案中的关键问题(亦即：一个人事实上所拥有的经济利益，是否即使依法不应享有，亦属其财产)的讨论做好了充分准备。*

---

[109] 对于共同正犯，可参见德国联邦最高法院判决：BGH StV 2003, 279; BGHR StGB § 25 Abs. 2 Tatinteresse 5; BGH NStZ-RR 2004, 40 (41); 对于故意，则可参见下述判决：BGH NStZ-RR 2000, 165 (166); NStZ 2000, 583 (584); 2002, 315 (316).

＊ 前版中以下这段话被删除，于此附上供读者对照：为了能够解决理论上关于法律概念的正确界定的意见分歧，法律概念的定义有其意义，甚至有其必要。然而，概念定义的功效，特别是在处理一个涵摄问题时(也就是在解析案例时)，却远远地被高估了。机械性地把完整的概念定义未经理解地背下来，照本宣科，不会有什么帮助。因为通过这样的方式，法律人在具体个案中还是看不出定义中的哪些要素是可疑的。

四、涵摄与鉴定模式

然而，即便是在毫无疑问之处，大家也不可省略对于法定构成要件要素进行涵摄的动作。你们必须说出，通过案例事实中所描述的哪些事实实现了构成要件。在所谓鉴定模式[*]中，一定要从涵摄的问题开始，也就是要从"某个特定事实是否实现了某个法定构成要件"开始讨论。在刑法上，始终涉及行为人所为的某个行为。通过第一句话，审查者就要确定是哪一个行为要作为后续讨论的审查对象。审查者所能违犯最严重的错误，就是在审查一个构成要件时，更换涵摄对象。构成要件的实现不能由两个不同的事实组合而成。因此，每个刑法上的案例审查都应该从下面这个固定语句开始：

行为人的○○行为可能构成刑法上第 X 条之罪

在所谓鉴定模式中，若是不从那些诸如"应审查的是，是否……""有问题的是，是否……"这些惯用语句开始，或是不从生硬的虚拟式语句【译按：如某行为"可能"构成刑法上某条之罪】开始，那么在语言叙述上就不那么容易能够实行一个明显的涵摄，或是贯彻一连串的涵摄。使用了这些惯用语句，叙述上就会

---

[*] 所谓"鉴定模式"（Gutachtenstil），是相对于"判决模式"（Urteilstil）的概念。前者是从假设语句出发，经过一步步地审查，最后才得出结论；后者则是先列出结论（主文），接着说明其理由依据为何。关于这两种模式，可参见王泽鉴：《法律思维与民法实例》，2006 年版，第 349 页以下；黄荣坚：《刑法问题与利益思考》，1995 年版，第 101 页以下；蔡圣伟：《刑法案例解析方法论》，2023 年版，第 18 页以下的介绍。

变得容易、简洁许多,像:

> 原告 K 依据《德国民法》第 X 条对于被告 B 可能享有移转交付汽车的请求权。依此,K 就必须曾经与 B 针对该车签订了买卖契约。随而,B 就必须曾经对 K 提出过出卖的要约。有问题的是,B 于 2007 年 7 月 7 日写给 K 的信,能否算是出卖要约。

法律初学者应该一再练习这种简单的涵摄叙述方式,以求在语言上更加熟练。对此有个例子:

【事实】

> T 拿着一把水枪走进 O 的珠宝店,喝令 O 不准动。接着他伸手去拿保险箱里的珠宝首饰,打算得手后迅速逃离。此时 O 发现 T 手上拿的只是一把玩具手枪,便出手阻止 T 拿取珠宝,于是 T 落荒而逃。

【涵摄开始】

> T 在 O 面前亮出玩具手枪并且拿取珠宝的行为,可能实现了强盗未遂的构成要件。
>
> 因为 T 并没有成功拿走珠宝,所以不构成强盗既遂。[*]
>
> 凡是依其对犯行之想象业已直接开始实行犯罪行为者,为未遂(《德国刑法》第 22 条)。T 在行为当时必须曾经想要借由身体、生命之现实危害来胁迫 O。通过展示玩具手枪的动作,T 想要表达"如果 O 尝试阻止自己拿走珠宝就会对 O 开枪"的意思。T 当然无法实现这个预先告知的行

---

[*] 这句是未遂犯审查的前审查阶层(Vorprüfungsstufe)中,犯行未既遂的部分,详见蔡圣伟:《刑法案例解析方法论》,2023 年版,第 159—165 页。

为,但这并不会影响到胁迫的成立。只要行为人让被害人相信自己可能对其施加所预告的恶害,便存有胁迫。因为 T 就是在"O 会认为玩具枪是一把真枪"的期待下行为,他就是希望让 O 相信,使用那把枪射击至少会造成显著的身体伤害,甚至可能会造成死亡的结果。因此,T 便是想要用身体及生命之现实危害来胁迫 O。通过这个胁迫,T 希望在自己拿取珠宝时不会遭遇到任何抵抗。拿取珠宝以及将珠宝收起来的行为,亦体现为一个窃取行为。*也就是说,T 想要强制 O 忍受自己取走属于 O 的动产。基此,他具有违犯强盗罪的决意。

T 在 O 面前持枪的行为,亦已直接着手于强盗罪的实行。对于构成要件的实现而言,当行为人业已部分实现了构成要件所描述的行为时,无论如何都可算是业已着手实行。通过展示玩具枪的行为,T 表达了自己一旦在拿取珠宝时遭遇抵抗便会对 O 开枪的意思,借此,他实现了强制行为的构成要件要素,已着手于强盗罪的实行。

T 构成强盗未遂罪。

五、结合的技能

到此为止,我们所处理的都是个别法条在个别案件或个别问

---

* 依照德国通说,窃取意指"违反或未得持有人允许,破坏旧持有并建立新持有",亦即不限于秘密、非公然或和平。依此,强盗罪便包含了窃盗罪的所有要素,二者形成法条竞合中的特别关系。关于此点,另可参见蔡圣伟文章,载《月旦法学教室》第 75 期,第 47 页以下。

题中的适用。但法律人在解决一个法律案件或法律问题时，经常必须适用不同法条。这些条文之间的关联性，可能是某个逻辑上后顺位的法条定义了一个被先顺位法条所包含的法律概念，也可能是某个法条对于其他条文所提出的规则形成了一个例外。于此，必须涵摄到这些相关法条中的每一个条文，便形成了一个涵摄陈述的锁链。如果这些涵摄都是清楚明确的，那么这个锁链就会是逻辑上必然的。所有的理性言论都必须合乎逻辑，只有在这种意义下，作为认知方法的结合技能（ars combinatoria）才会是合乎逻辑的。但作为认知的方法，逻辑在这个程序中仅扮演着次要的角色，因为逻辑无法帮助我们在法律中找出那些（为了解决个别案件或个别问题）必须相互连结的法条。

我们可以用前面那则使用假武器的强盗未遂案例来阐释。为了回答"该行为是否可罚"这个问题，我们已经必须要援用7个不同的法条，其中部分的条文甚至要被适用数次。首先，我们借由《德国刑法》第249条【译按：强盗罪的规定】确认了强盗结果并没有发生，故仅考虑未遂犯的处罚。为了能够决定"强盗未遂是否可罚"这个问题，我们必须结合3个法条。第一个法条是《德国刑法》第23条【译按：未遂犯的一般性规定】第1项第1句前半段："重罪之未遂一律处罚。"第二个法条则是《德国刑法》第12条第1项："重罪系指最轻本刑为1年以上自由刑之违法行为。"最后，则是再次需要《德国刑法》第249条第1项的后半句："处1年以上之自由刑。"从这个语句锁链，逻辑上必然会导出强盗未遂应受处罚，但为了能够提出这个结论，人们必须认识上述的各个条文。现在，还要再继续向前。《德国刑法》第22条设有未遂犯的立法定义：

> 凡是依其对犯行之想象,直接邻近于构成要件实现者,为犯行之着手。

这个语句包含了两个元素:"行为人对犯行之想象"和"直接邻近"。依照这个定义,行为人的想象必须实现某个犯罪构成要件。为了要确定这一点,我们再次需要《德国刑法》第249条,而且是语句1的以下这部分:

> 凡是施用(……)对身体或生命现实危险之胁迫,基于为自己或第三人违法取得之意图而取走他人动产者(……)。

现在,我们把行为人对其犯行的想象涵摄到这个语句中。为了决定"是否业已开始实行"这个问题,我们要再次适用相同法条,结合成以下的语句:

> 至少当行为人业已实现部分构成要件时,系属开始实行。

在本案中,所要考虑的是"胁迫"这个构成要件要素。对此,我们可以加入以下这个"对身体及生命现实危险之胁迫"要素的定义:

> 凡是告知他人在特定前提下将杀害对方者,无论其是否有能力做到,均属用生命之现实危险相胁。

借此确认了存在着一个可罚的强盗未遂。最后我们还必须审查,是否涉及加重强盗罪的未遂。在这里,我们就要适用《德国刑法》第250条【译按:加重强盗罪之规定】第1项第1款b目:

> 为了要通过强暴或将施加强暴的胁迫来阻止或压制他人之抵抗,而携带其他器械或工具。

我们能否将使用玩具枪的行为涵摄到这个语句之下,取决于工具"适于压制抵抗的性质"能否建立在该工具佯称、虚构的生命身体危险之上。至此为止,为了要精准地解决这个相对简单的例子,我们已经必须把 7 个不同的法条相互连结起来。尽管如此,由于法条间的这种连结是那么常见,以至于难以将之称作一种技能。然而,结合法条的任务有时也可能会困难许多,特别是在民法上,像以下的例子:

> 读者应先了解债权人迟延(Gläubigerverzug),特别是于此之后关于债务人给付义务的法律规定。

K 向 V 购买一辆特定的二手车,约定了在 2013 年 5 月 30 日下午 3 点到 6 点之间,于 V 的庭院中,交付停放于该处之标的车辆。因为 K 原本预定于 5 月 30 日前往 V 处所要搭乘的火车停驶,K 迟至下午 6 点半才抵达该处。此时 V 及其员工都已经离开该处。不过 V 的员工忘记锁门,当晚,这部已售出的车辆就被一名职业窃车贼偷走,并转运到某个南欧国家。我们要审查的问题就是,V 是否仍可对 K 要求给付价金。

在《德国民法》第 326 条第 1 项,有以下的规定:

债务人依照第 275 条第 1 项至第 3 项无须给付者,对待给付之请求权消灭。

《德国民法》第 275 条第 1 项则规定:

给付若对债务人或任何人均属不能【译按:主观或客观之给付不能】,排除其给付请求权。

本案中,原本约定的给付并非对任何人均属不可能,因为在南欧某处,某个人当下正占有该车。该给付对债务人来说是否不可能,则未确定。他可以在那些窃车贼有可能运送赃车的不同国家,委托私家侦探找出该车的占有人,并与之商议"买回"。现在,《德国民法》第275条第2项第1句却这么规定:

> 依债之关系内容以及诚实信用之要求,若给付所需之费用与债权人之给付利益相较显不相当,债务人得拒绝给付。

也就是说,我们必须决定这个条件在本案中是否已实现。为了要找出位于南欧某处的车辆,V必须负担的金钱支出非常巨大,成功找回的机会却非常小。此外,他还必须在外国对于占有人主张他的所有权,或是为了车辆的返还而支付该车的市场价额。我们可以不继续往下讨论,为了交付给K而取回车辆对V来说是否算是事实上不能,这至少在《德国民法》第275条第2项的意义下,已属经济上不能。依照《德国民法》第326条第1项*,由此已可导出V对于对待给付(也就是买卖价金)并无请求权。这个推论在逻辑上完全正确,但尽管如此,法律上仍有可能过于仓促。《德国民法》第326条第2项第1句规定了这个原则的一个例外:

> 债务人依第275条第1项至第3项无须给付之情状,全部或大部分可归责于债权人者,或是不可归责于债务人之情状发生于债权人受领迟延时,债务人仍得请求对待给付。

其中一个例外是以下述两点为要件:第一,债权人处于受领

---

* 《德国民法》第326条(给付义务排除时,对待给付之免除及解除)第1项第1句前段规定:债务人依第275条第1项至第3项之规定无须给付者,对待给付之请求权消灭……

迟延（Annahmeverzug）的状态，以及第二，债务人对于这个（依照《德国民法》第275条第1项至第3项使其不负给付义务的）情状无须负责。为了要确认K是否受领迟延，我们必须看看受领迟延的法定要件。《德国民法》第293条规定：

> 债权人未受领对其所提出之给付者，即属迟延。

《德国民法》第294条规定：

> 给付应依债之本旨事实上对债权人提出。

我们确认了，V事实上并没有对K提出该车的让与。但如果直接由此导出K并未受领迟延，则又是过于草率，或许还有其他可能性存在。在《德国民法》第295条第1句可以看到以下的内容：

> 债权人对债务人表示其将不受领给付，或是给付之提出需要债权人之行为配合，特别是当债权人应前往取走给付之标的物时，债务人以言词提出即可。

然而，V也没有对K以言词提出要让与车辆。但在《德国民法》第296条中则继续规定：

> 债权人若以历定其应从事行为之时间，仅于债权人及时从事其行为时，始需提出给付。

但K没有及时实施必要行为（取车），而是迟至5月30日的下午6点半才到。或许人们会认为K对此并没有责任，但法律上对于债权人受领迟延所提出的要件中，并没有提及过错（Verschulden【译按：没有要求故意或过失】）。依此，K确实处于受领迟延。现在，我们转向债务人（于此系指V）依《德国民法》第326条第 2 项请求对待给付的权利继续存在的第二个条件,也就是"债务人对于造成给付不能之情状无须负责"这一点。《德国民法》第276 条规定:

> 债务人应就故意与过失负责(……)。

也就是说,有问题的是,可否用过失来非难 V,因为他信赖他的员工会锁上庭院的门。这一点应当要否定。但是从《德国民法》第 278 条,可以提取出以下的语句:

> 债务人对于(……)为自己履行债务之人的过错,应如同自己之过错般负相同范围之责任。

依此,只要 V 通过其员工来履行其对 K 的义务,V 可能就要对该员工的过错负担责任。如此一来,就算迟延,契约义务也还是存在。而"尽管存有迟延,契约义务原则上仍继续存在"这一点,则是从《德国民法》第 300 条第 1 项导出:

> 债权人迟延时,债务人仅就故意与重大过失负其责任。

也就是说,如果债务人保管和备妥出卖物的义务,就算债权人受领迟延也还是继续存在,那么债务人用以履行该义务之人,即属履行辅助人(Erfüllungsgehilfe),本案中就是该名员工。但在《德国民法》第 300 条中还规定,债务人于债权人受领迟延后,履行契约义务时仅就故意与重大过失负责。

现在,依照《德国民法》第 278 条,债务人就其履行辅助人的过错,应如同自己过错般地负起相同范围的责任,亦即,于债权人迟延时,仅就履行辅助人的故意和重大过失负责。也就是说,结论取决于"员工没有锁上庭院的门"应评价成重大过失还是普通过失。如果评价成普通过失,那么依照《德国民法》第 326 条第 2 项,V 就还是保有对待给付的请求权。

或许您曾感到疑惑,为什么必须学习和了解这么多已经写在法律里头、而且是每个人(甚至是考生在考试时)都能读到的东西。当您沿着这个案例解析中交错缠绕的小径一路走来,并且避开了为您所设的种种陷阱,那么您或许就比先前理解了更多些。不知道债法中设有债务人给付迟延的机制,就根本不会去看找像《德国民法》第 326 条第 2 项的规定;不知道什么是履行辅助人,就不会发现《德国民法》第 278 条。如果人们先理解了这些规定,这些规定便会显示出考虑得多么周到,并且有充分的根据。

在某些法领域,审查架构表(Aufbauschemata)会帮助我们找出相关的法律问题以及相关规定。但这只有对那些当中的提问会显示出某程度的单调与制式化的法领域,才有适用,像刑法以及部分的行政法。不过就算是在这些法领域,对于随时防止我们忽略某个规定或法律问题来说,审查架构表也还是不够细致。

为什么没有电脑程序可以在法律人处理法律争议时,通过问答来正确导向相关的规定,就像自动售票机提供乘客其所需要的车票那样?事实上,人们曾经有过类似的尝试,就是在规模小到得以概观的法领域,譬如劳工法中的解约保护(Kündigungsschutz【译按:或译为免裁员保护】),然而并没有成功。我们法律人在寻找法律(Rechtsfindung)时,还是一如以往地要靠我们的脑袋。您必须继续学习法律中有什么,以及继续让您的教授解释个别规定之间的关联性。

六、评价性概念的运用

> 这里的例子是《德国刑法》第266条*，侵害照料他人财产利益的义务。

在个案中适用评价性概念有两个步骤：第一，要将一般的评价性概念予以具体化。这意味着，必须要指出这个评价性概念中能适用于个案的特殊概念。第二，要在这个特殊概念的意义下，把应受评价的事实标示出来。就让我们用一个最高法院审理过的案件来解释。[107]

被告K曾经担任某个股份有限公司的董事会主席，该公司的业务是公共交通营运，巴登·符腾堡州（Baden-Württemberg）为其独资股东。被告S是该州的交通部部长，因此被指派担任运输股份有限公司（Verkehrs-AG）的监察机关主席。此外，他也是某个运动协会主席，而该协会正陷入财务困难。被告S三度要求被告K用运输股份有限公司的财产捐赠给他的运动协会，被告K便分别给付了2万、1.5万及1万马克，在股份公司的账本中记载为"对运动协会青少年工作的捐赠"。但这些钱并没有用于运动协会的青少年工作，而是分给该协会的其他赞助者，目的是让他们与协会保持友好的关系。据推测，此

---

* 《德国刑法》第266条是关于背信罪（Untreue）的规定，其中第1项内容为：滥用因法律、机关委托或法律行为所赋予处分他人财产或对他人负有义务之权限者，或侵害其因法律、机关委托、法律行为或信托关系对他人财产利益所负之维护义务者，并因此让托付财产利益者受到损害，处5年以下自由刑或罚金。

[107] BGH NStZ 2002, 322 ff.

举是为了安抚协会的债权人。被告 K（基于其董事会主席的身份）和被告 S（基于其运输公司监察机关主席的身份）一同依背信罪遭到起诉。

此处应适用的评价性概念是"滥用代理权限"和"侵害维护他人财产利益之义务"。依实务见解，义务侵害这个概念也包含了滥用概念，因此我们以下便仅针对义务侵害要素。于此必须思考的是，有哪些特别的标准适用于义务侵害，以及本案涉及其中的哪些标准。

或许有人认为，当股份有限公司的董事会主席处分他人财产，并且是无偿地支付时，即属侵害财产照料义务。这或许特别适用于那些属于各州（亦即最后属于市民）的股份有限公司。但司法实务并不接受这个对于无偿交易的评价。依照实务见解，为了照顾股份有限公司（或公有公司）的声誉和社会上的认可，原则上应该允许基于社会、文化或运动目的所为之捐赠。企业可以表现为社会上的良好企业公民（good corporate citizen）。[108] 公开揭示并宣传个别的捐赠，则非必要。

可以确定的是，某笔捐赠若和公司的总财产处于不恰当的比例，或是会危及公司的支付能力，都会认定该笔捐赠违反信托的指标。但对于一个经营短程公共交通的公司来说，一笔总额 4.5 万马克的捐赠不太可能会是如此。

有问题的是，捐赠之目的以及理由是否建构了该笔捐赠的信托违反性（Treuwidrigkeit）。一笔为了维护声誉而来自他人财产的捐赠，若非用于任何社会上受认可之目的，即属违反信托。本

---

[108] BGH NStZ 2002, 322 f.

案中,捐赠并非如其所宣称地用于运动协会的青少年工作(倘若果真是用于此途,就绝对称得上具有社会意义)。这笔捐赠显然是要通过金钱馈赠来安抚协会的债权人,并借此拯救协不会在财务上崩溃。先且不论这种拯救手段就算持续下去也不会有成功的希望,拯救一个连自己的成员都不再缴交会费和捐助的运动协会,并不具有认可价值的社会意义。借此便证立了这笔捐赠违反信托的性质。

另一个理由,则可能是被告 K 准许这笔捐赠的理由和动机。他是为了要帮交通部部长(后来也成为这间股份有限公司的董事会主席)的忙才这么做,这层个人的利益关系,也使其动用运输公司财产的行为无法被正当化。这个事实,同样建构了该笔捐赠违反信托的性质。[109]

捐赠并没有如实地登载于运输股份有限公司的账簿中,并对其他董事会成员蒙蔽了支付过程,德国联邦最高法院在这些事实中也看到了捐赠违反信托的理由。[110] 然而,这里并没有直接涉及公司的财产利益,不能拿来作为判定侵害照料公司财产义务的理由。蒙蔽、掩饰,只是"隐瞒了某个可能违反信托之行为"的间接证据。* 我们必须小心区分以下两种事实:在评价性法律概念意义下应被判断的事实,以及那些仅属认定评价性事实的表征事实(对此见上文第一课第二章之四)。将一个评价性概念适用于个案时,必

---

 [109] 德国联邦最高法院在本判决[NStZ 2002, 322 (323)]中,提出了一个比较规则:捐赠目的离公司的经济目的越远,管理人的行为空间就越小。

 [110] BGH NStZ 2002, 322 (324).

 * 就以本案来说,会直接影响公司财产的是捐赠行为,而不是未将该捐赠行为如实登载于账簿的行为;换句话说,可能违反财产照料义务的是捐赠行为,而不是没有如实登载这个行为。

须交代法律适用者在评价性概念的意义下,所要判断的是哪些事实。这些事实的评价,应该要和这些事实的描述严格区分开来。[11]

如果这些方法论上对于评价判断的要求都被满足,那么这个评价就是一个(依其内涵能被理解及批判的)理性判断(rationales Urteil)。但若事实确认与评价二者被相互混淆,像德国联邦最高法院在刑事案件中依照"顾及个案中一切重要情状下评价性地整体观察"这种方法所实践的那样[12],就没有完整交代评价性概念当中的描述性成分,评价性概念也因此失去其意义。随而,价值判断就会败坏成为一种用空话点缀的命令,既不能让人理解,也无从加以批判(对此参见上文第一课第二章之四)。

七、将概括条款适用于个案

(一) 概括条款作为评价性概念

> 读者应该对法律行为违反善良风俗(Sittenwidrigkeit)的标准有初步的了解。

---

[11] Puppe Feststellen, zuschreiben, werten: semantische Überlegungen zur Begründung von Strafurteilen und deren revisionsrechtlicher Überprüfbarkeit, NStZ 2012, 409 (412 f.).

[12] BGH NStZ 2003, 431;另亦参见 BGHSt 36, 1, 15; BGH NStZ 1983, 365, 407; 1984, 19, 585; 1986, 549; 1987, 284, 424; 1988, 175, 362; 1991, 126; 1992, 384, 587; 1993, 307, 384; 1994, 19, 585; 2003, 220, 221, 369, 431 f.; 2004, 329, 330; 2006, 169 f.; 2007, 199 f., 267 f., 307, 331 f., 639 f., 700; 2008, 93 (94); 2009, 91; 2010, 102; NStZ-RR 2007, 86 f., 141 f., 199 f., 267 f., 304 (306), 307; 2010, 214; 2011, 110, 453 (454); StV 1982, 509; 1984, 187 f.; 1987, 92; 1988, 93; 1991, 510; 1992, 10; 1993, 307; 1993, 641; 1994, 14, 655; 1997, 7; 2004, 74 f., 75, 76.

概括条款(Generalklausel)是一种"非常一般、广泛且因此内容贫瘠"的评价性概念。为了能够适用于个案,必须将评价性概念具体化。将一个评价性概念具体化,就是用较特定的概念来描述它;这些概念虽然同样具有评价性的意涵,但可以直接适用于个案。例如,司法实务对于《德国民法》第242条(诚实信用)或是《德国民法》第138条(抵触善良风俗)发展出一系列的具体化。法律适用者必须察看,在其处理的案件中可以考虑哪种具体化,然后去决定,该案是否以及因为哪些事实应该(或不应该)评价成该种具体化。

在德国联邦最高法院的一则判决中,法院要回答以下的问题:一个契约若是以"对子女不具有监护权的父亲放弃对子女的探视权(Umgangsrecht)来换取母亲同意免除父亲对子女的扶养义务"为内容,是否违反善良风俗?[113] 在这里要考虑的,是用不同概念作为违反善良风俗的标准。这里可能涉及不利益第三人(子女)的契约,可能存在着规避法律的行为(Geschäft zur Umgehung des Gesetzes),用放弃探视权来换取扶养义务的免除,也可能会是一种违反善良风俗的附合行为(Kopplungsgeschäft)。

如果通过这个契约,子女会失去对其父亲的扶养请求权,便存在着一个不利益第三人的契约。但在这里并非如此,因为该子女仍保有完整的扶养请求权,只是母亲有义务要负担起父亲被免

---

[113] BGH NJW 1984, 1951 f.【译按:此处要提醒读者的是,台湾地区"民法"第1055条于1996年修法后,已不再使用"监护"一词,而是改称"对于未成年子女权利义务之行使或负担",简称为"亲权"。此处纯粹基于便利阅读的理由,仍将"Sorgerecht"译为"监护权",而且从该案的时间来看,当时也确实是如此理解亲权的内容。】

除的那部分,也就是说,母亲负有替父亲履行或是偿付其已给付之扶养支出的义务。尽管如此,或许还是有可能认定成不利益子女的契约,因为在经济上,只有母亲的财产要对扶养负责,而非如法律所规定的那样,也包括父亲的财产。不过事实并非如此,因为,一旦母亲在经济上不再能够完全负担子女的扶养,子女还是能够通过青少年福利局(Jugendamt)的代理,要求其父亲扶养。

由于依法不得放弃探视权,因此这里可能存在着一个脱法行为(Umgehungsgeschäft)。该名父亲只有许诺不主张探视权,并且也遵守这个诺言。依照现行法,这样是违反法律的,因为《德国民法》第1684条第1项规定,父母(尤其是不具有监护权限的一方)不仅拥有探视子女的权利,而且也负有探视的义务。不过,这个规定于判决当时尚未生效,也就是说,当时父亲可以自行决定是否要主张探视权。德国联邦最高法院认为父亲放弃行使探视权本身,还不算是违反善良风俗,因为有可能存有特殊状况,放弃探视反而有益于子女的福祉。法院并未审酌本案中是否存有这样的情状。

但这名父亲是用不行使探视权的承诺来换取母亲经济上的给付,亦即换取其扶养义务的免除,德国联邦最高法院是在这里认定契约违反善良风俗。于此,德国联邦最高法院看到了一个违反善良风俗的附合行为。探视权的意义与目的在于,赋予父母双方(也包括不具有监护权者)与其子女维持及培养个人关系的可能性,甚至在一定情形下赋予其干预的可能,特别像监护权方的错误行为危及子女福祉的情形。如果有探视权的一方把这个权利拿来交易,让他方某程度上买下这个权利,就会违背探视权的意义。

现在，是母亲自己要求要缔结这个契约。随而浮现的问题就是，如果她为了不让该名父亲请求返还其业已支付的扶养费用，而主张该契约违反善良风俗，是否会因为矛盾的行为而有违诚实信用？但这样的自我矛盾是从违反风俗（亦即无效）的契约内容本身所导出。对于主张契约违反善良风俗而无效的契约当事人提出"任何人不得自我矛盾"（venire contra factum proprium）的异议，和"违反善良风俗之契约系属无效"这一点无法相容。这就算是父亲这方要求缔结该契约，亦然。

这则堪称典范的判决显示出，只有当人们通过比较特定的评价性概念，更详细地确定违反风俗这个一般且太过不确定的评价性概念，才有可能将一个法律行为评价成违反风俗（此见上文第一课第二章之三）。这个判决特别显示出，价值判断（Werturteil）必须要详尽分析应受评价的事实，有时还必须连同顾及到其判断在法律上的后果。

(二) 概括条款作为法律适用的最后手段

概括条款是法律的紧急刹车。人们应当只有在无法适用较明确的法条来解决案件时，或是当适用较明确的法条会导致无法忍受的结论，以至于这些法条被概括条款暂止效力时，才搬出概括条款。*于下面的案件中，德国联邦最高法院就抵触了这个原则。⑭保时捷俱乐部举办了一场合乎规定的汽车竞速赛事，比赛

---

*　作者补充说明如下：就像内文中举的案例，凡已缔结契约者，依法负有依约给付的义务。但如果契约违反善良风俗，这些法律语句就会被《德国民法》第138条的概括条款（法律行为违反善良风俗者无效）否定效力。

⑭　BGH NJW 2003, 2018.

中,原告驾驶的车辆与被告驾驶的车辆相撞。被告并无驾驶疏失,也没有违反竞赛规则。参赛者事先签署的报名表中包含了一份声明,宣示自己放弃所有对其他参赛者及其助手可能因赛事而生的请求权,但因故意或重大过失行为所生之请求权则不在此限。

德国联邦最高法院并没有审查这个定型化契约中的免责条款(Freizeichnungsklausel)是否有效,以及被告能否援用这个条款,也没有去讨论,究竟对被告是否确实存有损害赔偿请求权的基础,尽管被告并没有抵触竞赛规则或是一般性的注意规则。

法院继续阐述:

> 运动活动中,考量到参与者已接受了特定的危险,是否以及在如何的范围去限制或排除参与者相互间的责任这个问题,以多面向的方式进行讨论,不管是在"交通中必要之注意针对运动的定义"(sportspezifische Definition der im Verkehr erforderlichen Sorgfalt)观点下(受限的过失标准)、在"承诺"观点下、在"(默示的)责任抛弃或责任排除"观点下、在"自我涉险行为"观点下,以及在"竞争者违反诚信的主张"(treuwidrige Inanspruchnahme)观点下。

审判庭通过以下的论述,仅援用了最后的观点来支持其判决结论,也就是参赛者的主张违反诚信:

> 在运动中,每个参赛者都接受了(即使正确的运动动作也可能造成之)侵害,因此,如果受伤的一方要求伤害他的人赔偿,但他自己若居于对方的处境,却可能会相反地(正确地)反对遵守竞赛规则亦需赔偿的说法来防卫自己,这样

一来——先不管"应该在构成要件该当性的阶层还是违法性阶层否定责任"这个问题——就至少会抵触禁止违反诚信之自我矛盾的禁令（venire contra factum proprium, Verbot des treuwidrigen Selbstwiderspruchs）：任何人不得自我矛盾【译按：也就是禁反言】。[115]

最后一句听起来像黄金定律（goldene Regel）：不要对别人做那些不希望别人对自己做的事【译按：己所不欲勿施于人】。这不算是法学论证，因为它是以应当被证立的事物为前提，也就是说，"一个赛车参与者对其他无过失之人行使损害赔偿请求权的行为违反诚实信用"这一点，正是这里需要被证立者。但为了证成此点，人们不必追溯到诚实信用。取而代之的，我们应该先追问损害赔偿请求权的请求权基础。因为在当事人之间并没有契约关系，所以只考虑《德国民法》第823条的侵权责任（Deliktshaftung）*，和《德国道路交通法》第7条的危险责任**。民法上的侵权责任以故意或过失为要件，道路交通法的危险责任则不以过错为前提，并且也适用于公共交通范围外的赛车。但如果参赛者的放弃责任声明有效，就也会排除这个危险责任。法院不能把这个问题放着不管，因为放弃一旦有效，以此作为驳回起诉的理

---

[115] BGH NJW 2003, 2018 (2019).

* 《德国民法》第823条相当于台湾地区"民法"第184条，为侵权行为损害赔偿义务（Schadensersatzpflicht）的规定，其中第1项内容为：因故意或过失违法侵害他人之生命、身体、健康、自由、所有权或其他权利者，对于由此而生之损害负赔偿义务。

** 《德国道路交通法》（Straßenverkehrsgesetz = StVG）第7条为持有者责任（Haftung des Halters），其中第1项规定：动力交通工具运行时导致他人死亡、身体或健康受损，或物品之毁损，持有人有义务赔偿受侵害者由此而生之损害。

由应优先于诚实信用原则的援用,即便用禁止自我矛盾来论证第一眼看来是那么具有说服力。如果所有法院都如同本案中这样处理,那么诚实信用原则就会盖过所有其他的法律了。*

八、个案中适用不确定法律概念的两难处境

不确定法律概念这个表述是行政法学所创,用来指称那些在个案中的适用并不清楚的概念(不仅在边际案例如此,而且普遍地存于整体适用范围)。模糊概念(vage Begriffe)只要没有经由定义或局部定义被精确化,即属此类。除此之外,特别像规范性概念,也就是评价性概念,只要没有经由描述性定义予以规范化(entnormativiert),亦属之。行政法学的注意力当然都放在行政法中的众多规范性概念,例如:可信赖(《商业规则》第35条第1项)、适当(《北莱茵·威斯特法伦州秩序局法》第15条第1项)、必要(《北莱茵·威斯特法伦州警察法》第9条第1项)、公共利益(《北莱茵·威斯特法伦州地方自治团体法》第30条第4项)、交通利益(《德国客运法》第2条第7项)、公共福祉(《北莱茵·威斯特法伦州地方自治团体法》第99条第2项)、必要之处理措施(《德国联邦照护法》第17条)或是特别严苛(《德国行政法院法》第80条第4项)。然而,不确定法律概念当然不会是行政法所独有的现象,它也大量出现在民法,甚至在刑法中有时也会看到。这种不确定法律概念在个案适用上会出现的两难情境就是:虽然

---

*　亦即,如果人们总是马上搬出诚实信用公式来适用,而直接跳过具体的法律规定,那就根本不用其他的法律规定了。

无法对于其适用提出绝对的正确性宣称,但在实务上却又必须要宣称绝对的正确。因为,每个由国家授权的法律适用者,从街头的巡警一直到德国联邦宪法法院,至少在处理的个案中,都必须宣称自己的裁判是唯一正确的裁判。[116] 只要这个裁判没有被撤销,就会这样维持下去。但如果这个裁判遭到异议,并且被较高的审级废弃,那么较高的审级就是对于原初被争执的裁判宣称了同样的绝对正确性,并证实前审级误解了法律。即便前审级的法律见解同样有着坚强的理由支持,上级审也不可能认可。[117] 这解释了为何有时候判决会对遭到废弃的裁判使用师长般的傲慢口吻。

　　原则上,这样的两难也会出现在抽象法律争议问题的决定,像对某个法律的解释。不过,由于解释能够被理解成一种(可适用于未来其他案件的)普遍性规则,因此这里的情况比较和缓。如果这个规则是由最高审级的法院所提出,那么法律适用者未来就可以像适用法律那样地运用这些规则。塑造法律的是权威,而非真理(auctoritas non veritas facit legem)。[118] 现在,不确定法律概念的特殊问题则是在于,这些概念的适用无法被简化还原成可以普遍描述的规则(allgemein formulierbare Regeln),或者是说,无法从这样的规则导出不确定法律概念的适用。法官对行政机关或前审级就某个不确定法律概念的适用进行司法审查时,不能对于

---

[116] *Neumann* Richtigkeitsanspruch und Überprüfbarkeit rechtlicher Entscheidungen, FS-Hassemer (2010), 143 (149).

[117] *Neumann* FS-Hassemer (2010), 143 (149).

[118] 语出 *Thomas Hobbes* Leviathan (Opera Philosophica, 1839–45), Kapitel 26 (De legibus civilibus), S. 202.【译按:霍布斯著:《利维坦》,又译为《巨灵论》。】

行政机关或前审级提出法律上有瑕疵（Rechtsfehler）的指摘。[119] 他只能用自己的评估（Einschätzung）、评价（Wertung）与判断（Gutdünken）来替代前审级的评估、评价和判断。[120] 作出判决的是权威,而非真理（auctoritas non veritas facit iudicium）。[121]

在法学界与实务界,为了让不确定法律概念的适用在法律上能够被审查,已经尽可能容忍这种情形。一个被作出的决定能够被第二个审级重复检视,这对人民的权利保护来说已经是一种获益。如果人民对于行政机关所作出的行政处分满意（或者至少能够接受）,他就不会向行政法院寻求救济。如果他求助于行政法院,那么就此而言,行政法院会比行政机关具有更强的决定正当性（Entscheidungslegitimation）,因为行政法院对于特定的裁决并没有自身利益可言,而是中立公正的。

一个行政机关的决定,只有当我们能够清楚地将之标示为有瑕疵时,才能够由法院来审查,这正好无法适用于不确定法律概念（先

---

[119] Neumann 则相反地认为,如果较高审级的法院对于自己的评价本身描述了一个新规则,就可以据以指摘下级审评价错误（Wertungsfehler）,参见 FS-Hassemer (2010), 143 (154)。然而,只有当这个规则于下级审法院谕知判决时业已生效,才能算是下级审法院犯了错误。上诉到法律审时,不能将"法院没有预见到较高审级的法院将会对该案提出何种新的评价规则"这一点斥为错误。

[120] Neumann FS-Hassemer (2010), 143 (147); Puppe Feststellen, zuschreiben, werten, NStZ 2012, 409 (412 f.); Tolksdorf Revision und tatrichterlicher Beurteilungsspielraum bei der Gesetzesanwendung, FS-MeyerGoßner (2001), 523 (531); Bartel Tatrichterlicher Beurteilungsspielraum im Strafrecht, FS-Frisch (2013), 1255 (1276).

[121] 在那些必须确定数量才能适用的不确定法律概念,像民事诉讼中的费用分配、损害赔偿中被害人与有过失的程度,还有特别像刑罚裁量,这个两难困境就会非常明显。民庭法官必须决定,被害人是否要负担 35% 或 40% 的责任。刑庭法官必须定出一个确定的刑罚。于此,所有的参与者都知道,像有过失的比率,无论是 35% 还是 40%,或者像量刑的刑罚,无论是 2 年半还是 2 年,都是同等正当的。

且不论对于概念内容的极端误解)。基于如此的想法,Bachhof 发展出行政机关的判断余地理论(Lehre vom Beurteilungsspielraum)。[12] 这是行政机关的决定空间(Entscheidungsspielraum),决定空间和行政法上之裁量(Ermessen)的区别,仅在于前者涉及某个特定概念的适用,后者则是仅受到某个法律中预定之行为目的以及行政的一般性原则(像措施的必要性与合比例性)所限制(参见《德国行政程序法》第 40 条*)。就如同行政法院在废弃裁量决定时,不应该以其自身的裁量来替代行政机关的裁量,而是应该仅止于审查行政机关的决定是否有裁量瑕疵(《德国行政法院法》第 114 条**)。法院在审查行政机关对于不确定法律概念的适用时,也不应该直接用自己的判断来取代行政机关的判断,而是仅应审查,可否在这个概念的适用上,清楚地非难行政机关有错误[13],例如,误解了普遍认可的判断标准,或是漏未审酌个案中某个具有判断重要性的观点。

---

[12] "当立法者使用了一个这样奠基于内在价值观的概念时,难道不能够(甚至必须)由此推导出'这里应该留给适用法律的行政机关某种自己判断的空间'这样的结论吗?让法院去全面审查'正确的'判断,只会导致以下的结果:审查的法院,甚至是每个法院审级,都必须用自己同样是那么主观的价值观,去取代行政机关或是前审级的价值观,如此一来,就会把一种特别的不安定因子(außerordentlicher Unsicherheitsfaktor)带入整个程序中,并且没有任何人获益,尤其是无法担保更好的法律发现(Rechtsfindung)",语见 *Bachof* Beurteilungsspielraum, Ermessen und unbestimmter Rechtsbegriff im Verwaltungsrecht, JZ 1955, 97 (99).

* 《德国行政程序法》第 40 条为关于裁量的规定,内容如下:行政机关经授权依其裁量而行为时,其裁量必须符合授权目的,并遵守裁量在法律上的界限。

** 《德国行政法院法》第 114 条前段规定:行政机关经授权依其裁量而行为者,法院亦应审查其是否因逾越裁量之法定界限,或因裁量不符授权目的,导致行政处分或行政处分之准否或不作为违法。

[13] *Bachof* Beurteilungsspielraum, Ermessen und unbestimmter Rechtsbegriff im Verwaltungsrecht, JZ 1955, 97 (100 f.); *Maurer/Waldhoff* § 7 Rn. 31 ff.

然而，适用不确定法律概念在行政法上并无特殊之处，并且，在其他法领域，较高审级审查较低审级的决定时，到处都是通过上级法院的事实判断来取代下级法院的判断。在这样的认知得到贯彻后，这个赋予行政机关判断余地的理由便不复存在。

但对此有其他的理由，当然这些理由并不适用于所有的不确定法律概念。关于"是否要为某个个别的不确定法律概念开启这种判断余地"这个问题的决定，被理解成一个实定法的问题，这个问题原本必须通过立法者的明文来规定，但却未被规定。因此，一个法律中的不确定法律概念是否对（适用这个概念的）行政机关留有判断余地，被看作个别法律的解释问题。[124] 给予判断余地，实践上最为重要且最能受到认可的理由在于，行政机关对于这些判断具有比法院更高的专业能力。像在以下的情形：决定问题需要特别的专业知识，并且不仅是行政机关（如同所有管辖法院所必须做的那样）要在证明程序中通过询问专业鉴定人来获取必要的专业认知，而且专业鉴定人还会直接参与决定程序。[125] 对此的例子，像关于建筑物享有文化遗产保护（Denkmalschutz）的决定，依照文化遗产保护法，这个决定会有建筑师及艺术鉴定人参

---

[124] Ehlers/Plünder-*Jestaedt* § 11 Rn. 45; Maunz/Dürig-*Schmidt-Aßmann* Art. 19 Abs. 4 Rn. 191; v. Mangoldt/Klein/Starck-*Huber* Art. 19 Ⅳ Rn. 516; BVerwGE 130, 180 (194); 100, 221 (225); 94, 307 (309).

[125] "当评价性要素高度附着于应作成的决定，并且法律因而宣告由某个特殊行政机关管辖，且该机关是不受指挥地以特别的专业正当性（mit besonderer fachlicher Legitimation）在特殊程序中作成决定时"，德国联邦宪法法院便承认"判断授权"（Beurteilungsermächtigung），BVerwGE 130, 180 (194 f.); 对此亦见 Ehlers/Plünder-*Jestaedt* § 11 Rn. 46; Dreier-*Schulze-Fielitz* Art. 19 Ⅳ Rn. 126, 130。

与。[125] 或者像将某个著作列为对青少年有害的决定,也会有专业人士和社会上的代表人士参与其中。[127] 考试中,考官必须作成的决定亦属此类,考官在相关专业中受过养成教育,并且自己也曾经通过相关的考试。法院通过证明程序中听取鉴定人的意见,也无法取得考官对于考试标准的专业造诣和认识。这只有在司法考试才会有所不同,此时法官和考官便具有相同的专业能力,故法官也能够评断考试结果。德国联邦宪法法院用以下的理由来给予司法考试的考官判断余地:若对这些决定进行彻底地审查,将会导致考生间的不平等。[128] 这不太能够让人信服,因为不同考生本来就都是由不同考官来评断。在司法考试中也要赋予判断余地的真正理由应该是:不应该只是因为法官自己就是这个专业领域的专家,就让司法考试的考生享有其他领域的考生所没有的利益。

关于"适用哪些法律和哪些不确定法律概念时,行政机关基于何种理由享有判断余地"这个问题,在行政学上当然饶富争议,此处无法继续深入探索。这些少许的例子应该已经足以展示,在适用不确定法律概念时,赋予行政机关这样的判断余地并非原则,而是例外。依照现今公法学界及实务界的通行见解,对于个案中不确定法律概念的适用来说,没有绝对的正确性标准,这并不是剥夺法官对此之监督(法官审查)的理由。[129] 也就是

---

[125] 见《巴登·符腾堡州文化遗产保护法》第4条,以及《北莱茵·威斯特法伦州文化遗产保护法》第23条。
[127] 《德国少年保护法》(JuSchG) 第19条,对此参见 BVerfGE 83, 130 (139).
[128] BVerfGE 84, 34 (50 f.).
[129] Ehlers/Plünder-*Jestaedt* § 11 Rn. 25 f.; Maunz/Dürig-*Schmidt-Aßmann* Art. 19 Abs. 4 Rn. 191; Dreier-*Schulze-Fielitz* Art. 19 IV Rn. 125 ff.; v. Mangoldt/Klein/Starck-*Huber* Art. 19 IV Rn. 515.

说,法官在这些案件中,依法仍有权用他自己的评价和判断来取代其所审查之决定中的评价和判断,并且对此宣称绝对的正确性,尽管他根本无法兑现这样的宣称。这就是对于不确定法律概念的适用进行司法审查(Justiziabilität)的代价。

在行政法上,由于倾向对个案中的法律适用可进行广泛的司法审查,"上级审只能在不确定法律概念的适用出现明确的法律错误时加以更改"这个想法便遭到压抑。与此相对,这样的想法则广泛地存在于德国联邦最高法院的刑事案件实务中。最近,德国联邦最高法院在个别评价性概念的适用上,特别是关于《德国刑法》第211条【译按:谋杀罪】的"卑劣动机"(niedrige Beweggründe)要素[130],或是在故意与过失间的判定上,有时也在区分正犯与帮助犯之时[131],明白赋予事实审法院判断余地。然而,人民在刑法上的权利保护需求,原则上大于在行政法上的权利保护需求。德国联邦最高法院在适用那些被其归为评价性概念的犯罪要素时,还远不会承认这种判断余地,像在区分间接故意与有认识过失时,通过德国联邦最高法院所要求的"对于个案中所有情状的评价性整体考察",否认了此种判断余地(对此见上文第一课第二章之四)。判断余地理论是否还会继续这样地在行政法和刑法上相异发展,仍有待观察。

然而,无论有或没有判断余地,"适用不确定法律概念时可能会有数个不同结论均属正确"这个认知,决定性地成为反对现今法院实务上(特别是在刑法的范畴)大量使用不确定法律概念的

---

[130] BGH NStZ 2006, 284 (285); 2007, 330 (331); NStZ-RR 2004, 79 (80); 2008, 308.

[131] BGH NStZ 2000, 482; NStZ-RR 2010, 263.

理由。因为如此一来，不只是法律适用的可预测性（法安定性）会受损，长此以往还会损及法律适用的正当性。也就是说，如果人民必须接受判决，而判决又是法官所表达的高度个人评价，随而判决就也可能——在不抵触其适用之成文法与一般规则的情形下——会有不同的内容，那么人民就只能把判决当作一种"取决于偶然事实（亦即遇到哪个或哪些法官），但却必须服从"的命令来加以忍受，别无他法。[132]

现在，德国联邦宪法法院借由一则对背信罪（《德国刑法》第266条）构成要件抵触《德国基本法》第103条明确性诫命所提出的宪法诉愿，将明确性要求延伸到刑法上的司法实务界。依此，司法实务界便负有一项任务，就是通过局部定义将刑罚法律中的不确定概念予以具体化和明确化[133]，就如同民法上长久以来对于概括条款所做的那样（对此见上文第一课第二章之三）。如果这个明确化的要求不仅是应当适用于刑法分则中的不确定法律概念，而是也应该适用于总则中的不确定法律概念，那么，用"顾及一切重要情状所为之评价性整体观察"（wertende Gesamtschau unter Berücksichtigung aller relevanten Umstände）来充作刑法上个案法律发现的方法，即属违宪。

---

[132] *Puppe* Feststellen, zuschreiben, werten, NStZ 2012, 409 (412 ff.); kritisch auch *Fischer*, Strafrechtswissenschaft und strafrechtliche Rechtsprechung – Fremde seltsame Welten, FS-Hamm (2008), 63 (71).

[133] BVerfG 126, 120 (211 f.).

第二课

法律解释的古典方法

第一章　解释方法概述

一、三项解释准则：文义、体系与法律目的

如果那些在法律中使用的概念都是精确的,亦即,如果每个案件能否涵摄到这些概念下都是清楚明确的,我们就根本不需要解释法律。对于法律概念的意义所进行的分析,正好显示了这些概念并不精确,而且也不可能精确。早年在法学方法论上,有人提出了概念核心(Begriffskern)与概念外围(Begriffshof【译按：或称"概念边缘"】)的主张。① 那些可清楚被涵摄到概念下的对象或案例,就是所谓"积极(肯定)选项"(positive Kandidaten),组成了概念核心。位于这个概念之外,也就是那些明显不会落入这个概念的情形,则是"消极(否定)选项"(negative Kandidaten)。概念外围是由"中立(中性)选项"(neutrale Kandidaten)组成,这些

---

① 此图像源于 Philipp Heck Gesetzesauslegung und Interessenjurisprudenz, AcP 112, (1914), 173.

"中立选项"是指那些根据一般的概念界定或语言使用习惯,无法清楚确认是否应落入此概念下的情形。* 但中立选项这个类别和积极选项与消极选项之间并没有清楚的分界,有可能和积极选项或消极选项共同具有较他者更多的重要元素。图像式的说法就是,中立选项离概念核心较近。把概念外围类比为月晕的图像,要比中立选项的说法更清楚些。因此,这个图像不当地被现代方法论论者带着些许鄙夷地看待。由于这个流动的过渡区域,我们便无法单纯通过以下的方式来精确化模糊概念:找出一个也包含中立选项的较广之概念,或是找出一个排除所有中立选项的较紧缩之概念。举例来说,如果我们尝试要明确化强制罪(《德国刑法》第240条)中"手段—目的—关联的可非难性"这个模糊的评价性概念,而将之限缩在极端可非难的情形,就会引发"哪些案型系属极端可非难、哪些案型仅属可非难"的争议。随而概念核心就会收缩,并且形成一个新的外围。**

---

* 换句话说,肯定选项就是语意范围内的正面事例,否定选项则是非处于语意范围的反面事例。以下这句话可以清楚说明积极选项、消极选项和中立选项这些概念:我虽然无法立即判定电动滑板车应否算是动力交通工具(中立选项),但可以立即确定汽车是动力交通工具,以及遥控玩具模型车不是动力交通工具。

** 于此附上前版中的说明:……这些情形是否可涵摄到该概念下,必须要由法律适用者或法学家来决定。法律适用者或法学家当然不能恣意地作出这个决定,而必须要附具理由。这里所称的理由,可以通过比较得出;亦即,我们把中立选项拿来和那些可清楚被涵摄到法律中的案例(也就是肯定选项)相比,或者是以之来和那些明显不能涵摄到法律中的案例(也就是否定选项)相比。用来比较相关案例的着眼点,就是法律的意义与目的。如果中立选项在此观点下和某个肯定选项相似,那么这就支持我们对于这个法律概念作出较宽松的解释,把中立选项也一起含括进来。相反地,如果在这个观点下,中立选项是和否定选项相似,那么这就是一个支持紧缩解释的论据,也就是我们应该将这个概念解释成不再包含这个中立选项。

关于"一个中立选项应否被涵摄到某个概念下"这个问题,只有提出这个概念的整体定义或局部定义,让中立选项清楚地落入或不落入该定义,才能做出并证成自己的答案。这个局部定义,是一个关于法律中使用之概念的陈述。但我们在描述局部定义时,应根据何种标准,以及如何证立这些标准?自从我们放弃自然主义的方法后就已经知道,在描述实际世界时,并没有先天上错误或正确的概念(见上文第一课第一章)。也就是说,任何层级都必须确定相关概念的正确使用方式。这个层级可能是历史上的立法者,只要他有对于其所指称的概念内容提出陈述(所谓的历史或主观解释)。也可能是一般的语言使用习惯,因为立法者也是从一般用语中找出这些概念(所谓的客观解释)。最后,法律适用者自己也可以对于概念的局部界定提出建议。他可以从出现这些概念的法规范之间的体系关联寻求这个局部规定(体系解释),或是以其最合于法律宗旨作为理由来证立这个局部规定(目的论解释)。

在《德国麻醉药品法》(BtMG)第 1 条的附件 1 里头,列举了不得流通之麻醉药品的天然产物和化学物质。依照这个命令于行为时有效的文本,仅提到植物,而未提及菇(真菌)类。但有种含有幻觉剂的菇类,在巴伐利亚州被称为"疯癫蘑菇"(narrische Schwammerl),这种幻觉剂被定性成化学物质,而被列入麻醉药品名单中。因此,司法实务界就面对了以下的问题:是否菇类亦属植物?科布伦茨(Koblenz)州高等法院提出了否定的答案,理由是:自从《德国麻醉药品法》第 1 条的附件命令发布以来,在生物学上关于植物概念的意义已经有了转变,结果便是菇类不再属于植物的范畴,而是在动物与植物的领域外形成了独自的"王国"。

这样的"认知",在教科书、辞典以及学校课本中也获得了认可,致使许多年轻人不再把菇类涵摄到植物概念下。② 菇类从植物的范畴脱离出来,州高等法院将此称作一种"认识"(Erkenntnis),这显然是一种自然主义式的概念理解,认为生物学是一门事实科学(Tatsachenwissenschaft),因此有资格去决定什么是植物的正确概念。③ 然而,这里也援用了大众的用语习惯,而大众则是从生物学的辞典及教科书学来这样的用语习惯,也就是客观解释。德国联邦最高法院则通过以下的论述来反驳:1998 年命令制订者明确地将菇类涵摄到植物概念下,还在命令的理由中明白提到菇类。最高法院首先援用了主观解释。此外,在麻醉药品的禁止清单中,也明文提到那些能够从菇类提取出来的物质。因此,较广的植物概念是来自法律文本,也就是体系解释。生物学上较为狭隘的新植物概念,对于立法者在文字使用上并没有拘束力,无论是字义界限还是一般的语言习惯,都不排除继续适用(立法者作为基础、可将菇类涵摄进去的)较广的植物概念。④ 我们现在的结论就是:根据日常用语习惯的解释并不清楚,但对于"立法者是在何种意义下使用植物概念"这个问题,立法资料则提供了清楚的答案。目的论解释在这里也会支持较广的植物概念。如果依据《德国麻醉药品法》第 1 条所发布之命令目的在于阻止特定化学物质流通,那么无论该物质是从观叶植物还是菇类提取出来,这个目

---

② OLG Koblenz, NStZ-RR 2006, 218 f.
③ 关于生物学中类别概念的可变性及变迁,可见 *Scheffler* Von Pilzen, die keine Pflanzen, von Kolibris, die Dinosaurier, und von Walen, die Fische sind. Zu biologischer Fachsprache und Wortsinngrenze im Strafrecht, FS-Puppe (2011), 217 ff.
④ BGH NJW 2007, 524 (525); BVerfG StraFo 2009, 526.

的都存在。也就是说,较强的论据会支持德国联邦最高法院所提出的(较广)植物概念。

然而,中立选项的存在,亦即存在着那些无法清楚确认是否可涵摄到某概念下的情况,并不意味着没有肯定选项与否定选项。如果没有肯定选项与否定选项,我们就根本不可能通过语言来理解、沟通,也就再也无法区分法规范的直接适用与类推适用。在《德国基本法》第19条(基本权干预的授权基础)[*]以及第103条(刑罚法律)[**]规定了类推禁令,而这正是取决于上述的区别。对于那些明确的否定选项来说,就只会有类推适用的问题,而不可能直接适用。

二、客观与主观解释

主观解释与客观解释,尽管一般常将这两种立场理解成是在文义解释、体系解释及目的论解释之外进一步的法律解释方法[⑤],但事实并非如此。这两种立场应该是在上述三种解释方法当中所要运用的决定标准。历史的文义解释所要追问的是,历史上的立法者是在何种意义下于法律中使用了某个特定概念;客观的文义解释所要追问的则是,今日的日常用语或专业用语是在何种意义下运用这个法律概念。而只有当法

---

[*] 《德国基本法》第19条第1项前段规定:依照基本法得通过法律限制基本权,唯该法律必须具有普遍性,不得仅适用于个案。

[**] 《德国基本法》第103条第2项规定:行为之处罚,以行为时法律已规定可罚者为限。

[⑤] NK-*Hassemer/Kargl* § 1 Rn.108; *Otto* AT § 2 Rn.44; *Wessels/Beulke/Satzger* AT Rn. 84 f.

律漏洞系属违反计划(planwidrig)时,亦即,当法律漏洞与历史立法者的意思有所抵触,并且只有基于如此的理解才会形成法律漏洞时,主观的体系解释(subjektiv systematische Auslegung)才会承认存有法律漏洞。与此相对,依照客观的体系解释(objektiv systematische Auslegung),倘若依照法条文义,特定案件不能如同那些法律明文规定的案例得到相同的规范,而法律适用者又认为这样不公平或不合目的时,就算是发现了一个法律漏洞。

然而,当我们不再能够援引规范的文义或是其体系关联性来解释,而只能直接回溯到规范目的时,也就是在目的论解释那里,主观的历史法律解释与客观的法律解释这两种立场的对立会最为鲜明。历史解释方法会去研究法律资料,探究立法者于公布此规范时要追寻何种目的(参见下文第二课第四章之二)。反之,客观解释方法则要追问,通过这样的规范应该追寻何种目的才较为合理(参见下文第二课第四章之三)。

三、主观或历史解释

如果我们还是想要使用独立的主观解释方法一词,那就是指"从法律资料中推断立法者意思"的方法,只要这个意思在法律文本中没有清楚表达出来。首先,"哪些资料来源应该被考虑,以及具有何等分量"这个问题,就属于主观的解释方法。德国联邦宪法法院现今认可一切所谓立法资料(也就是所有在立法程序中产生的文本)均可作为查明立法者意思的来源。于此,第一优先的就是提案机关于立法草案中所附具的修法理由,另外也包括国会委员会或个别国会议员在立法程序中表达的意见。⑥ 但这些资料都不是法律的部分,因此不能享有法律的拘束力。现代主观解释的拥护者则是用以下的说法来证成立法者意思的权威性:只有立法者具有民主正当性,法律适用者(特别是法官及行政公务员)则否。然而,他们在查明立法者(国会)意思时所认可的资料来源,也包含了个别国会议员或其他根本不具有民主正当性的人(像相关部会的专门人员)在立法程序中表示的意见。主观解释的拥护者为了建立这些人的民主正当性,便求助于某种拟制:个别的国会议员借由法律案的表决,也都同意了能够从这些法律资料探知的内容,特别是草案的官方理由。⑦ 然而,通过这样的拟制也无法创造出民主正当性。将立法资料用来查明国会的真实意思是种可疑的方法,并且无法对其他解释方法主张绝对的权威性,但其支持者(特别是德国联邦宪法法院)却是这么主张。⑧

要如何利用立法资料来证成立法者(也就是国会)对于个别问题的特定规定有着何种积极或消极的意向,我们用德国联邦宪法法院的一则判决来示范。⑨《德国部分工时法》(Teilzeitbeschäftigungsgesetz,全称为《部分工时与定期劳动契约法》,Gesetz über Teilzeitarbeit und befristete Arbeitsverträge)第 14 条第 2 项规定如下:

---

⑥ BVerfG NJW 2018, 2542 (2548).

⑦ *Walter* Der Wille des Gesetzgebers als höchstes Auslegungsziel, verdeutlicht anhand des § 42 StAG, ZIS 2016, 746 (748).

⑧ BVerfGE 133, 168 (205 f.); BVerfGE 90, 263 (274 f.); Krüper-*Sauer* § 10 Rn. 20, 30, 34; *Walter* Der Wille des Gesetzgebers als höchstes Auslegungsziel, verdeutlicht anhand des § 42 StAG, ZIS 2016, 746 (746, 747, 754).

⑨ BVerfG NJW 2018, 2542.

以历月定期之劳动契约,若无正当事由(ohne Vorliegen eines sachlichen Grundes)得持续至2年(……)。若与同一雇主先前已有定期或不定期之劳动关系者,则不允许第1句之限期。

依照德国联邦最高劳工法院的见解,若自契约当事人前次之劳动关系结束后业已经过3年,即得缔结无正当事由的定期劳动契约。德国联邦最高劳工法院根据的是《德国民法》第195条一般消灭时效规定。德国联邦最高劳工法院为了证立其对于《德国部分工时法》第14条的解释(或法律续造),指出该法的宗旨是引导求职者经由定期契约转向不定期的劳动关系,如果雇主在经过较长的等待时间后,有机会再次和同一劳工缔结定期劳动契约,上述目的便更容易达成。[10] 德国联邦宪法法院认可这样的解释(或法律续造)与法条文义(亦即"先前已有"这个表述)相容。这必须借助立法史来揭示,立法者确实对此问题有形成某种(该表述所意味之)意思。对此,德国联邦宪法法院提出了三个论据:

第一:《德国部分工时法》第14条的前身,也就是《德国就业促进法》(Beschäftigungsförderungsgesetz)第1条第3项,允许在经过4个月的等待期后,缔结进一步的定期劳动契约。亦即,立法者其实有看到采用此种等待期(甚至更长)的可能性,还特别在草案理由中明白指出这个前身规定。

第二:草案的官方理由指出"宽松之定期劳动契约,未来只有在重新聘任时始受允许,亦即,只有当受雇人通过雇主第一次任职时。(……)依照新法,仅存有一次无正当事由限

---

[10] BAG NZA 2011, 905 (908).

定期间的机会,雇主要不就是无期限地继续聘用受雇人,不然就是在继续存续的暂时性劳力需求中,定期地聘用其他受雇人"。

第三:联邦议会劳工及社会委员会的专家听证会明白指出,本法之目的在于防止接续性劳动契约*,通过两个无正当事由之定期契约中间 2 年的等待期,亦可达成上述目的。但这样的建议并没有被委员会或国会采纳。

借此,德国联邦宪法法院极具说服力地指出,历史立法者的真实意思就是要排除第二次和相同受雇人缔结无正当事由之定期劳动契约。通过德国联邦最高劳工法院对于《德国兼职法》第 14 条的补充性解释,直接与立法者事实上的意思有所冲突。依照德国联邦宪法法院的看法,这样的补充解释抵触了民主原则。当然,我们很少能够从法律的形成历史这般清楚地确认,立法者对事后出现的解释问题抱持着何种态度,这是相当罕见的。

然而,德国联邦最高劳工法院在其判决中,限制地解释(目的性限缩)《德国部分工时法》第 14 条第 2 项,亦即限缩在发生未满 3 年的定期工作经验(Vorbeschäftigungen),其对于这样的解释会直接抵触历史立法者意思这一点,根本没有误认。德国联邦最高劳工法院在论证时,援引了德国联邦宪法法院所根据的相同事实。当然,德国联邦最高劳工法院对于《德国部分工时法》第 14 条第 1 项在历史立法者的意义下(亦即不设限地解释)是否合于

---

* 接续性劳动契约,原文为"Kettenarbeitsverträge",类似台湾地区"劳动基准法"第 10 条所规范的情形。依该条规定,定期契约届满后或不定期契约因故停止履行后,未满 3 个月而订定新约或继续履行原约时,劳工前后的工作年资应合并计算。

《德国基本法》,亦即能否合于《德国基本法》第12条第1项、第2条第1项以及过度禁止(Übermaßverbot【译按:或称"过量"禁止、"过苛"禁止】)这点,抱持怀疑。也就是说,德国联邦最高劳工法院当时其实也可以把这个问题提交由德国联邦宪法法院去决定,但取而代之的,德国联邦最高劳工法院通过以下的论述,有意识地忽略历史立法者被看出的意向:

> 只有当我们能够从立法素材中推断出客观的法律内容时,才应该在解释时使用立法素材。那些参与立法程序的机关,其主观想象并非重点。不可高估历史解释的重要性。具有决定性的不是立法者想要规定什么,而是他规定了什么。

德国联邦最高劳工法院为了评定主观解释观点,也援引了德国联邦宪法法院的一则判决。⑪ 也就是说,主观解释的权威性仍旧存有争议。*

---

⑪ BVerfG NVwZ-RR 2002, 117 (118).

* 于此再附上原版中的相关论述:有时候从法律被议决的历史局势,还有从当时通行的法律见解及法释义学中,也能够推论出立法者通过这个法律所要追寻的目的。但即使这是相当清楚且完整可能的,也还是会出现一个问题:在历史条件或法律观点的变迁下,这个目的设定在多大程度上还能算是有效? 这个问题当然也会出现在所有其他的主观目的确定上。法律的形成时间越久远、那些影响法律文本的法律观点以及法律文本所应规定的事实关系变化得越剧烈,在规范公布时导引立法者的目的确定就会显得越不重要。

第二章　根据文义的解释

《德国刑法》第224条[*]规定了"使用危险工具"的伤害行为。当一个工具被用来当作伤害的方法，并且是以一种足以招致重大身体损伤的方式来使用，就会被当作危险工具。如果我们尝试用客观解释的方法（也就是借助一般语言使用习惯）去确定工具概念的适用范围，会建议先从工具这个表述最清楚的用法作为起始点，也就是从那些属于"危险工具"概念核心的用法开始。用榔头敲击他人头部，无疑可算是使用危险工具违犯伤害罪。用榔头敲击头部足以招致重大的损害，并且，榔头是一种工具这点，已可直接从工具一词的通常语言使用习惯得出。五金店商人、木匠或家庭手工业者都会立即同意榔头作为工具的称谓，无论这个称谓是在什么脉络中出现，像有人要购买或借用工具的情形，皆然。

---

[*]　《德国刑法》第224条为危险伤害罪（gefährliche Körperverletzung），是加重的伤害罪，其规定内容如下：违犯伤害罪而有下列情形之一者，处6个月以上10年以下自由刑；情节较轻微者，处3个月以上5年以下自由刑：一、施以毒物或其他有损健康之物质；二、使用武器或其他危险工具；三、阴险地突袭；四、与其他参与者共同违犯；五、施加危及生命之对待（第1项）。前项之未遂犯罚之（第2项）。

至于一个陶瓷成分的德式啤酒杯或其他沉重的容器,则不会立即被称作工具;但如果它们被用来将钉子敲入墙壁,或是伤害他人的头部,就会被称为工具。这时我们就会说,啤酒杯被用来当作敲打的工具。若是发言者被问到,为何会把一个啤酒杯、一个饮料容器称为工具,他大概就会这么回答:"如果有人用啤酒杯喝啤酒,我不会称它为工具,但如果它被用来将钉子敲入墙壁,或是敲打别人的头,就会称之为工具了。在这一刻,这个啤酒杯就不再是一个饮料容器,而是成为敲打的工具。"诚如这个例子所展示的,把一个概念运用在某个客体时,不仅是法律语言,就连在日常用语中,也都要取决于其所处的脉络。我们可以在以下的定义理解这种语言使用。

工具就是一种无生命的物件,一种人们可加以运用并"通过身体力量的投注使其成为实现目的之方法"的物件。

现在,如果有人利用一辆汽车来冲撞他人,我们也还会说汽车是个危险工具吗?为了得出肯定的答案,我们就必须放弃投注自己身体力量这个元素。但最终我们还是称之为工具机器(Werkzeugmaschinen)。当电钻被用来在墙上钻洞,我们也会立即称之为工具,虽然不太需要用到什么身体力量。尽管如此,原本是移动工具的汽车,被如此使用并被称为工具,还是会让人感到讶异。在这里,我们就不再处于工具概念的概念核心,而是在概念外围。但如果我们考虑到工具概念的脉络依存性(Kontextabhängigkeit),还是可以说,使用汽车的人不只是向前开,还要通过冲撞或碾压来伤害他人,把汽车当作伤害工具来使用。因为他无论如何都支配并操作了这台机器。

当行为人指使一只受过训练的狗去攻击他人，这只狗也因此咬伤对方时，我们就不会再称之为固有意义下的操作。直到目前为止，我们都只将无生命的物件涵摄到工具概念之下。街上说话的人（学术性的表达就是"母语者"）在这种情形也许还会说，主人把他的狗当作工具来使用。他也许考虑到，无论行为人是用刀子刺伤被害人，还是让他的狗去咬伤对方，都没有任何的差异。但这其实已经是基于法律脉络的目的论论证（teleologische Argumentation），这显示了，目的论的论证并非法律人的特权。德国联邦最高法院还是把指使受过训练的狗咬人涵摄到使用危险工具伤害的概念下。⑫ 有些狗主人对于他那活蹦乱跳的四脚朋友被看成工具感到愤慨，我们也许可以用工具概念的脉络依存性来安慰他，告诉他只有当"小白"（狗）的主人命令它去咬人，而它也听从命令时，"小白"才会成为工具。*

---

⑫　BGHSt 14, 152.

*　在《德国刑法》第224条为危险伤害罪中，有可能和放狗咬人的行为相关者，为第1项第2款"使用武器或其他危险工具"和第5款"施加具生命危险的对待"。关于前者的适用，关键在于工具的理解。德国学界对于"工具"这个概念，主要有两种不同的解释立场。依照狭义的理解，工具应限于那些可拿握在手中使用、无生命的器械，较广义的理解则认为重点应在于支配可能性。后一种立场才能将动物也包含到工具这个概念中。于此，再附上原版中的内容供读者参考：举例来说，一只狗受到主人的指使攻击他人，当我们在判断这只狗是否亦属《德国刑法》第224条（危险伤害罪）所规定的"危险工具"时，这先是显示为一个中立选项。如果这里所称的"工具"只能理解成不具生命的物体，或是只能理解为那些人们握在手中使用的物体，那么狗自然就不会落入"工具"这个概念之下。但是，如果我们把工具理解成所有"人类可以支配"的物体，那么就能将狗包含在内。行为人持以刺入被害人手臂中的刀子，就是一个能够涵摄到危险工具概念下的肯定选项。被一只狗咬伤，也能造成与此类似的严重伤害。对于那些能够造成显著损伤的伤害行为科以较重的刑罚，显然就是《德国刑法》第224条的规范目的。在这样的观点下，唆使一只狗去咬人的情形，便和用刀刺伤他人手臂以及其他可被（转下页）

然而，当行为人用力地将被害人的头部推向墙面或地板时，我们还能称之为"使用危险工具"伤害他人吗？这样的话，就必须要把墙面或地板称为工具。一般语言习惯既不清楚概念的脉络依存性，也不熟悉目的论解释，对于把墙面或地板在伤害罪的脉络下算入工具概念这一点，可以指出，运用它们作为伤害的手段，特别是用来攻击被害人的头部时，绝对足以招致重大的身体损伤。然而，依照一般的语言理解，如此将会逾越"危险工具"概念解释的界限。无论是墙面还是地板，我们都无法操作，也无法支配。墙面与地板，除它们可以用来作为达成特定目的之手段这个特性外，没有在任何一般语言使用习惯的意义下表现出工具的特性。因此，将被害人的头撞向墙壁或地板的行为，司法实务拒绝将之涵摄到使用危险工具伤害的构成要件选择要素下⑬，所以要成立危险伤害罪，就只剩下"具有生命危险的对待"（lebensgefährliche Behandlung）这个选项。*

（接上页）涵摄到"使用危险工具"要素下的肯定选项是类似的。实务界便将唆使狗咬人的行为也归属到"使用危险工具伤害他人"的概念下（BGHSt 14, 152）。反之，对此看法可能的反对理由则是，如此一来将会逾越一般人对于"工具"这个概念的自然理解。至少对于在街上遛狗的路人来说，当他被告知他的那位四只脚的朋友也算是工具时，就算不被激怒，至少也会感到惊讶。

⑬ BGHSt 22, 235; BGH MDR 1979, 985 (987); NStZ 1988, 361.

* 于此附上第一版的内容：抓他人的头去撞墙、撞地板或是撞其他坚硬的物体，这种行为能够引起重大的身体伤害。也就是说，根据《德国刑法》第224条的规范目的，这种行为必须要涵摄到此构成要件之下。如果这样的行为还不能算是"具有生命危险的对待"，那么它就只能被涵摄在"使用危险工具"的这个选择要素下。如此一来，墙壁或是地板就必须能够被称作一种工具，但这样将会清楚地逾越工具这个概念的意义界限。一个工具，就算不能被"使用"，也必须要能被它的使用者支配、控制，就像对于一只狗那样。在我们的案例中，行为人虽然把墙壁或地板当作实现其目的的工具来使用，但是他并没有支配墙壁或地板。因此，实务界没有将这个行为涵摄到使用危险工具伤害的概念下。

这个例子展示了在自然语言的概念中,概念核心、概念外围及概念外的领域这三者间流动的过渡区域(fließender Übergang)。使用榔头与啤酒杯作为敲打工具,仍属危险工具概念的概念核心。与此相对,使用汽车以及狗作为伤害的手段,则是在概念外围,我们绝对可以争执,在通常的语言使用习惯下,能否将之涵摄到危险工具的概念下。至于用墙壁或地板当作伤害的手段,则是在危险工具概念的外部范畴,即使从目的论的论证角度,也可以支持将被害人的头撞墙面或地面亦归入使用危险工具伤害的构成要件。然而,根据一般语言使用习惯来解释法律概念,只有当它对于目的论视角下可证成的概念扩张也会划定界限时,才有意义。这个界限正是对于刑法上构成要件的适用有其重要性,因为对于以相关概念作为要素的构成要件来说,其直接适用与(被禁止之)类推适用二者间的区分,就是取决于这个界限的承认。

　　概念核心与概念外围间流动过渡的构造,也让举重明轻的论据可用来支持或反对某概念于个案中的适用,只要这个概念在另一个离概念核心较近或较远的个案中适用与否业已确定。如果已经确认指使一只受过训练的狗咬人是使用危险工具的伤害,那么我们就几乎无法反对把驾驶汽车冲向被害人同样也认定成使用危险工具。反之,如果确认了开车冲向被害人不算是使用危险工具,那么就也不能把指使狗咬人称为使用危险工具。

第三章 体系解释

一、体系解释的五个要求

在所谓的体系解释(systematische Auslegung)[*]中,并不是单独孤立地观察某个法律规范,而是要观察这个规范与其他规范的关联;这个法律规范和其他规范都是共同被规定在某个特定的法领域中,就此而言,它们共同形成了一个"体系"。体系解释中所称的体系也就是如此。体系解释是以下述的五个要求作为出发点:

1. 无矛盾(Widerspruchsfreiheit)要求:法律不会自相矛盾。

2. 不赘言(Nichtredundanz)要求:法律不说多余的话。

3. 完整性(Vollständigkeit)要求:法律不允许规定漏洞。

4. 体系秩序(systematische Ordnung)要求:法律规定的编排都是有意义的。

5. 法秩序一致(体)性(Einheit der Rechtsordnung)要求。

---

[*] 亦有将之译为"系统解释"者,如黄异:《法学方法》,2009年版,第90页。

二、无矛盾要求

无矛盾的要求，适用于每个应该要从语句导出更进一步语句的语句体系。因为，"从矛盾中可以导出一切"是一个逻辑上的基础认知。对此认知，在逻辑上有个最简单的说明可以提供给好奇的读者：假设，在一个语句体系中"A"和它的否定（也就是"非A"）都被承认为正确的。现在我们拿一个任意的语句"X"，我们可以用语句"A"与语句"非A"来证明语句X是正确的。如果语句"A"是正确的，那么语句"A或X"就也是正确的。因为在二者择一（非此即彼）的选项（Alternative）中，只要其中一个组成部分为真（正确），这个择一式的语句便为真。但如果语句"非A"为真，那么语句"A"就是伪（假、不正确）。如果语句"A"为伪，但语句"A或X"为真，那么语句"X"就必须为真。我们不应只把这当作是一个不具有实务意义的逻辑游戏。因为，如果推导的过程更长、更加错综复杂，就绝对有可能发生从矛盾中推出某些事物的结果。对于规范（也包含法律）而言，还有另一个要求无矛盾的理由，这理由或许更能让法律人信服：法律是对于人民、法官、公务人员等设立的行为指示，行为指示如果互相矛盾，它们就无法被执行。没有人能够在同一个情境中，执行A又同时不执行A。因此，当矛盾出现时，法学界需要事后排除矛盾的方法。

在各种排除矛盾的方法中，最简单的方法就是去确认这两个相互矛盾的语句中哪个语句应排除另一个语句。依此，当一个较特定的法律规定了异于另一个较为一般之法律的法律效果时，前者便会排挤掉后者。如果没有"特别法排斥一般法"（lex specialis derogat legi generali）这个原则，特别法就不会有自己的适用范围。举例来说，如此将会使刑法上根本不可能形成减轻构成要件，因为依照《德国刑法》第 52 条之规定，减轻构成要件在面对更重的基本构成要件时，根本不会被适用。*特别法优先的原则，让立法者不必再为特殊情形设明文排除一般法。这个原则背后所涉及的，并不是逻辑上的要求，而是立法经济（Gesetzesökonomie）和语言经济（Sprachökonomie）的要求。当一个说话的人在自己提出了一个一般性语句后，又接着提出一个抵触这个一般性语句的特别语句时，听者便会立刻以下述的方法来诠释说话者的意思：后面那个较特别的语句应该是先前所提出之一般性语句的例外。

举例来说，《德国民法》第 165 条**之于《德国民法》第 107 条***就是一个特别法，因为《德国民法》第 165 条涉及限制行为能力人作为代理人，以他人名义所做成的意思表示，而《德国民法》第 107 条则是涉及所有未成年人的意思表示。亦即，《德国民法》第 165 条会排挤《德国民法》第 107 条，随而，未成年人担任代理人时，有权以他

---

* 《德国刑法》第 52 条相当于台湾地区"刑法"第 55 条，为"想象竞合"的规定。该条第 1 项规定：同一行为触犯数刑事法律，或同一行为触犯同一刑事法律数次，仅科处单一之刑罚。第 2 项则规定：若触犯数刑事法律，则应依定有较重处罚之法律确定该刑罚。所决定之刑罚不得轻于其他可适用之法律所容许的范围。想象竞合从一重处断的规定仅适用于"真正竞合"，而不适用于"不真正竞合"（法条竞合）。作者于内文中要表达的意思就是，如果没有法条竞合的规则，而让法条竞合的情形都适用想象竞合的规则，全部以较重的法定刑处理的话，减轻构成要件就不可能有适用的空间了。

** 《德国民法》第 165 条相当于台湾地区"民法"第 104 条，内容如下：代理人所为或所受之意思表示，其效力不因代理人为限制行为能力人而受影响。

*** 《德国民法》第 107 条相当于台湾地区"民法"第 77 条，内容如下：未成年人为意思表示，除纯获法律上之利益外，应得法定代理人之同意。

人名义作出意思表示,而无须得到其法定代理人之同意。

如果某个规范相较于其他规范具有较高的位阶,那么这个规范相对于低位阶的规范便得以贯彻。在这种较高位阶之规范对较低位阶之规范获得贯彻的范畴中,实践上最为重要者即为法律的合宪解释(verfassungskonforme Auslegung einfacher Gesetze)。然而,《德国基本法》中的相关规范,特别是基本权利,描述上并没有明确到会与法律中较精确的规范形成逻辑上严格意义的矛盾。例如,在《德国基本法》第6条所表达的"婚姻与家庭受国家特别保护"这句话,如何会和法律冲突?此外,许多的基本权,像《德国基本法》第2条第1项自由发展人格的权利,或《德国基本法》第5条第1项的表现自由,都是处于一般法律保留之下,依照文义根本不可能与一般法律相互冲突。合宪解释,就如同德国联邦宪法法院一步步向前发展的那样,已经远远超脱排除高位阶法律与低位阶法律间形式冲突的任务。时至今日,合宪解释被看作法学方法论的特殊分支,因此本书安排了一个专门的章节来处理(见下文第二课第六章)。

如果相同位阶的规定相互间发生冲突,首先应查明它们发生冲突的区域,并且在这个区域中决定哪个规范应被另一个规范排挤。法律的适用当然不只是确定某种简单的优先(位)规则(Vorrangregel),还要对退让的规范进行限制性解释,或是对于得以贯彻的规范进行扩张解释,借以排除这两个规范之间的冲突。

对此有以下的例子:某企业自行将未订购的货物寄给私人家庭,希望他们会买下这些货物。收到这些货物的人又将这些货物进一步转卖给其他有兴趣的人以获利,但未告知对方这个货物的来源,那么买家至少可根据其善意而取得该货物的所有权。现在，企业要求未订购货物的收货人依照《德国民法》第816条*支付价金。该规定的所有要件均已实现，除非从《德国民法》第241a条**的解释会导出其他结论。未订购货物的收受者虽然没有处分货物的权限，但其处分行为对于货物所有权人（供应商）仍属有效，因为买家为善意。

这个结果是否和《德国民法》第241a条第1项有所冲突，首先要经由该条的解释来确认。关于这个规定，我们或许可以理解成仅应排除契约上的请求权。但这样就会让《德国民法》第241a条的例外规定变成多余，甚至是无法理解。这个规定显然是《德国民法》第241a条第1项的一个例外，依此，《德国民法》第241a条第1项就也涉及法定请求权（gesetzliche Ansprüche）。也就是说，《德国民法》第241a条第1项在其适用范围中的某个特定部分，会和《德国民法》第816条的适用范围中某部分冲突。并非所有通过《德国民法》第241a条排除的请求权都是从《德国民法》第816条导出，也不是所有能够从《德国民法》第816条导出的请求权都会落入《德国民法》第241a条的排除规定下。也就是说，这两个规定只有在其适用范围中的某个特定部分才会相互冲突，逻辑上来说，这两个规定是处于部分交叠（Interferenz）的关系，依

---

*　《德国民法》第816条规定了无权处分的效果，其内容如下：无权利人就标的物所为之处分，对于权利人有效者，有义务对其交付因处分所获取之利益。处分若为无偿，则因该处分而直接获取法律上利益者，负相同之义务（第1项）。向无权利人为给付，而该给付对权利人系属有效者，无权利人对权利人负返还受领给付之义务（第2项）。

**　《德国民法》第241a条为关于未订购之给付（unbestellte Leistungen）的规定，其中第1项内容如下：企业提供消费者非因强制执行或其他法院之措施而出卖之动产或其他服务，若消费者并未订购该商品或服务，企业对消费者无请求权。

此，《德国民法》第241a条就不会是《德国民法》第816条的特别法。为了排解这个冲突，我们可以提出一个优先规则，在共同的适用范围，让其中一个规定排挤另一个规定。对于这个问题的决定，大多都是考虑到目的论的论据，亦即客观目的论以及特别是主观目的论的论据。也就是要去追问，依照立法者的意向或依照法律的意义及目的，这两个规范何者应排挤对方。然而，有个一般性的规则就是较新的法律与较旧的法律如果不相容，前者应排挤后者。在本案中，适用这个规则的结论就是《德国民法》第241a条排挤《德国民法》第816条。另外还有一个体系上的论据也会导出相同结论。《德国民法》第241a条第1项之于其他（未订购货物之寄送者所能主张的）法律和契约上请求权的关系，就和其之于《德国民法》第816条的关系一样。也就是说，如果这些请求权基础（像《德国民法》第823条第1项【译按：侵权行为之损害赔偿义务】或《德国民法》第985条【译按：所有物返还请求权】）可对于《德国民法》第241a条获得贯彻，那么《德国民法》第241a条的适用范围就会完全被剥夺。借由"所有依法有利于（未要求寄送之货物的）供应商的请求权基础均被《德国民法》第241a条第1项排挤"这个优先规则，就可以解消前面出现的冲突。

但是法律解释并不满足于通过优先规则解消冲突，还想进一步通过对冲突构成要件的解释来防止冲突的形成。在本案中就有很好的理由，因为单纯排除请求权，对于《德国民法》第241a条第2项*来说还不够。举例来说，未订购之货物的收受者如果

---

*　《德国民法》第241a条第2项规定：若给付并非专为受领者所为，或因误认有订购而为，且受领者对该情事有所认知或尽交易上必要之注意即可得知者，不排除法定请求权。

消费或转卖该货物,会成立《德国刑法》第 246 条的犯罪【译按:侵占罪】吗?如果丢弃该物并因此致其损坏,应当论以《德国刑法》第 303 条的犯罪【译按:毁损罪】吗?为了防止成立犯罪,应从《德国民法》第 241a 条导出,未订购之寄送物品的收受者原始取得所有权,或是取得类似于所有权人的地位。[14] 也就是说,通过对于《德国民法》第 241a 条的扩张解释,防止了法定请求权基础构成要件前提的形成,自始排除了这些请求权基础与《德国民法》第 241a 条间的冲突。

三、不赘言要求

体系解释的第二个要求则是:每个法规范都应该具有自己的适用范围。也就是说,如果一个规范的整体适用范围都被包含在另一个定有相同法律效果的规范中,这个规范就会成为多余,法律中不应该有这样的规范。这个要求反对通过解释的方式,将一个规范的适用范围紧缩到完全被另一个规范包含。不赘言要求在此种后果下并非毫无限制地有效,立法者为了避免法律漏洞而在不同构成要件中加入了无数的行为选项(Handlungsalternativen),也再次显示出这一点。在《德国刑法》第 303 条*,还没有人会为了确保毁弃(Zerstörung)这个选择要素能保有自己的适用范围,而要求把这个概念解释成不会完全被损坏(Beschädigung)概念包含。"每个

---

[14] MüKo BGB-*Finkenauer* 241 a Rn. 36; Gründeber-*Grüneberg* § 241 a Rn. 7; *Looschelders* AT 5/19; *Brox/Walker* Schuldrecht AT 3/9(通说)。

* 即毁损罪(Sachbeschädigung)之规定:违法损坏(beschädigen)或毁弃(zerstören)他人之物者,处 2 年以下自由刑或罚金。

规范必须要有自己的适用范围"这个要求的第二个结论就是：不应将一个规范解释成会把另一个规范的适用范围完全包含进来。

> 建议读者先了解关于强盗罪（《德国刑法》第 249 条）* 与强盗式恐吓勒索罪（《德国刑法》第 255 条）** 的区分争议。

强盗罪构成要件的解释争议便与此相关。如果我们将强盗罪构成要件的文义拿来和《德国刑法》第 255 条强盗式恐吓勒索罪的法条文字相比，便会发现每个强盗行为都同时实现了强盗式恐吓勒索罪的构成要件，因为强制对方忍受取走财物的行为也会落入此一构成要件之下。因此在文献上便有学者建议，应该在强盗式恐吓勒索罪当中加入一个不成文的构成要件要素，把强盗式恐吓勒索罪的构成要件限缩在"强制结果为财产处分行为（Vermögensverfügung）"的情形。⑮ 因为忍受他人取走财物的行为并非此种意义下的财产处分，通过在恐吓勒索构成要件中所附加的这个

---

* 《德国刑法》第 249 条第 1 项规定了强盗罪（Raub）：意图为自己或第三人违法之所有，借由对人之强暴（mit Gewalt gegen eine Person）或使用对生命或身体现时危险之胁迫（Drohungen mit gegenwärtiger Gefahr für Leib oder Leben）窃取他人之动产者，处 1 年以上自由刑。

** 《德国刑法》第 255 条为强盗式恐吓勒索罪（räuberische Erpressung），是同法第 253 条恐吓勒索罪（Erpressung）的加重构成要件。后者第 1 项规定：意图为自己或第三人违法之获利，违法以强暴或可感受之恶害相胁，强制他人行为、忍受或不作为，借此对受损害人或他人之财产施加不利者，处 5 年以下自由刑或罚金。第 255 条（强盗式恐吓勒索罪）第 1 项则规定：借由对人之强暴或使用对生命身体现时危险之胁迫，违犯恐吓勒索罪者，应同于强盗罪之处罚。后一罪名所掌握的案型，和台湾地区"刑法"中的强盗得利罪（第 328 条第 2 项）大致上重叠。

⑮ Schönke/Schröder-*Bosch* § 253 Rn. 8; Lackner/Kühl-*Kühl* § 253 Rn.3; MüKo-*Sander* § 253 Rn. 13 ff.; *Otto* Anm. zur Entscheidung des BGH vom 22. 09. 1983-4 StR 376/83 (LG Münster), JZ 1984, 143 (144); *Tenckhoff* Die Vermögensverfügung des Genötigten als ungeschriebenes Tatbestandsmerkmal der §§ 253, 255 StGB, JR 1974, 489 ff.

不成文要素，让强盗罪的构成要件获得了自己的适用范围。但实务界并没有遵循这样的看法[16]，他们显然对于这两个规定的文义及其后果（亦即会使得强盗构成要件在强盗式恐吓勒索构成要件旁成为多余的规定）并没有异议。人们当然也可以争执，应否如此断然地适用"法律应解释成没有多余规范"这个要求。因为这样的要求只能适用于一个理想的立法者，这个立法者某种程度上是在制图版上从零开始起草法律，并且预见到每个规范的一切后果。但我们的法律，特别是刑法，并不是在制图版上起草，而是经过了一段长时间的发展，并且持续地在变动。强盗【译按：此处仅指强盗取财的类型】作为一种犯罪类型，这个图像已经历史悠久，并且在一般人的意识中根深蒂固；至于强盗式恐吓勒索罪，则是一个法学上的创造物。这说明（并且也正当化）了为什么立法者没有舍弃较为直观的强盗罪构成要件，尽管他能够在不造成任何实际影响的情形下这么做。

立法者在描述构成要件中的选择要素时，经常会为了清楚明了和阐明而忽略不赘言要求，多余地把一个选择要素的特殊情形独立列出。举例来说，毁弃某物其实就是损坏的一种情形；而变造真正文书，则是制作不真正文书【译按：伪造】的一种特殊情形。所谓制作人变造文书理论（Lehre von der sog. Urkundenfälschung durch den Aussteller）也援用了不赘言要求，进而确保这个选择要素享有其独立的适用范围。这个理论主张，制作人在有效地发出文书的表示后，又变更自己在文书上已做成的表示，尽管如此形成的新文书仍

---

[16] RGSt 25, 435 (436); BGHSt 14, 386 (390); 25, 224 (228); 32, 88 (89); BGH NJW 1987, 3144 (3145); NStZ-RR 1997, 321; 赞同者：NK-*Kind-häuser* Vor § 249 Rn. 56 ff.

属真正（因为新的表示同样源自表明的制作人），仍旧算是一种伪造文书的情形。唯一的支持理由就是，借此即可在制作不真正文书这个选项外，为变造不真正文书的选项创造出一个独自的适用范围。⑰ 这里就没有涉及法律漏洞的填补，因为制作人这样的行为排除了其原本的表示，依照《德国刑法》第 274 条之隐匿文书罪本即属可罚。*

四、不赘言要求与磨除禁止**

由于构成要件含有多余要素是一种立法技术上的错误，那么法律解释就不应该招致这样的错误。依此，一个构成要件要素不可以被解释成宽松、内容贫瘠（inhaltsschwach）到会自动和同一构成要件中的另一个要素共同实现，也就是说，不可以被解释成多余的要素。但是，一个构成要件要素也不可以解释得过于紧缩、内涵过于丰富（inhaltsstark），以至于会自动实现另一个构成要件要素，亦即，导致另一个构成要件要素成为多余，或是完全地排除另一个要素。

---

⑰ Lackner/Kühl-*Heger* § 267 Rn. 21; *Wessels/Hettinger/Engländer* BT/1 Rn. 932.

* 《德国刑法》第 274 条为隐匿文书及篡改界标罪（Urkundenunterdrückung; Veränderung einer Grenzbezeichnung），其中第 1 项第 1 款关于隐匿文书的部分规定如下：意图施加损害于他人，毁弃（vernichten）、损坏或隐匿（unterdrücken）非属其单独所有之文书或技术性纪录者，处 5 年以下自由刑或罚金。

** 磨除禁止的原文为"verschleifungsverbot"，其中"verschleifung"一词的动词原形为"verschleifen"，系指将某物或某处磨光、磨平之意，故有将此禁令翻译成"禁止磨损"，如恽纯良：《经济刑法问题学思笔记（二）》，2022 年版，第 291、404 页。在罪刑法定原则的脉络下，这个禁令所要禁止者，乃法律适用者通过解释将某个成文要素架空，让该要素成为赘文，实质上形同被删除，故亦有将之意译成"删除之禁止"，如薛智仁文章，载《台大法学论丛》第 44 卷 2 期，第 609 页。

德国联邦宪法法院在著名的静坐封锁(Sitzblockaden)判决中,基于以下的理由拒绝将《德国刑法》第240条*中的"施以强暴"概念解释成运用直接的心理强制(psychischer Zwang),认为这样将会抵触《德国基本法》第103条第2项的明确性要求:"对于第三人的意志施加强制,已被包含于强制概念中【译按:指构成要件中的'强制'(nötigen)要素】,并且,《德国刑法》第240条第2项指称特定的强制手段有其功用,也就是在所有可想象的强制方法中,标示出应罚的界限。因此,强暴要素不能和强制要素重合,而是必须超越它。"**然后又指出:"强暴这个构成要件要素,在很大程度上失去立法者原先想要赋予它的功能(亦即:在必要的、不可避免的或是日常生活里对于第三人意思自由的强制作用中,确定出应罚的类型),使强暴这个构成要件要素的界限被去除。"⑱于此已经清楚表明了,依照另一则德国联邦宪法法院的判决【译按:此指下一段将会提到的背信判决】,磨除禁令和去界限化(Entgrenzung)的称谓下⑲,刑法学和方法论上应该重视什么⑳。如果把强暴要素解释

---

　　*　《德国刑法》第240条为强制罪的规定,和此处讨论有关者,是其中第1项的构成要件:对他人施以强暴或以可感受之恶害胁迫,违法强制其行为、忍受或不作为,处3年以下自由刑或罚金。

　　**　因为《德国刑法》强制罪(第240条第1项)的构成要件为"施以强暴……强制他人",其中的"强暴"与"强制"是两个各自独立的要素。

　⑱　BVerfG 92, 1 (17).

　⑲　BVerfG 126, 170 (198).

　⑳　参见 Kuhlen Zum Verschleifungsverbot, FS-Neumann 70 (943 ff.); Saliger Zum Verbot der Verschleifung von Tatbestände, FS-Fischer, 253; Krell Das Verbot der Verschleifung strafrechtlicher Tatbestandsmerkmale, ZStW 126, Heft 4 (2014), 902-924. 【译按:作者对于这部分的解说如下:"磨除禁止"这个概念,德国联邦宪法法院虽然是通过背信判决(BVerfGE 126, 170)提出,但这样的想法(构成要件不得含有多余要素)早在这个强制罪判决中就已提出并运用。】

得太宽松,使其和强制效果(Zwangswirkung)同一,那么这个要素在强制要素旁便成为多余,因为强制要素就含有强制效果。

在第二则德国联邦宪法法院的判决中,则是涉及一间银行的董事会,董事会提供一笔信用贷款给某间企业,尽管借以贷款并偿还贷款的经营模式(Geschäftsmodell)已无力清偿。银行董事会被依背信罪判决有罪,其中基于"银行董事会'以赌徒的方式'(nach Art eines Spielers)不利于银行的涉入高度损害风险"这一点来建构银行财产"等同于损害之危险"(schadens-gleiche Gefährdung)*。德国联邦宪法法院则指摘,如此会让"等同于损害之危险"这个要素被"义务违反"要素磨除。**依其看法,刑事法院应该要精确地估算已支付款项返还请求权的价值损失(Wertverlust der Rückzahlungsforderung),必要时应由银行鉴定人来协助计算。但取而代之的,法院则是单独从义务违反性推导出等同于损害的危险,也就是说,损害要素被义务违反要素磨除,并且抹去了界限。㉑

---

* "等同于损害之危险",也被称作危险损害(Gefährdungsschaden),一般性的说明可参见许泽天:《刑法分则(上)》,2023年版,第146—147页;详细的分析讨论,则请参见恽纯良:《经济刑法问题学司笔记(一)》,2020年版,第267页以下。

** 《德国刑法》第266条为背信罪(Untreue)的规定,其中第1项内容如下:滥用依据法律、机关委托或法律行为所授予处分他人财产或使他人负担义务之权限,或违反依据法律、机关委托、法律行为或忠诚关系所负担之维护他人财产利益义务,并因此对其所照护之他人财产利益施加损害,处5年以下自由刑或罚金。内文所称的义务违反要素,就是指第2句的违反财产照护义务,施加损害,则是指第3句的结果要素。若是对照台湾地区"刑法"中的背信罪构成要件,就是分别指涉第342条第1项中"违背其任务"与"致生损害于本人之财产或其他利益"这两个要素。

㉑ BVerfG 126, 170 (211 f.).

然而有疑问的是，这里是否真的通过义务违反要素磨除了损害要素（或等同于损害之财产危险要素）？抑或这里其实只是刑事判决用了过于笨拙的描述？并非只要是从相同事实推导出同一构成要件中的两个要素实现，就必然存在这两个构成要件要素的磨除，只要这两个要素在任何一点上有所区别，就不会如此。从"以赌徒的方式"这个描述可得知，当银行董事会提供信用贷款时，对于公司营运模式的不利发展是知情的。危险的损害相同性（Schadensgleichheit）是从"贷款人的营运模式陷入无力清偿的危险中"这个客观事实得出，至于被告的义务违反性，则是从他对这个事实的认知而推得。也就是说，为了确认"施加损害"这个客观要素，刑事法院其实不必精准估算已支付款项返还请求权的价值损失（至于对于刑罚裁量来说，是否必须精确地计算损害，则是另一个问题），而是仅需要提及银行董事会对于经营模式财务困难的认知系与实际状况相符。这一点，可从刑事判决的构成要件中得知【译按：判决的"构成要件"是指判决中关于法院所确认之事实的陈述】。因此，要提出磨除的指摘时，必须很小心。

举例来说，在诈欺罪中，当受骗者的无偿给付不会导向受款人所允诺要资助的慈善目的时【译按：此指收受捐款者并没有把捐献的款项用于其募款时所宣称的用途】，目的未达理论（Lehre von der Zweckverfehlung）*便会认定存有因错误而生的损害，这

---

* 亦有译为"目的欠缺理论"（如陈志龙：《人性尊严与刑法体系入门》，1998年版，第388页）、"目的偏离理论"（如许泽天：《刑法分则（上）》，2022年版，第152页）或"目的不达理论"（如古承宗：《刑法分则》，2020年版，第290页）。依此理论，即便受欺瞒者于处分财产时，已经清楚知道处分行为将会导致自己或第三人的总财产短少（例如纯粹的捐赠，支付捐款并不会换来任何的对待给付），也不能一概地肯定损害要素，而必须取决于财产处分的目的是否有实现（转下页）

被认为会让错误要素被损害要素磨除。㉒ 但只有当所有未履行允诺的给付运用都会被认定为目的未达成的损害时，这个指摘才会是正确的。前面所述仅适用于特定的、社会上被认可的给付目的【译按：并不是任何目的没有达成都可算是此处的损害】，因此，这个通过目的未达成来认定损害的理论，并没有抵触磨除禁令。

德国联邦最高法院在一则对于《德国刑法》第 315b 条*"危险侵犯道路交通"概念所为的判决中，提供了一个例子，当中因某个构成要件要素被解释得太狭隘（亦即内涵过于丰富）而抵触了不赘言要求。依该判决，只有当行为人在从事违反交通的举止当下，对于伤害他人或物件的毁损至少具有间接故意时，才会成立危险侵犯道路交通罪。判决中进一步指出：本庭借由此限制，并非要质疑"危险故意"（Gefährdungsvorsatz）对于《德国刑法》第 315b 条第 1 项的主观构成要件已属足够这一点，而只是将"把交通过程扭曲成对道路交通之侵犯"这个迄今一直被要求的企图具体化。㉓ 也就是说，通过对于这个概念的紧缩解释，"危险故意即

（接上页）（像所捐赠的款项是否确实交到救助对象的手中）。这里当然必须限于得以客观化的目的，而非及于一切的情绪或动机，详可参见许泽天：《刑法分则（上）》，2022 年版，第 152 页以下的说明。

㉒ Schlösser Verfassungsrechtliche Grenzen einer Subjektivierung des Schadensbegriffs, HRRS 2011, 254 (257 ff.).

* 《德国刑法》第 315b 条为危险侵犯道路交通罪（gefährliche Eingriffe in den Straßenverkehr），其中第 1 项规定，以"1.毁弃、损坏或排除设施或交通工具, 2.设置障碍，或 3.从事同等危险之类似侵犯行为"之方式影响道路交通安全，并因而危及他人之身体、生命或贵重物品者，处 5 年以下自由刑或罚金。

㉓ BGH NStZ 2003, 486.【译按：德国联邦最高法院一直以来都是用"企图把交通过程扭曲成"来定义《德国刑法》第 315b 条第 1 项第 3 款的"其他同等危险之类似侵犯行为"。所以判决中的这句话，是指刑事庭借此只是要把这个定义更进一步地具体化。】

为已足"这句话不再适用于道路交通中危险侵犯这个选项,刑事庭显然对此并无异议。但除此之外,通过对道路交通中危险侵犯选项的这般解释,也使第315b条第3项与第4项无法适用。*这是否合于构成要件的文义及体系、是否与立法者借此所表达的意志相符,很值得怀疑。无论如何,这样的解释至少抵触了不赘言要求。但因为立法者自己——如同我们已见到的——就曾多次违背不赘言要求,所以一个通过法律解释而形成的赘言,只是在建构一个推定,推定这样的解释不符合法律的意义以及立法者的意志。

现在,德国联邦宪法法院在磨除禁令与去除界限之禁令(Entgrenzungsverbot),不赘言要求的标签下,对于太过宽松的解释(亦即对某个要素作出太空虚的解释,致使该要素在构成要件中成为多余),赋予不赘言要求宪法层次的位阶。这对静坐封锁案型中,将强暴概念理解成施以直接强制的解释有其适用。反之,在《德国刑法》第315d条的脉络下,对于道路交通中的危险侵犯要素作出过于强烈的解释,则不会违宪,因为这样的解释不会导致构成要件的扩张,而是提出进一步超越法条文字的限制。只有对某个要素作出过于宽松的解释,致使该要素成为多余,才会抵触宪法上的磨除禁令,因为这个解释造成可罚性的扩张(去除界限)。反之,对某个要素作出过于强烈的解释,虽然也使另一个

---

* 该条第3项规定:行为人若系于第315条第3项之要件下行为,处1年以上10年以下自由刑,情节轻微者,处6个月以上5年以下自由刑。其中所引用的第315条,为"危害船、车及航空交通罪"(gefährliche Eingriffe in den Bahn-, Schiffs-und Luftverkehr),其中第3项规定:若行为人1.意图引发事故或意图促成或掩饰其他犯行,或2.通过犯行招致他人重大健康损害或多数人健康损害者,处1年以下自由刑。此外,第315b条第4项则规定:违犯第1项而过失招致危险者,处3年以下自由刑或罚金。

要素成为多余,但可罚性被进一步限缩,比成为多余的要素还要更加地限制可罚性,则没有抵触宪法上的磨除禁令。这样的解释只抵触不赘言要求。

对构成要件作出宽广的解释,导致另一个构成要件完全成为多余,也不会抵触宪法上的磨除禁令,而是只抵触不赘言要求。因为这样的解释不会导致可罚性的扩张,宽松的构成要件只是承担了多余之构成要件的可罚性建构功能。更有甚者,为了确保《德国刑法》第249条【译按:强盗取财罪】的适用空间,而通过财产处分这个不成文构成要件要素来限缩《德国刑法》第255条【译按:该条所规范者为强盗式恐吓勒索罪,类似台湾地区"刑法"第328条第2项的强盗得利罪】,这不能建立在宪法上的磨除禁令,而仅能用不赘言要求来说明。

因此,被赋予宪法位阶的磨除禁令,是不赘言要求的一种特殊形态。一般性的不赘言要求只建构了一种可推翻的推定,推定某个将构成要件或构成要件要素变成多余的解释,没有正确对待法律的客观意义及立法者的意思。

五、完整性要求

第三个要求,就是法律不应含有规定漏洞(Regelungs-lücken)。这只能建立在下述前提之上:我们先指定出一个区域,数个规范应该无漏洞地规定该区域。人们用法律漏洞来论证时,经常忽略了这一点。

在前面关于《德国刑法》第249条以下几个条文的例子中,这个区域就是指"通过对人的强暴或以现时之人身危害的胁迫引起他人财产损害"的情形。如果我们在强盗式恐吓勒索罪的构成要件中,通过解释添加"财产处分"这个不成文的构成要件要素,那么在这个区域中便会出现一个漏洞。这个漏洞存在于以下这种情形:行为人使用强暴或使用对生命身体现实危害以致无法抗拒的胁迫,迫使对方忍受其取走某物,但他对该物没有据为己有的意图,例如,行为人只是想要暂时使用该物[24],或者只是想阻止别人对该物行使质权。如此一来,便会因为欠缺所有意图而无法适用强盗罪的构成要件,另一方面,也会因为欠缺处分行为而不能适用强盗式恐吓勒索罪的构成要件,最后就只剩下涉及动力交通工具及自行车始为可罚的僭越使用罪*或擅取质物罪**,再和普通强制罪成立想象竞合。

　　漏洞论据(Lückenargument)的弱点在于,我们通常都能够去争执是否真的存有漏洞,亦即都可以质疑那些根据某种特定法律解释不会落入系争法条适用范围内的案件,是否真的应该一并规定在该法条中,而这也正是那些要求在《德国刑法》第 255 条(强盗式恐吓勒索罪)加入处分要素的人所提出的答辩。僭越使用罪与强制罪二者的想象竞合,不应该只是因为行为人所使用的强制手段是对他人的强暴或现实生命身体危害的胁迫,就成为一个强

---

[24] BGHSt 14, 386 (387).
* 僭越使用罪(Gebrauchsanmaßung),俗称使用窃盗,《德国刑法》第 248 条之 2 对此设有制裁规范,其中第 1 项前段规定如下:违背权利人意愿使用他人之交通工具或自行车者,处 3 年以下自由刑或罚金。
** 擅取质物罪(Pfandkehr)是指《德国刑法》第 289 条,其中第 1 项规定:基于违法之意图,从用益权人、质权人、使用权人或留置权人处窃取自己所有之动产,或为他人利益而窃取其所有之动产者,应处 3 年以下自由刑或罚金。

盗式恐吓勒索的重罪。㉕ 这种说法背后的理由显然就是损害的轻微性。但我们也可以主张，一般而言，损害的轻微并不是一个不应适用强盗罪或强盗式恐吓勒索罪的理由，并以此再次反对这个论据。一个持枪威胁他人想要抢一罐啤酒的酒鬼，同样实现了强盗罪的构成要件。依此，当行为人使用了对人之强暴或使用了对于生命身体现时危险之胁迫时，将僭越使用罪或擅取质物罪从强盗式恐吓勒索罪的构成要件中排除，便显得前后不一贯，亦即显现了法律漏洞。

六、体系秩序要求

上述的争议也会涉及体系解释的第四个要求：法律规范之间都存在着有意义的次序编排（sinnvolle Ordnung）。当法律在一个章节中将基本构成要件（此处系指强盗式恐吓勒索罪）置于该章节的结尾，并且将一个根本没有不同规定的特殊情形置于章节的开头[*]，我们便很难将此称作一种有意义的次序安排。

甚至，这个特别构成要件的加重规定紧跟在后，并且最后用"等同于强盗犯罚之"这句话来描述基本构成要件（也就是《德国刑法》第255条强盗式恐吓勒索罪）的法律效果，将之指示到特别构成要件，显得更令人惊讶。如果人们的出发点是"强盗并非强

㉕ Schönke/Schröder-*Bosch* § 253 Rn. 8a; *Otto* BT § 53 Rn. 4. 在方法论的视角下，最后如 *Küpper* Auslegung und Methode. Ein Versuch systematisch zu denken, FS-Puppe (2011), 137 (139).

[*] 在《德国刑法》第22章"强盗与恐吓勒索"罪章中，各罪名的规定顺序是：强盗罪（第249条）→加重强盗罪（第250条）→强盗致人于死罪（第251条）→准强盗罪（第252条）→恐吓勒索罪（第253条）→强盗式恐吓勒索罪（第255条）。

盗式恐吓勒索的特殊情形（下位类型），而是处于一种排他关系"，那么这种构成要件的排列顺序才是可以理解的。然而，反对这种理解的理由是，我们的法典并不是在制图版上起草，而是随着历史逐渐成长。这样也能够解释，立法者是用较清楚的强盗罪来开启"通过强暴或现时生命身体危害之胁迫引起之财产损害"的这个章节，而不是用较为抽象并且是被创造出来的强盗式恐吓勒索罪。

通过上述对于体系解释的检验，显示了体系解释这种论据相当薄弱，因为这些论据是以有疑问的前提（关于制定法的品质与效能）作为基础。这尤其适用于第 2 个及第 4 个要求。立法者并没有完全避免多余的语词，并且他自己也不是很重视规范的外在次序。以规范漏洞为由的体系论据则显得较强些。然而，就如上文所言，人们往往可以争执，在那些案例事实没有落入任何规定的情形，是否真的有漏洞存在。刑法上还有所谓刑法的片断性格（fragmentarischer Charakter），也就是说，在这个领域中规定的无漏洞（Lückenlosigkeit der Regelung）只会是法律解释的次要目标。至于第 1 个要求（法律的无矛盾性），虽然是没有例外的有效，但在化解法律中的矛盾时，往往无法很清楚地确定在两个互不相容的法条中何者应该得到贯彻【译按：何者应优先适用】。

七、法秩序一致性要求

这个要求所指的是：某个法领域的法条不得与其他法领域的法条有所矛盾，而且也不得与其他法领域所适用或推导出的一般价值决定或原则有所冲突。对此，我们挑选了一个例子，在本例中,刑事司法实务的结论会和一个从数条民法规定推导出来的一般原则有所冲突。

> 读者应先了解以下的争议:在违法交易中受到诓骗的一方,是否享有《德国民法》第 823 条第 2 项*的损害赔偿请求权,读者要先了解德国联邦最高法院于刑事案件中对此问题的看法。

这里涉及一个民法问题。但因为从事非法业务的圈子中,很少会通过民事法院解决权利争执,而是通过其他的方法(像强制或掳人),所以这个问题特别会出现在刑事程序中。被占便宜的合伙人若用上述方式来主张他的"请求权",会成立恐吓勒索罪或强盗式恐吓勒索罪而受到处罚,或是在欠缺违法获利的意图时,仅成立强制罪或劫持人质罪(Geiselnahme【译按:《德国刑法》第 239b 条】)而受到处罚。依照《德国民法》第 134 条【译按:法律行为违反法律禁止规定,无效】或第 138 条【译按:法律行为违反善良风俗,无效】之规定,违反禁止规定或违反风俗的交易应属无效,依法也不会产生任何请求权。然而,德国联邦最高法院却基于其所主张的经济之财产概念,把那些纯粹事实上的预期(特别是那些无效的请求权)也纳入《德国刑法》第 263 条【译按:诈欺罪】的保护范围,只要事实上存有某种对方会履行的希望即可,因为"债权人"拥有法外实现其无效请求权的实力。反对意见主张,如此会抵触《德国民法》第 817 条,盖依该条规定,在违反风俗

---

* 《德国民法》第 823 条为侵权行为损害赔偿义务(Schadensersatzpflicht)的规定,第 1 项规定出于故意或过失之侵权行为人负有损害赔偿之义务,同条第 2 项规定的内容则如下:违反以保护他人为目的之法律者,负相同之义务。若依法律之内容亦包含无过错(ohne Verschulden)之情形,仅于有过错时始负损害赔偿义务。

的契约中依约给付者不能要求返还。德国联邦最高法院则是如此回应反对意见：该条规定仅适用于《德国民法》第812条所规定的不当得利请求权。㉖

先且不论，德国联邦最高法院所认定的侵权行为请求权，在依法排除违法或违背风俗之契约的履行请求权后，不当得利请求权是唯一还要再通过法律排除的请求权，就此而言，最高法院说的没错。但如果我们把《德国民法》第817条连同《德国民法》第134条与第138条一起观察，就可以从这些规定推导出：违法或违反风俗的交易不应形成任何的请求权。如果最高法院在刑事案件中，将违法或违反风俗之交易当事人诓骗涵摄到诈欺构成要件下，后果就是让如此被骗的契约当事人享有一个由《德国民法》第823条第2项结合《德国刑法》第263条所形成的损害赔偿请求权㉗，这样就会和前面的一般性原则陷入矛盾。只有相反的结论才能合于前述从民法规定推导出的原则：违法或违反风俗的交易中，如果被诓骗的当事人依法不能享有任何请求权，那么其诓骗就也不会实现诈欺罪的构成要件。

这个结论也可以从另一个同样是体系上的论证，也就是举重明轻的推论推导出来。在某些观点下，不当得利请求权要比损害赔偿请求权来得弱。也就是说，不当得利请求权仅让债权人得以要求得利者返还不当取得或占有的获利，但损害赔偿请求权的内

㉖ BGH NStZ 2004, 37.同此者如 *Spickhoff* Zivilrechtliche Wertungen und strafrechtlicher Vermogensbegriff, JZ 2002, 970 (977); *Englander* Anm. zu BGH, Urt. v. 12. 3. 2002-3 StR 4/02, JR 2003, 164 (165); *Wessels/Hillenkamp/Schuhr* BT/2 Rn. 565 f.

㉗ *Medicus/Petersen* Burgerliches Recht Rn. 697; *Puppe* Ein mutiger Vorstoß und sein klägliches Ende, FS-Fischer (2018), 463 (469).

容更加丰富,它允许债权人填补其全部的损害,甚至包含请求权相对人所受利益以外的部分。由此即可循体系解释的途径,得出以下的举重明轻推论:如果民法在违反风俗的交易中,连要求他方返还获利的请求权都没有给予受诓骗的一方,那么就更不会赋予其因诓骗而生的损害赔偿请求权。

第四章　目的论解释

一、法律中的目的

"法律的准则不是真实性这种绝对的准则,而是目的这种相对的准则"(Der Maßstab des Rechts ist nicht der absolute der Wahrheit, sondern der relative des Zweckes)。这句话出自 Jhering[*] 的作品《法律中的目的》(Der Zweck im Recht, 1893 版,第 439 页), Jhering 通过该著作成为法学界一种崭新解释方法及思维方式——亦即早年所谓的"利益法学"(Interessenjurisprudenz)——

---

[*] 德国法学大家 Rudolf von Jhering(鲁道夫·冯·耶林,1818—1892),原为历史法学派(historische Rechtsschule)、概念法学(Begriffsjurisprudenz)的信徒,其后戏剧性地转向倡导法律的目的性,提出利益法学。其所著之《为权利而抗争》(Der Kampf ums Recht)一书,曾被译为二十多种语言发行,中译本如《法(权利)的抗争》,蔡震荣、郑善印合译,1993 年版;《为权利而抗争》,林文雄译,1996 年版。民法上积极利益与消极利益的区分,以及缔约上过失的概念,均为其所提出的创见。关于其生平及学说,可参见李建良文章,载《月旦法学杂志》第 75 期,第 183 页以下;吴从周:《民事法学与法学方法(二)》,2007 年版,第 65 页以下、第 559 页以下的详细介绍。

的奠基者。在今日则被称作"目的论方法",也有将之称为"评价法学"(Wertungsjurisprudenz)。因为其所涉及的并不是任何一个人的任何目的与利益,而是涉及那些依法应被追求之目的。这些目的的实现,对于特定社会中的人类生活而言,是正义的,是有益的,甚至是必要的。Jhering 就是以此作为他的出发点。[28]

如果人们主张,在 Jhering 之前的法律人都没有意识到法律具有实践性的目的并且应当实现价值,当然就是用一种扭曲的图像来描绘古典的法学思维方式,特别是针对 Jhering 那个年代居于支配地位的法律实证主义(Gesetzespositivismus)的方法论。拉丁法谚有云:"法律是善良与公平的艺术"(Jus es ars boni et aequi),这句话就被放在"摘要"的开头*,那是对西欧法学于中世纪之初形成时便有很大影响的法律汇编。[29] 只不过那个年代的法律人相信,只有立法者才要去决定应该用何种方法通过法规范来实现哪些目的与价值,这只是立法者自身的任务。至于法律适用者的任务,则仅是把立法者的决定忠实地转换成司法实务。完成此项任务的方法,就是将不同的法条正确地连结起来,并且忠于法条文义地对个案进行涵摄。他们主张,判决就是法律规范在逻辑上的结论,因此,实证主义法学在某种意义上提出了真实性宣称(Anspruch auf Wahrheit),纵使不是在经验(实证)意义下的真实,至少

---

[28] *Jhering* Der Zweck im Recht (1893), S. 435 ff.

* 查士丁尼大帝下令编纂的《市民法大全》(Corpus Juris Civilis,亦称为《罗马法大全》),公元 525 年完成,由四个部分所组成:制度、摘要(Digesten)或学说汇纂(Pandekten)、正式颁布之敕令集(Codex Justinianus)、新制定法(Novellen);参见 Haft:《正义女神的天平——2000 年来的法历史教科书》,蔡震荣、郑善印、周庆东译,2009 年版,第 70 页以下。

[29] *Ulpian Celsus* Digesten 1,1,1 pr.

也是一种逻辑意义下的真实。

这种认为立法者能够通过规范对于每个案件都预先做好完整、终局决定的想法,在今天已被证实是一种错觉、幻象。法律必须使用的概念是不精确的,而法律的规定也不会是完整的。再加上应该要被规范的现实世界也会变动,这些变动往往是立法者在公布法律规范时所没有预见,甚至在大部分的情形下根本就不可能料想到。因此,为了在个案中能够作出判决,法律适用者就必须要对法律规范作进一步的说明,甚至要进行补充。因为法律规范本身并不是清楚单义的,法律适用者在证立这类的补充时,就只能上溯到规范的意义与目的。这一点,我们已经在文义解释与体系解释的部分看到。借用 Jhering 的话语,一个如此的法学就不再是处于(逻辑)真实性的绝对准则下,而是目的性的相对准则。与此种发展结合在一起的,是失去科学上的真实性与绝对性宣称。但与此同时,法律适用者也获得了形塑与创造的自由(gestalterische und schöpferische Freiheit),法律适用者应该对于这种自由有所意识,并且应当公开地实践。

二、主观之目的论解释

就是在目的论解释这里,主观的构想,亦即以法律中或多或少清楚表达的立法者意向为导向,获得了支配性的地位。人们于此特别指出,只有立法者才通过选举产生并因而取得民主正当性,法官则否。[30] 基于这个理由,查明立法者事实上的意向这件

---

[30] *Walter* Der Wille des Gesetzgebers als höchstes Auslegungsziel, verdeutlicht anhand des § 42 StAG, ZIS 2016, 746 (747 f., 755); Krüper *Sauer* § 10 Rn. 19 f., 30, 34.

事,甚至被 Walter 称作法律解释的最高目的。㉛ 但由于制订法律的立法者不可能对所有被提出的个别法律问题都形成意思,光凭这点,前述说法就不可能是对的。但主观目的论解释是以立法者的整体构想为基础。德国联邦宪法法院在一则判决(属该院最重要的判决之一)中,处理了刑事诉讼程序中协商(Verständigung)规定(特别是《德国刑事诉讼法》第 257c 条*)的合宪性问题:

> 解释的出发点就是规定的文义。文义当然并非总对于立法者的意向提供充分的指示。有时可能还要连同法律的意义及目的或是其他文义表达出的解释观点,立法者所追求的规定构想才会变得清楚。法官不得抗拒这个规定构想。法官的任务应该仅在于让被追求的规定构想在具体个案中——即使在变迁的条件下——尽可能可靠地发挥效用。法官的法律发现绝对不可以在重要环节上错失或变造规范中的立法目标,更不可以用自己的规定构想去替换立法者的规定构想。㉜

在这则被引用的判决中,涉及两名遭判决有罪的被告,法院违反《德国刑事诉讼法》第 257c 条第 5 项【译按:法院的告知义务】的规定,未于其提出自白前告知以下事项:依照《德国刑事诉

㉛ Walter Der Wille des Gesetzgebers als höchstes Auslegungsziel, verdeutlicht anhand des § 42 StAG, ZIS 2016, 746 (746, 747, 754).

* 《德国刑事诉讼法》第 257c 条是关于法院与程序参与者协商(Verständigung zwischen Gericht und Verfahrensbeteiligten)的规定,其中第 4 项规定了法院在何种条件下得背离自己先前已作出的量刑允诺,以及规定此时被告之自白便不得使用,第 5 项则要求法院应告知报告背离允诺的要件以及法律效果(告知义务)。

㉜ BVerfGE 133, 168 (205).

讼法》第 257c 条第 4 项之规定,"若有法律上或事实上具有重要性之情状被忽略或新发生,且法院因此确信原本许诺的科刑范围不再与犯行或罪责相当时",法院即不受其先前不超过特定科刑范围的允诺拘束。诉愿人已经在第三审上诉时对于欠缺告知这一点有所指摘。德国联邦最高法院认为这则判决并无程序瑕疵,因为法院在事实上有遵守程序协商约定,并以此为由驳回了上诉。㉝

德国联邦宪法法院则认为,此处侵害了被告自由决定提交自白的权利,亦即最终抵触了具有宪法位阶的不自证己罪原则(Nemo-tenetur-Grundsatz)。

借由告知义务,"立法者希望担保协商程序的公平(Fairness),并且——如同立法者指示之目的:让自主的决定成为可能(参见联邦政府的法律草案说明,联邦议院公报第 16/12310 期,第 15 页)——同时要更广泛地保障被告的自主(Autonomie)"㉞。

德国联邦宪法法院接着又指出:

> 通常只有在协商形成前已告知被告,协商对于法院仅具有限度的拘束效果时,协商才会合于公平程序原则……因为这样的告知确保了被告在做成一个包含自白的协商前,已完整了解其参与协商的射程(参见联邦政府法律草案说明,联邦议院公报第 16/12310 期,第 15 页)。唯有如此,才能够担保被告得以自主决定以下的事项:要(继续)行使拒绝证言的

㉝ BGH, 8.10.2010 1 StR 443/10.
㉞ BVerfGE 133,168 (224).

自由,还是要同意协商。㉟

我们说明一下这里究竟涉及什么:如果法院不利于被告的利用了背离其允诺的可能性【译按:放弃其所允诺的刑度上限】,被告的自白虽然不能被使用(《德国刑事诉讼法》第257c条第4项),但被告不知道有这个背离允诺的可能性,还是可能影响到其自白的决定。如果被告不知道法院(对于特定的刑度上限)的允诺依照《德国刑事诉讼法》第257c条第4项并没有完全的拘束力,某种程度上就是对于法院的对待给付发生错误,因此会影响其放弃不自证己罪权利的自由决定。

德国联邦宪法法院认为这样抵触了公平程序(faires Verfahren)原则和不自证己罪原则,但德国联邦最高法院则不这么认为,因为法院仍有遵守其关于最高刑度的允诺,所以被告最终也还是达成了原本通过自白所想到达成的目的。德国联邦宪法法院虽然对于此点多次援引了法律草案说明中的描述:

> 《德国刑事诉讼法》第257c条第5项要担保被告能够自主评估其协助行为会带来的风险(联邦议院公报第16/12310期,第15页)。

但从这句话无法清楚推导出以下问题的答案:尽管判决的刑罚宣告仍处于所允诺之刑罚范围,但该判决是否仍具有未依《德国刑事诉讼法》第257c条第5项践行告知的程序瑕疵? 也就是说,在目的论解释的实际运用中,援引真实的立法者意思是否真的像通常描述的那样具有决定性,还是人们只是让自己对于细节

㉟ BVerfGE 133, 168 (237).

问题的看法套上立法者的权威而已？因为对于立法者规定构想的确认大多都是相当一般,但也相当理性,所以客观目的论解释大多都会得出与主观目的论相同的结论。㊱借由这种从法律的形成史（特别是从官方的草案说明）所得出与法律意旨相关的表示,无论如何都不能正当化逸脱法条文义扩张法条的适用范围。因为这些表示并不是具有法效力的实定法。因此,当德国联邦最高法院刑事庭想要借由草案说明中清楚的立法者意志罔顾法律文义时,我们就必须予以谴责(详见下文第二课第六章之二)。与此相对,类推适用则不在此限,只要所涉及的规范具有可类推性【译按：允许类推】即可。

通过欧盟法,主观目的论解释方法获得了另一个崭新的运用场域。在这里,通过指令(Richtlinien)与纲要决定(Rahmenbeschlüssen)的形式,形成了一种新的法源。

三、客观之目的论解释

(一)法律的"客观目的"

所谓客观目的论解释,其出发点就是"客观目的"这个表述。如果我们正确地观察,就会发现这个用语是一种拟人论(Antropomorphismus)的说法。因为,只有人类在行为时才会有目的,法律文本则否。在"法律之客观目的"这个讲究的标签下所要卖的,其实就是解释者自己放进法律中的目的。"你所说的各个时代的精

㊱ Kruper-*Sauer* § 10 Rn. 31.

神，其实只是作者自己的精神，在那精神里面反映了各个时代的虚影"（Was Ihr den Geist der Zeiten heißt, das ist im Grund der Herren eigner Geist, in dem die Zeiten sich bespiegeln）[37]。因此，客观目的论解释方法在今日被视为"解释的王冠"（Krone der Auslegung）[38]。依照 Hassemer* 和 Kargl 的推测，现今如此尊崇客观目的方法的原因在于，这种解释方法给予法律人最大的自由空间让"自己的理性"（eigene Vernünftigkeit）得以发挥。[39] 随而，这种方法当然也会被其他法律人进行理性批评。

（二）目的性限缩

> 以下的讨论涉及《德国刑法》第154条【译按：伪誓罪】中所规定的"法院或其他有权接受宣誓之机关"（zur Abnahme von Eiden zuständige Stelle）这个概念。**

目的论的考量经常被用来反于文义地限缩某个规定的适用范围，像通过添加不成文构成要件要素，或者是导入不成文的例外。人们称此为"目的性限缩"（teleologische Reduktion）。目的性限缩与类推相互对立，类推是用在我们觉得规定之文义过窄的情形，目的性限缩则是用在我们觉得规定之文义过宽的情形。对于

---

[37] 歌德：《浮士德》，悲剧（der Tragödie），第一部，第一幕，夜间浮士德与华格纳的对话【译按：此段译文参考海明的翻译版本，《浮士德》，1994年版，第29页】。

[38] Jescheck/Weigend AT § 17 Ⅳ 1 b.

* Winfried Hassemer（温弗里德·哈斯默尔，1940—2014），德国刑法学者，曾任教于法兰克福大学，自1996年起担任德国联邦宪法法院法官，2002年起并担任该院副院长职务，2008年卸下公职后参与法兰克福刑事辩护人协会的工作，2014年病逝于法兰克福。

[39] NK-Hassemer/Kargl § 1 Rn. 114b.

** 德国诉讼程序中的"宣誓"相当于台湾地区诉讼法中的"具结"。

《德国民法》第181条*所为的目的性限缩，是普遍受到认可的。该条规定禁止所谓自我缔约（Selbstkontrahieren）或自己代理（In-sich-Geschäft），也就是同一人以代理人的资格和自己（以自己名义或作为他人之代理人）缔结契约。依照文义，这个规定也禁止代理人以本人名义接受代理人自己或其他由其代理之人的馈赠。但该条规定的意义与目的，显然是要防止代理人在自己代理时，为了其自身利益或其他被代理人的利益而损害被代理人的利益。如果一个法律行为依其本质只会为被代理人带来利益，就不会有上述的危险。因此，人们便依循目的性限缩的途径，对于自己缔约的禁令，于交易只会为被代理人带来利益的情形创设例外。⑩依此，想要送圣诞礼物给自己6岁小孩的父母亲，便可以用小孩的名义接受礼物。

然而，规定的意义与目的以及其目的性限缩，并非总像这样受到一致地认可。如果对于规定的意义与目的存有争议，那么就也会争执应否实施某个特定的目的性限缩。对此有个例子：

依照《德国刑法》第154条所规定的文义，若于法院或其他有权接受宣誓的机关虚伪宣誓，便应论以伪誓罪（Meineid）而受罚。依照此一构成要件的字面及文法上的解读，所有在法院作出不实陈述并且对此完成宣誓的人，均应论以伪誓罪受到处罚，即便行为人根本不属于"得令其宣誓之人"亦然。不得令其

---

*　《德国民法》第181条为"自己代理"的规定，相当于台湾地区"民法"第106条，其内容为：代理人非经本人允许，不得以本人名义与自己为法律行为，亦不得为第三人之代理人与本人为法律行为。但其法律行为，系专为履行义务者，不在此限。

⑩　BGHZ 52, 236, 94, 232.

宣誓的情形，像尚未成年、没有被告知其身为被告亲属享有拒绝作证的权利，或是因为他在程序中的角色或于所处之程序中根本不能宣誓。因为构成要件的文义本即涵盖了所有的情形，所以要限缩这个构成要件，就只能借由此构成要件的意义及目的来证立。

在刑法上，我们把构成要件的目的称为法益。如果构成要件的法益是对国家当局(staatliche Autorität)和宣誓形式的尊重(国家通过宣誓的形式以伪誓罪的刑罚来要求人民真实陈述)，那么这个法益在前述所有情形中，便都已受到侵害。但有问题的是，当国家在具体个案中没有权利以刑罚来要求某人据实陈述时，国家是否还有权因为这个人的不实陈述而处罚他？如果人们仅将司法机关依法享有要求真实的权利(Wahrheitsanspruch)看作本罪的保护法益，并因此对这个问题采取了否定的看法，就会由此导出：在一个原则上不可接受宣誓的程序中做出虚伪宣誓的人，不会因伪誓罪而受罚；德国联邦最高法院实务亦采取此种见解。[41] 然而，这种法益界定以及目的性论证的后果便是，在那些基于其他事由而不得接受宣誓的情形，也同样无法依伪誓罪处罚那些对虚伪陈述做成宣誓的人。Rudolphi 就是这么论证，其认为若依程序法不得采用这些宣誓不合法的虚伪陈述，那么司法要求真实的权利就不会被侵害，也不会危及司法上的真实发现。[42] 人们一旦通过目的性限缩解开了某个构成要件的文义，为了公平与法

---

[41] BGHSt 3, 248 (249).

[42] *Rudolphi* Die Bedeutung von Verfahrensmängeln für die Tatbestandsmäßigkeit einer eidlichen oder uneidlichen Aussage und einer eidesstattlichen Versicherung i.S. der §§ 153–156 StGB, GA 1969, 129 (140).

安定性，就必须一贯地遵循下去，而不得随意在某处又停下来。

(三) 对于目的论解释的外部批判与内部批判[43]

立法目的如此地"客观"确定，必须经受三重考验：

所追求的目的本身必须被证明为正义、理性且有益的。

所建议的规范解释，必须是（相当程度上完整而非仅只是部分）实现此目的之适合手段。

实现规范目的会造成的不利附随后果（nachteilige Nebenfolgen），不可大于规范目的之价值。

如果我们要争执一个客观目的论解释，可以先从被建议的目的设定（Zweckbestimmung）开始攻击，这就是所谓外部批判（externe Kritik）。也可以先暂时（或许只是试验性地）接受所建议的规范目的，然后去质疑规范实现此目的之适当（合）性（Geeignetheit），这就是所谓内部批判（immanente Kritik）。外部批判具有逻辑上的优先性，但内部批判则较为有力。因为人们总是可以去争执那些被建议的目的设定是否正当，但如果一个规范被证实根本无法实现其所建议的目的，那么这个目的设定也会被否定。如果一个规范对人民施予不利益或限制人民的行动自由（就像刑罚构成要件始终是如此），那么当这个规范只能破碎地实现相关目的时，这个目的设定就也要被丢弃。因为实现这个目的，原本应该是作为对人民施加之不利益或限制的正当化基础，如果通过这些不利益或限制只能破碎地实现该目的，那么对人民所施加的

---

[43] 对此用语可参见 Alexy Theorie der Juristischen Argumentation, 2. Aufl. (1991), S. 273 ff.

这些不利益或限制就是不公义的。当然，我们也绝对不能期待目的被完全地实现。第三个试验，在今日也被称作后果考察（Folgenberücksichtigung），虽然也是通过目的衡量（Zweckerwägungen）来确定，但并不属于狭义的目的论法律解释，因为后果考察并不是从法律应积极追求之目的出发，而是要探究那些不合于本意的附随后果。适用法律时，必须一并顾及那些因法律适用所造成、但不乐见的后果。

> 这里再次涉及德国联邦最高法院关于诈欺罪的法律见解，亦即"违法交易中，通过诈术占相对人便宜的一方是否构成《德国刑法》第263条诈欺罪"这个问题。[44]

在解释诈欺罪的构成要件时，有个关于财产概念的争议问题：行为人只有抵触法秩序才能占有或取得的经济价值状态，是否亦属刑法所保护的财产？在一个违法的交易（诸如买卖赃物或毒品）中，当其中一方当事人通过诈术占到对方便宜时，便会出现这个问题*。德国联邦最高法院对此问题采取了肯定的立场，所持的理由是：诈欺构成要件的保护法益是纯粹经济意义下的财产，这种财产概念包含了所有经济上具有价值的状态，亦即也包含了违法的财产利益（只要受诈骗者于事实上有实现该财产利益的可能性，并且诈术行为夺走这个实现可能性）。[45]

---

[44] 见上文第二课第三章之七。

* 例如，甲与乙共同窃得一古董，约定由乙负责销赃，再由两人平分卖得之价金。乙用该古董换得50万，却对甲骗称仅卖了20万，甲不疑有他，仅取走其中一半，亦即10万元。

[45] RGSt 44, 230 (232 ff.); BGHSt 2, 364 (365 ff.); BGH NStZ 2011, 699 (701); 以及无数的其他文献，进一步的指引见 MüKo-*Hefendehl* § 263 Rn. 478 f.

首先，我们可以从外部来批判这种看法，也就是去争执这种法益的界定。对此，有一个规范逻辑上（normlogisch）的论点。如果法律曾经无条件地禁止某种交易，那么它就不能够再提出任何关于"应如何处理这种交易"的规范，因为这些规范将会抵触此一禁令（对此详见下文第四课第四章之三）。人们也可以注重实效地、亦即目的论地描述这个矛盾：如果法秩序对于被禁止的交易提供保护，这对该禁令的贯彻来说将会是有害（违反目的）的。最后，还有一个来自民法的体系论据。《德国民法》通过第134条与第138条将违法与违反风俗的交易宣告为无效，并且还通过第817条剥夺了对这些交易的保护。刑法的意义是在于保护权利以及其他依法受到认可的利益，而不包括那些相关法律明确拒绝承认的利益[46]（对此见上文第二课第三章之六）。

更具说服力的，则是对于此一法益认定的内部批判。德国联邦最高法院用了以下的理由来证立前述的法益认定：此处涉及的是，即便在无效的交易中，也要担保当事人最低限度的诚信，而非取决于受骗者是否值得保护，要重在行骗者的行为是否应受非难（verwerflich）[47]。然而，将诈欺构成要件适用到受禁止的交易上，将会导致正好就无法处罚到那些（在江湖道义的意义下）行止最应受到非难的人，亦即那些虽然对于所约定的给付有所欺瞒，但也决意纵使对方看穿自己的骗局，也不让对方得到约定给

---

[46] Fischer Wirtschaftlicher, faktischer und normativer Schadensbegriff, in: Fischer u.a. (Hrsg.), Dogmatik und Praxis des strafrechtlichen Vermögensschadens (2015), 54 (56); Puppe Ein mutiger Vorstoß und sein klägliches Ende, FS-Fischer (2018), 463 (469 ff.); Gallas Der Betrug als Vermögensdelikt, Eb. FS-Schmidt (1961), 401 (408).

[47] BGHSt 2, 364 (368 f.).

付的人。如此一来,对方就根本不会再有任何(能够通过诈术而失去的)事实上具有经济价值的状态。在司法实务上,人们看到并且也只好容认这些后果。[48]

四、根据一般法原则所为之目的论解释

> 读者应先了解可归责之造成权利外观(zurechenbar veranlasster Rechtsschein)的责任。

到目前为止我们只有从规范自身导出(或取代)规范目的,但在法律中,还有其他(若非适用于整体法秩序,就是适用于整个法领域的)目的,也就是一般法律原则。在刑法上,罪责原则有其绝对的适用,在行政法上则是比例原则。这些原则甚至具有基本权位阶【译按:宪法位阶】。但民法上的原则特别多样,譬如像自己决定原则(Selbstbestimmungsprinzip)、自我负责原则(Selbstverantwortungsprinzip)、信赖保护(Vertrauensschutz)、损失归所有人承担原则(Grundsatz casum sentit dominus)以及过错原则(Verschuldensprinzip)。因为这些原则中的每个原则都要求普遍的效力,所以它们可能很容易就相互冲突,随而就必须要在某个特定法领域中处理这类的冲突,有可能发生此处作成的决定会异于在其他法领域中所作的决定。

举例来说,依照自己决定原则,每个人只对自己发出的意思表示负责。这甚至也适用于他依法有义务作出表示的情形。这只有当他被确定判决要求作出意思表示时,表示才会归属于他。

---

[48] OLG Hamburg NJW 1966, 1525 (1526).

于可归责地造成权利外观的情形,这个原则就会和信赖保护原则对立。依照信赖保护原则,如果一个人通过可归责的方式造成了权利外观,那么就必须当作他有作成某个特定表示那般地对待他。在这两个原则间的冲突所必须要决定的是,何时要将一个权利的外观当作是某人所引发而归责于他。这两个原则中的何者能够在个案中贯彻,可能会随着法领域的不同而有差异。

举例来说,某人起草了一个书面的表示(如保证契约),但尚未提出使用,契约书草稿就被偷走,并且被用在法律交易中。这个人无须为契约内容负责,因为他并未作出该内容的意思表示。即便是因为他只将文书草稿放在书桌抽屉,而没有放进保险箱,草稿才会被偷,亦然。因为他并不会因此就算是"可归责地造成已为该意思表示的权利外观",这个权利外观是通过窃盗行为才形成。但在票据法上则有所不同。若一个人已填写了汇票但尚未交付,倘若该汇票"不知如何地遗失"并且被用于法律交易中,那么依照《德国票据法》第16条的规定,他就必须对于该汇票上所载之意思表示负责。在自己决定原则与权利外观原则间的冲突,这样处理的理由在于,对于票据,保护权利外观的需求要比在其他法律行为中意思表示的保护需求来得大。因为票据是一种有价证券,用来流通于法律交往中,随而该证券的权利人与义务人原则上互不相识,相互间也不会有个人的连结。但法律行为意思表示的通常情形则与此不同。因此,票据制作人对于避免权利外观所被要求的注意义务,要高于其他文书的制作人。

然而,人们可以——如同谚语所说——把每个原则玩到烂。要对造成的权利外观负责的原则,也必须在票据法中形成界限。

德国联邦最高法院曾经要在下面的案件中作出裁决[49]：

遭到起诉的银行收到一名客户的汇票，该名客户于汇票上填写为承兑人。银行在表格中将自己填写为制作人后，再把这张汇票寄还给该名客户。这张汇票总金额为4800马克。客户在填写时，无论是以数字书写总金额的地方还是以字母书写处，都留有一些空位。银行原本可以用线条把这些空位画掉，却没这么做。于是那名客户就利用空位分别填入了1与0的数字，以及相应的"百"这个字，让汇票总金额就变成了104800马克。随后他又到另一家银行将这张汇票兑现。这家银行便向制作银行主张该笔汇票金额，也就是104800马克。被诉银行主张其无须对这张遭到变造的汇票负责，因为银行并没有作出如此内容的意思表示。起诉银行则主张，被诉银行造成了其制作如此金额之汇票的权利外观，并且由于其未将汇票上的空格画掉，故属可归责。

德国联邦最高法院援用了《德国票据法》第69条驳回起诉。该条规定如下：

票据上的文句若被更改，则更改后于票据上签名者，依更改后的文句负责；先前签名者，依原本之文句负责。

反之，Canaris提出反对的理由，认为那些于更改前在票据上签名的人，系可归责地造成了其乃对于更改后之文句签名的权利外观，故于此并无《德国票据法》第69条之适用。由于制作银行没有画线把汇票表格中的空格杠掉，故对形成的权利外观系属可

---

[49] BGH JZ 1987, 576.

归责。⑩ 反之,德国联邦最高法院则认为,票据制作人并无义务通过在文书上画线以使变造文书所形成的权利外观自始不可能形成。㉛ 依此,汇票表示金额为 104800 马克的这个权利外观,其形成系属可归责于客户,而非制作的银行。因此,自己决定原则优先于权利外观原则而得以贯彻。自此之后,对于票据法也同样适用以下这个一般性规则:应承担变造风险的人,是不真正意思表示的接收者,而非变造文书的表见制作人。

五、后果考察

> 以下涉及德国联邦最高法院对于"行为人在其达成了(引起动机之)行为目的后放弃继续行为的中止未遂"这种情形所持的看法。

考虑后果的要求,适用于所有的实践行为,当然也适用于法律的执行,而和我们使用了哪种法学方法于具体案件中获得这个法律无关。但是在特别的程度上*,后果考察(Folgenberücksichtigung)被看作一种目的论解释;因为,目的论解释的正当性并不是来自立法者的权威,也不是来自其从法条文本推导出结果的正确性,而是从这些结果的有益性(Nützlichkeit)导出。也就是说,在特别的程

---

⑩ *Canaris* Die Bedeutung allgemeiner Auslegungs-und Rechtsfortbildungskriterien im Wechselrecht, JZ 1987, 543 (544 f.).
㉛ BGH JZ 1987, 576, 576 f.
* 此处所称"在特别的程度上",据作者的说明,是指较一般情形更为强烈、更高的程度。普遍地说,人们在行为时总是必须顾及自己所为会引发的后果;但是当人们就是要用行为的合目的性(Zweckmäßigkeit)来正当化他的行为时,就必须要用(比在一般情形下)更高的程度来考虑其行为后果。

度上，后果考察必须能够用"有益性"的标准来衡量。因此，不只是那些作为目的论解释基础的目的必须要被证明为有益且公平，还必须要避免解释的结果除这个有益的作用外，一并带来其他会抵销（甚至超过）实现该目的之有益性的负面效果。倘若法律适用者一味地热衷追求他认为有益且具有高度价值的目的，却没看到其解释结果会引发的其他效果，就会很危险。对此，我们有一则来自司法实务界的案例。

依照《德国刑法》第 24 条【译按：中止未遂的规定】，当行为人消极地放弃犯行而使结果未发生，或是行为人自己积极地阻止了结果的发生，或是行为人真挚地努力尝试要防止结果发生时，不依未遂犯处罚。*法律条文并没有明白指出，什么时候单纯的放弃始足以排除处罚，也没有说明什么时候必须要积极地防止结果发生。德国联邦最高法院便提出了以下的法则：即便行为人只是因为其业已达成了原本之行为目的（行为人就是为了这个行为目的才会着手实现构成要件）才停止继续行为，也还是该当于《德国刑法》第 24 条所要求的放弃犯行，随而不再被论以未遂犯而受处罚。㊼ 有个行为人为了要抢走一名出租车司机的车还有车内的现金，便基于间接杀害故意打伤了该名司机，造成了带有生命危险的伤害。德国联邦最高法院判定这个行为人成立解除刑罚的中止，因为尽管行为人可以继续用刀子攻击被害人，但最后还是放

---

* 在德国法上，中止未遂的法律效果为"不依未遂犯处罚"（第 24 条第 1 项前段）和"不罚"（同项后段），与台湾地区"刑法"第 27 条所订之中止效果（必减免）不同。

㊼ 参见 BGHSt GS 39, 221; BGH NStZ 1989, 317; 1997, 593; NStZ-RR 1998, 134 (135); StV 1997, 128; NJW 1990, 263。

过了他,带着抢来的钱,开着被害人的车离开现场。[53] 对此,审判庭援引了一则大法庭早年的判决,该判决对于《德国刑法》第 24 条提出了如下的解释:

> 法律用不罚来奖赏行为人放弃可以继续实行的犯行,并且依照法条文义,法律只要求提供一个特定的外在行为。[54]

也就是说,中止是对于行为人的奖赏,奖励他放弃了一个其原本能够违犯的掩饰谋杀(Verdeckungsmord)【译按:指行为人原本可以为了掩饰强盗犯行而杀人灭口】。

从法条的文义并不必然会得出这样的解释。法条文义并没有清楚规定,在怎样的前提下,单纯地放弃对于解除刑罚的中止已属足够,以及在怎样的情况下,必须要积极地防止结果发生或是必须要有真挚的防果努力。相反地,"放弃"一词,反而是倾向于以下的解释:想通过单纯的中断犯行来中止的行为人必须"有所放弃",也就是必须放弃任何的目的或任何的意图。对于那些目的业已达成的人来说,已无放弃可言[55]。也就是说,在德国联邦最高法院的解释结论背后,不是依照法条文义所为的解释,而是一种目的论解释。依此,中止未遂解除刑罚的意义与目的应该是在于保护被害人,使其免于遭受行为人更进一步的

---

[53] BGH NStZ 1997, 593.

[54] BGHSt GS 39, 221 (231).

[55] Herzberg Anm. zur Entscheidung des BGH vom 02.11.1990−5StR 480/90, JR 1991, 158 (169 f.); Roxin AT/2 30/59; ders.Anm. zur Ent-scheidung des BGH vom 19.05.1993−GSSt 1/93, JZ 1993, 896; Puppe AT 21/8 ff.; dies.Anm. zur Entscheidung des BGH vom 27.10.1992−1 StR 273/92, JZ 1993, 361 f.

攻击。⑤⑥

只要人们单独地观察个案本身,并且是在纯粹合目的性的观点下考量,几乎就没有什么外部批判能够反对这种目的。因为公民的生命(在此系指被害人的生命)与国家的刑罚权相较,前者当然具有明确的优先性。外部批判当然可以主张,刑罚权(以及刑罚的公正运作)不可为了达到其他目的而无限度地工具化,无论这些目的有多崇高,均然。德国联邦最高法院所做的正是如此,对于解除刑罚的中止未遂,他们不再要求任何值得奖赏的悔改行为(jegliche honorierfähige Umkehrleistung)。⑤⑦ 这对于那些完全失败的未遂行为人特别地不公平,因为他们已不再能够招致结果发生,比喻式的描述便是他们不再能够提供人命给国家来放弃已招惹的未遂刑罚。⑤⑧

通过内部批判则可主张,解除未遂的刑罚并不是诱使行为人放过被害人的适当方法。因为行为人正是为了某种利益而甘冒刑罚风险,所以这无法对一个经过理性思考后决定行动的行为人产生影响。而在另一方面,这也同样没办法影响到非理性的行为人,因为对这些行为人来说,终止攻击就和开始攻击一样,都是出于冲动且不理性的理由。更何况,若想让《德国刑法》第 24 条解除刑罚的效果能保护到被害人,必须是行为人已经知道有这种规定,但这在大部分的情形下都不是如此。

---

⑤⑥ BGHSt 6, 85 (87); 39, 221 (232); JZ 1989, 651 (652).

⑤⑦ BGHSt GS 39, 221, (231).

⑤⑧ *Jakobs* Rücktritt als Tatänderung versus allgemeines Nachtatverhalten, ZStW 104 (1992), 83 (84).

在德国联邦最高法院的解释中,《德国刑法》第 24 条必须是一个众所周知的规定,这也是以保护被害人之目的来正当化此种解释的前提条件。在这样的前提下,便会出现这种解释的其他后果,而且是有害的后果。德国联邦最高法院在致力于保护个案中的具体被害人时,并没有考虑到这些有害的后果。在某些案件中,引起构成要件该当结果并不是行为人的行为目的,而只是被当作手段来使用,或者只是被当作其行为的附随后果而加以忍受【译按:就像前面抢劫出租车司机的案件,行为人的目的是抢钱和抢车,杀死司机只是行为的附随后果】。就是在这类案例中,德国联邦最高法院的看法(行为人出乎预料地在尚未招致结果的情形下就达成他的行为目的,仍然能够成立中止未遂而享受解除刑罚的宽典)将会使处罚未遂的吓阻效果以及这个处罚对于被害人的保护效果在很大的范围瘫痪、麻痹。如果行为人事先知道德国联邦最高法院的这个见解,他可能就会这么盘算:

我是为了实现构成要件外之目的(außertatbestandliches Ziel)才冒险让被害人陷入生命危险中,如果被害人因此死亡,我就不会有目击证人;但如果他没死,那么只要我不去从事一个(对我完全没有好处的)进一步的杀害行为,我就可以成立中止未遂,享有解除刑罚的宽典。

这显示了,通过德国联邦最高法院对于《德国刑法》第 24 条所作的解释,在某些场合(亦即在行为人行为既了的情形)会形成某种保护被害人的效果,但在其他场合(亦即在行为人开始行为之际)则是会形成刚好相反的效果。

这个例子展示出,解释的实践后果纵使不是法律适用者通过解释所要追求的,但实际上还是会与解释结合在一起。为了让法律适用者留意到这些进一步的实践后果,有必要在目的论解释方法之外,另设一个对于解释后果的特别审查,也就是所谓"后果考察"。

第五章 各种解释方法间的顺位问题

一、顺位的抽象不可定性与具体可定性[*]

当数个解释方法在具体个案中分别会导出对立的结论时,为了决定应采哪一种解释,方法论长久以来都在努力尝试定出各种解释方法间的抽象顺位,然而并没有成功。[59] 虽然现今许多法律学者都赋予目的论解释方法最高的位阶[60],但这应该要从以下的意义来理解:目的论解释方法体现为法律人最重要、要求最高并

---

[*] "顺位的抽象不可定性"与"具体可定性"的原文分别为"abstrakte Unentscheidbarkeit"和"konkrete Entscheidbarkeit",作者借此所要强调的是,我们无法脱离具体脉络预先定出各种解释方法间的固定顺位,而只能在具体案件的法律解释中,排出所涉及之解释方法间的优先顺序。

[59] *Rahlf* Die Rangfolge der klassischen juristischen Interpretationsmittel in der strafrechtswissenschaftlichen Auslegungslehre, in: *Savigny* Juristische Dogmatik und Wissenschaftstheorie (1976), 14 (16 f.).

[60] *Jescheck/Weigend* AT § 17 Ⅳ 1 b; *Maurach/Zipf* AT/1 § 9 Rn. 21; SK-*Jäger* § 1 Rn. 70; LK-*Tröndle* 10. Aufl., § 1 Rn. 46; *Grüneberg*-*Grüneberg* Einleitung Rn. 46.

且也是最具创造性的行为,但不应将之理解为:目的论解释无论如何都必须要贯彻,甚至当其与法条文义抵触时亦应得到贯彻。其他人则是对于目的论解释抱持着怀疑的态度。[61] 在今日,许多法律学者也在德国联邦宪法法院的影响下,把查明立法者意志看作解释的最高目标。[62]

我们无法对于各种解释方法定出一个普遍有效的抽象顺位,Esser[*]在他的巨著《法律发现中的前理解与方法选择》(Vorverständnis und Methodenwahl)一书(这本书根本就是一本法学方法论)中基于上述的认知更进一步主张,对于具体个案中判决的发现来说,这些解释方法仅具次要的意义。依此,法律适用者是先根据他的前理解及可信度衡量(Plausibilitätserwägungen)决定了正确的结论,然后才再回过头来寻找能够证成这个结论的解释方法。[63]

事实上,法院的司法实务大多是如此地进行,大家对此应该不会有争议,但如此的做法在方法论上是否正确,则是另一个问题。这显示了无法在各种解释方法间定出抽象顺位的原因,这同时也正是法律适用者在具体个案中不能任意选择解释方法的原因(如果他还想在方法论上规规矩矩地工作的话)。这个理由就是,当我们在决定一个法学上的疑难问题时,原则上单用其中某

---

[61] NK-*Hassemer/Kargl* § 1 Rn. 109b ff., 114b.

[62] BVerfGE 133, 168 (205 f.); BVerfGE 90, 263 (274 f.); Krüper-*Sauer* § 10 Rn. 20, 30, 34; *Walter* Der Wille des Gesetzgebers als höchstes Auslegungsziel, verdeutlicht anhand des § 42 StAG, ZIS 2016, 746 (746, 747, 754).

[*] Josef Esser(约瑟夫·埃塞尔,1910—1999),德国著名之民法(债法)、法学方法论及法理论学者,曾任教于杜宾根(Tübingen)大学。

[63] *Esser* Vorverständnis und Methodenwahl (1970), S. 122 ff. 以及全书各处。

种解释准则无法应付得了,否则就不会是个疑难问题了。

将所谓中立选项涵摄到某个法律概念下,或多或少还能和法律概念的文义或是它的通常理解一致。关于此点,我们通过前面危险伤害的例子(将一只被嗾使的狗涵摄到危险工具概念下)就已经见识过。语意学的解释在这个例子中没能提供清楚的结论。因此,我们要借助目的论的方法去正面决定"被嗾使的狗能否被涵摄到危险工具概念下"这个问题。

那些违反禁止规定或违反风俗的法律行为,在民法上无效,如果由此而生的请求权在事实上确实存有实现的希望【译按:例如债主私下使用暴力恐吓威胁来讨债】,那么保护这些"请求权"是否亦属诈欺构成要件的目的? 在决定这个问题时,我们求助于体系解释方法,从民法规定(亦即《德国民法》第134条、第138条及第817条)推导出这些"请求权"原则上不受法律保护的结论。把解释方法之间的关系描绘成竞争对抗(Konkurrenzkampf),必须或多或少恣意地从中选定一种方法,这是极不恰当地描绘。解释标准通常要相互补充,才能对于法律问题得出一个清楚的决定。

于此有一个民法上的例子[64]:

> 读者应该先了解,承租人在怎样的条件下,得以让他人共同使用其承租的房屋,《德国民法》第540条*与第553条**。

---

[64] BGH NJW 2004, 56. 对此判决的评论见 Wank Die Auslegung von Gesetzen, 5. Aufl. (2011), S. 75 ff.

* 《德国民法》第540条第1项前段规定,承租人未经出租人允许,不得将租赁物交由第三人使用。同条第2项规定,承租人若将租赁物交由第三人使用,纵得出租人允许,仍须对第三人使用之过错承担责任。

** 《德国民法》第553条第1项前段规定,承租人于租赁契约订定后,若有将住屋部分交由第三人使用之正当利益,得请求出租人允许。

这里涉及的问题是，承租人在未获出租人允许的情形下，能否让他的生活伴侣（已登记为同性生活伴侣关系的相对人）共同使用承租的房屋，还是他对此需要依照《德国民法》第540条取得出租人的许可？

首先从文义解释可得出，《德国民法》第540条意义下的第三人是指承租人或出租人以外之人，亦即也包含承租人的生活伴侣。但这个解释并非必然。人们也可以在另一种意义下解释第三人的概念，亦即只有那些和契约当事人（尤其是承租人）没有任何个人关系之人，才算是此处所称的第三人。

从目的论解释则会得出，这条规定的目的在于保护出租人，防止其契约上的给付（提供租赁物给对方使用）有利于一个无论是对租金还是租赁物的可能损害上都不负任何契约责任的第三人。再加上依照契约的基本原则，只要这些人已搬进房屋，出租人对他们就也负有保护责任。⑥ 也就是说，目的论的论据支持广义理解第三人概念。

但从体系解释则会得出，与承租人自由形塑私人生活的利益相比，立法者并没有赋予出租人这方面的利益较高的价值。也就是说，如果承租人有让第三人使用租屋的正当利益，依照《德国民法》第553条，只要对第三人个人没有重要的反对事由存在，出租人即负允许之义务。在先前还不是太遥远的年代，成人间的同性性行为尚属犯罪时*，同性伴侣这件事必然会被看成一个重要事由。但一般人的法律观念在这一点上有了重要转变。在此之

---

⑥ 关于通说，见 MüKo BGB-*Bieber* § 540 Rn. 10.
* 《德国刑法》原本对于部分男性之间的性行为设有刑罚制裁（《德国刑法》第175条），后于1994年始删除。

后，承租人个人私生活的形塑便与出租人无关，即便承租人与他人缔结同性伴侣关系共同生活，亦然。特别要坚持的是，《德国民法》第553条清楚表明承租人的私人生活形塑在法律上优先于出租人的契约利益。原则上，出租人不能够阻止承租人允许（未共同承担租金及其他出租人义务的）第三人共同使用租赁物。除非存有特定例外事由，否则出租人便负有允许共同使用的义务。通过这个体系上的论据，先前提到的目的性论据就关键性地被减弱了。

依照合宪解释方法，德国联邦最高法院从《德国基本法》第6条【译按：婚姻与家庭的保障】导出承租人的配偶并非《德国民法》第540条意义下的第三人，亦即，就算他（她）并非租赁契约的当事人，也无须得到出租人的许可即得以共同使用承租的房屋。[66] 于此便浮现了以下的问题：这是否也适用于同性的生活伴侣？

从历史解释可得出，依照立法者的意向，同性生活伴侣搬入租屋生活需要得到出租人的许可，亦即，同性生活伴侣系属《德国民法》第540条意义下的第三人。[67] 然而，自从租赁法改革生效后，一般人对此观念已经有了转变，而这可能会与历史解释对立。现在，同性伴侣也被承认为婚姻。由此可导出，同性婚姻的配偶并非《德国民法》第540条意义下的第三人。

也就是说，有鉴于时下的法律观念，较强的论据支持不将同性生活伴侣看成《德国民法》第540条意义下的第三人。依此，在我们的案件中，体系解释压过目的论解释而得以贯彻，价值观的

---

[66] BGH NJW 2004, 56 (57).

[67] BT-Dr 14/4553, S. 49=NZM 200, 802 (814 l. Sp.).

转变压过历史解释而得到贯彻,与此相对,文义解释则无法得出清楚的结论。

由此可知,对各种解释方法提出某种抽象、普遍有效的特定顺位(Rangfolge)来拘束法律适用者,是绝对不值得追求的做法。某种解释论据的明确性及说服力取决于个案,在某个案件中可能文义解释最具说服力,在另一个案件中变成立法者的意向较具说服力,在其他案件则是目的论的说法最具说服力,并且可压过其他竞争的解释方法而得以贯彻。关于这点,解释理论之父 Savigny[*]早就通过以下的文句正确地指出:

> 这……不是人们可依其喜好任意选择的四种解释,而是不同的举动。若要成功地解释,这些举动就必须被统一。当然有时候某种解释方法会显得较为重要且较明显,有时则会是另一种,以至于必须始终留意到各方面,纵使在许多个案中可以不去明白提到这些要素中某个要素无用或笨拙,也不会危及解释的彻底性(Gründlichkeit)。[68]

二、文义解释的相对优先性

只要我们还是采用制定法(Gesetzesrecht),而非判例法或

---

[*] Friedrich Carl von Savigny(弗里德里希·卡尔·冯·萨维尼,1779—1861),德国著名法学家,专长领域为罗马法与民事法,曾任柏林大学校长,为历史法学派(Historische Rechtsschule)的创始者,也是现代国际私法的开山始祖。

[68] *Savigny* Juristische Methodenlehre nach der Ausarbeitung des Jacob Grimm, hrsg. von Wesenberg (1951), 215; 对此参见 *Huber* Savignys Lehre von der Auslegung von Gesetzen in heutiger Sicht, JZ 2003, 1 (6).

法官法，那么依据文义所为的解释便需要有某种优先性。因为所有的解释都是对于制定法的文本所为，所以必须要从字面上开始，也就是所谓文理解释（grammatische Interpretation）。只有从法条的文义出发，才能够描述解释问题，才能够确定法律的体系位置或目的。如果文理解释导向一个负面的结论（也就是既存的个案不能被涵摄到法规范的构成要件之下），那么这个法规范就只有通过类推的途径才能适用到该案件。我们将会看到，法律的类推适用多半是以客观或主观的目的性论证作为基础。[69] 然而，如果一个法规范不具有可类推性，亦即存有不得类推的禁令，那么就算历史立法者对于这个规范的意义与目的所做的衡量是多么具有说服力，或是曾经有过多么清楚的表示，都无法让这个规范得以适用到其文义所不及的案件中。这些似乎是再清楚不过。但德国联邦最高法院却经常抵触这个规则，常常会违背法条的清楚文义，让那些源于立法资料的立法者意志发挥作用。对此，在赃物罪这里曾经有过一个例子：

> 读者应该对于赃物罪中的"销售"（Absetzen）概念有所了解，特别是与此相关的实务见解。

在赃物罪构成要件原先的版本中，也就是《德国刑法》第259条的旧法，关于行为模式的一个选择要素是"参与他人销售所窃物品"。借此规定，要把那些并未取得处分权力（Verfügungsgewalt）而将"烫手"货物移转到他人手中的人，或是那些仅对此种移转提供协助者，当作赃物犯来掌握。为了更清楚地强调赃物犯不仅

---

[69] 见下文第三课第一章之二。

帮助他人销售货物者,而且也包括独自从事此行为,但自己并未取得该物之处分权力的人,也就是"赃物行纪"(Hehler-Kommissionär)*,上述的行为模式选择要素便被现行法中"销售或协助销售"这样的描述所取代。依照旧法条文,参与一个没有成功的未遂销售行为也会成立既遂的赃物罪。然而,通过法条的新描述,赃物罪却意外地从原本的着手犯(Unternehmensdelikt)**转变成结果犯。实务界一开始也是这么解读现行法,亦即同样认为在销售未成功的情形,只能对于赃物行纪者或是协助销售者论以赃物罪未遂。⑦

后来,德国联邦最高法院援引了立法者在立法资料中清楚表达的意思,认为立法者当初只是想要更清楚地表达赃物行纪的可罚性⑦,据此,最高法院便进一步在判决中表示,赃物行纪参与徒劳无功的销售未遂,也应该要(如同依照旧法条文的描述)论以赃物罪的既遂犯。⑦ 这样的结论显然无法合于现行法条文的文义。⑦ 对于那些尝试销售"烫手"商品但却徒劳无功的人,我们不会说他们"已经销售了"这些货物。

为了要让这样的解释结果能够合于现行法条文的文义,德国

---

* 行纪,可参考台湾地区"民法"第 576 条的立法定义:"称行纪者,谓以自己之名义,为他人之计算,为动产之买卖或其他商业上之交易,而受报酬之营业。"

** 着手犯,是指犯行一经着手即属既遂的犯罪类型,亦有译为"企行犯"或"企图犯",文献整理可参见林钰雄:《新刑法总则》,2023 年版,第 377 页。

⑦ OLG Köln NJW 1975, 987; NJW 1976, 1698.

⑦ BT-Drs. 7/550, S. 252 f.

⑦ BGHSt 27, 45 (47 f.).

⑦ Lackner/Kühl-*Kühl* § 259 Rn. 13; LK-*Walter* § 259 Rn. 56; NK *Altenhain* § 259 Rn. 44 f.; Schönke/Schröder-*Hecker* § 259 Rn. 29; *Stree* Begünstigung, Strafvereitelung und Hehlerei, JuS 1976, 137 (143).

联邦最高法院运用了意大利香肠术。*德国联邦最高法院于此先援用了一则较早的判决,在这则判决当中,德国联邦最高法院将"协助销售"(Absetzenhelfen)这个概念解释成包括对于一个失败的销售尝试提供协助的行为。[74] 这种对于"提供协助"(Hilfeleisten)的解释,虽然不合于一般对于帮助犯(《德国刑法》第27条)中相同概念的解释**,因为我们在处理帮助犯时,绝对会区分帮助既遂犯罪与帮助未遂行为这两种情形,然而,万不得已时,如此的解释还是要合于提供协助这个概念的日常意义。因为我们不可以让独立行动的销售者(赃物行纪)得到比协助销售的人更好的待遇,所以最高法院论证说,我们必须要把"销售"这个概念解释成也包含了失败的销售未遂。如果徒然尝试协助销售"烫手"货物的人成立既遂的赃物罪,那么尝试自行销售的人就更加应当如此。[75]

这是所谓当然推论,此处涉及的是举轻明重的论据(对此见下文第三课第二章)。每个当然推论都可逆向为之,而这也正是此种论证形式的弱点。

如果按照法条文义,将失败的销售未遂涵摄到销售这个选择

---

* 意大利香肠口感坚韧,故一般均切成薄片以便于食用。至于德国人口语中所说的意大利香肠术(Salamitechnik),则是指说话的人不将自己的所有要求一次提出(可能怕吓跑对方或是遭到拒绝),而是一个接着一个地不断补充追加,就像把整条意大利香肠切成薄片一样,一片一片地给对方吃,对方便在不知不觉中(或半强迫地)吃下了整条香肠。

[74] BGH NJW 1976, 1900.

** 《德国刑法》第27条(帮助犯)第1项规定,故意对于他人所违犯之故意违法行为"提供协助"(Hilfe leisten)者,为帮助犯。其中提供协助的用语,和此处的条文相同。

[75] BGHSt 27, 45 (51).

要素下的可能性已被排除，那么就应该前后一贯地禁止将协助失败之销售未遂的行为论以既遂的销售协助，即便这在万不得已时依照此一选择要素的文义仍属可能。德国联邦最高法院后来放弃了这种见解，现在他们说，销售未遂并非既遂的销售。⑯

前面介绍的实务见解，为了贯彻历史立法者另行表达的意思而违背法条文义，不仅抵触了刑法构成要件所特有的法律明确性（gesetzliche Bestimmtheit）要求，而且根本就抵触了权力分立原则。法官可以将一个实定法条类推适用于可比拟的案件，但如果这个实定法不具可类推性【译按：不得类推】，法官就不可以将之直接适用于一个明显不能涵摄到法条文义下的案件。对于立法者的错误描述，只有立法者自己才有权校正。如果德国联邦最高法院对其所宣称的历史立法者之意志不是那样的热心服从，立法者可能很快就会被迫自行更正法条文字，如此一来我们就会有更好的实定法了。

把实定法直接适用到那些无法被涵摄到其构成要件下的案件，一般都被看作抵触了法条的文义。与此相对，不将实定法适用到那些可涵摄于法条文义下的案件，无论这个可适用性有多明显，也不会被看成是抵触法律，只要这样的结果可以通过这个实定法的意义与目的，也就是目的性论据（teleologisches Argument）来证成，这就是所谓目的性限缩［对此参见上文第二课第四章之三（二）］。这样的目的性限缩，不仅在犯罪构成要件中（当限缩有利于人民时）受到允许，在其他的法律中也会受到允许，包括了那些给予特定人负担同时利于其他人的法律。对此，刑法上的适例

---

⑯ BGHSt 59, 40 (41 ff.); BGH NStZ 2013, 584 (585 f.).

就是所谓正当防卫权的法伦理之限制（rechtsethische Einschränkungen）。这种法律适用上的不对称（Asymmetrie）原本应该会让人感到惊讶，因为纯形式地观察，即使是法官不将某个法条适用到清楚落入该法条文义下的案件，这个法官也同样抵触了这个法条的文义，无论他从历史立法者的角度（主观解释）或法律适用者自己（所谓客观解释）的角度所预先设定的法律意义与目的，对于不应适用的结论提出了多么好的理由，均然。但这种不对称是可以解释的。对于那些法律适用者认为法条文义过于狭隘的情形，只要没有不得类推的禁令，便还有法条的类推适用可供排除问题之用。与此相对，当法律适用者认为法条文义过宽时，在制定法内（praeter legem）则没有任何类似的校正工具可供其使用。

综上所述，我们在不同的解释方法之间，还是可以提出某种优先规则，虽然这个规则并不完整，而且不会是永远清楚单义的。所有对于法条的解释都要从文义开始。如果一个具体个案很清楚地不能被涵摄到法条之下，那么这个法条就不能直接适用于此个案。如果目的论解释还是倾向这个法条的可适用性，那么就只可能通过类推的途径才能适用，前提当然是没有禁止类推的限制。如果具体个案清楚地可涵摄到法条文义之下，但目的性衡量的结果却是反对将该法条适用于此案件，那么这个法律的适用范围就可以通过所谓"目的性限缩"来限制，使其不再涵盖这个案件。除此之外，在不同的解释方法之间就没有其他抽象的优先规则。当这些解释方法相互冲突时，个案中应该采取解释结果最清楚的那种解释方法。如果相互冲突的解释方法在具体个案中都可得出一样清楚单义的结果，法官就必须在其中作出选择。

【译按：以下内容于第四版中删除，由于其内容具有参考价

值,故附录于下供读者对照:

至于体系解释,则始终都会遭遇到以下的反对理由:立法者根本没有使用过体系,而体系正是体系解释的基础。举例来说,基本构成要件在加重构成要件之前的规则,或是立法者有时还是会基于任何历史上的理由说了多余的话、制订了多余的规定,我们在强盗罪与强盗式恐吓勒索罪二者间关系的争议中,也曾经看到了这点。至于历史目的论解释,则是以历史立法者的意思为基础,而历史立法者的意思,可能或多或少清楚地表达。此外,历史解释也总是遭遇到以下的反对理由:根本没有历史立法者这种具有实际意志的自然人。所谓客观目的论解释,始终是以解释者自己的目的观作为基础,人们可以援引另一个目的观来争执这样的解释。如果某种解释方法的结论要比通过其他解释方法所得出的结论更清楚,那么这种解释方法相对于其他解释方法就越能够得到贯彻。在数种解释方法相互冲突的情形,大多都可以从这个规则轻易地得出个案中的先后顺位。

如果数种解释方法都是一样的清楚,那么就只好在其中作出选择。这个选择常被称作"衡量",但其实它和衡量没什么关系。因为只有当相互冲突的标准能够(至少在某种模糊的意义下)被统一起来,并且能够被量化时,才有衡量可言。但在选择解释方法时情形并非如此。我们应该如何在法条的文义和一个法律适用者假定为理性的法律目的之间进行衡量?我们应该如何把某种解释在体系上的一致性,拿来和那些在立法资料中或多或少清楚表达的立法者意思衡量?】

第六章 合宪解释

一、从解释到冲突裁决

单纯法律若抵触《德国基本法》条文，即属无效。* 但是在判断某个特定法律是否抵触《德国基本法》时，《德国基本法》的条文（特别是基本权利）并没有规定得清楚到不会有任何疑问。什么是人性尊严被侵犯，大家可以好好地争辩。同样的情形，像第2条第1项自由发展人格的权利，第3条众人于法律前皆为平等，第5条第3项艺术、学术、研究与讲学的自由，或是将名誉及家庭置于国家特别保护下的《德国基本法》第6条第1项等。也就是说，德国联邦宪法法院有权决定某个单纯法律的特定法条是否与宪法规定有所矛盾（或者更妥切地说：与之不相容）。像德国联邦宪法法院（德国联邦宪法法院判决选辑，第115卷，第118

---

* 本书中所称"单纯法律"（einfaches Gesetz）是指宪法以外、位阶低于宪法的法律。

页)便曾判决认定《德国航空安全法》第14条第3项(依该规定,当一台航空器被恐怖分子劫持并于数分钟内会撞上高楼时,国防部部长得命令将之击落)和《德国基本法》第1条的人性尊严保障及第2条第2项的生命权不相容,因为如此一来,乘客与机组成员便会"被国家当成(保护其他人之)拯救行动的单纯客体来对待",并且被剥夺了其"作为一个人所享有之自我目的价值"(第154页)。鉴于"飞机乘客与数以百计或千计的被害人在数分钟内就会相互对立"这个事实,是否必须如此评价,值得怀疑。但德国联邦宪法法院有权决定,人性尊严一词的意涵以及人性尊严的保障在个案中要如何实现。

单纯法律也有可能不是在整体适用范围上抵触基本权,而只是局部抵触。德国联邦宪法法院虽然能够不将整个法律宣告无效,而让立法者去创设与宪法相容的新法,但德国联邦宪法法院为了拯救法律却走上了另一条路。它通过进一步的构成要件要素来限制单纯法律,让这个法律在外观上不再会和《德国基本法》冲突。这样的程序虽然已被普遍接受,但德国联邦宪法法院是否因此把原本属于民主立法者的权限拿了过来,仍有疑问。无论如何,德国联邦宪法法院在合宪解释的招牌下所做的,已远超过通常理解的法律解释。

但司法实务通过德国联邦宪法法院又继续往前走了一步。也就是说,德国联邦宪法法院不满足于确认单纯法律在何种适用范围与《德国基本法》规范不相容,并通过添加例外来宣告该法于此范围不得适用。还要在法律的利益与期盼【译按:规范目的】以及相冲突之《德国基本法》规定的利益与期盼之间进行衡量,就像解决其他利益冲突情境中的衡量那般。因此,时常连基本权利都无法得到完全的贯彻。

对此,德国联邦宪法法院为了限制洗钱构成要件所作的裁判提供了一则范例。[77] 宪法诉愿者是几位依《德国刑法》第261条洗钱罪被判决有罪的律师,有罪的原因是他们收受了当事人所支付(明显来自相关财产犯罪)的金钱作为辩护费用。洗钱罪构成要件的所有要件均已实现。现在这些律师主张,有罪判决会侵害他们自由执行业务的权利(《德国基本法》第12条)以及侵害其客户(通过法治国原则保护)自由选任辩护人的权利。德国联邦宪法法院原则上赞同这样的主张,但之后又提议,经由对洗钱构成要件为合宪解释,对于接受辩护费用创设出一个例外。只有当律师不确定所支付的费用是来自相关犯行时,德国联邦宪法法院才添加这个例外。如果律师对此系属明知,那么当他收受这笔辩护费用时,还是会因成立洗钱罪而受罚。就此而言,他的自由执行业务的权利会受到侵害。但这个侵害当然是偏向象征性质,并不是用来贯彻洗钱构成要件的规范目的,而是为了律师的声誉:律师不应公开扮演洗钱的特许者。

二、基本权的第三人效力或扩散作用[*]

基本权原本被理解成一种人民的防御权(Abwehrrechte),只用来对抗国家。然而,在著名的吕特案(Lüth-Urteil)[78]之后,德国联邦宪法法院就普遍承认,在决定人民相互间的关系时,基本权

---

[77] BVerfGE 110, 226 ff.

[*] 扩散作用(Ausstrahlungswirkung),亦可直译为放射效果。

[78] BVerfGE 7, 198 ff.

亦有其意义。这里并非直接将基本权适用于人民相互间的关系,而是通过以下的方式:把那些规范人民相互关系的单纯法律规定"在其限制基本权的作用下,根据这个基本权利的意义来仔细检视,并要如此地解释,让该权利的特殊价值内涵……无论如何都能保持被看见"[79]。也就是说,基本权利不像人民关系中的权利那般作用,而是——只要能在这些法律中找到相关的连结点(Anknüpfungspunkt)——在解释法律(包含私法)时被考虑进去。这种连结点,特别像那些限制基本权的法律,因为存有普遍的法律保留要求。专业法庭也有权(亦有义务)对于那些限制基本权的法律从事合宪解释。被影响的人民则可对于某个最高专业法庭的判决提起宪法诉愿,来要求合宪解释。

在吕特案中,涉及某次出于政治动机所发起的"杯葛"(抵制),所针对的是一名制片人和电影公司,这家公司与一名极富争议的导演合作,该片导演于纳粹时期撰写了一套反犹太人的剧本,被纳粹政权拍成电影。[80] 片商起诉要求依照《德国民法》第826条*不要实施抵制。这里涉及"政治上重要表示违反风俗之损害"(sittenwidrige Schädigung)这个概念的确定。但因为违反风俗之损害这个禁令,依照《德国基本法》第5条第2项**,限制了

---

[79] BVerfGE 7, 198 (208).

[80] 亦即"犹太甜心"(Jud Süß)这部电影。

* 《德国民法》第826条规定:故意以违反善良风俗之方式造成他人损害者,对他人负损害赔偿义务。

** 《德国基本法》第5条规定:每人皆有权利以语言、文字及图画表达及散布其意见,并且有权利从一般公开之来源不受妨碍地接收资讯。出版自由及广播与电影之报道自由应保障之。不得设置检查制度(第1项)。此等权利之界限见于一般法律之规定、保护青少年之法律规定以及个人名誉之权利(第2项)。艺术与学术、研究及讲学均属自由。讲学自由不得免除对宪法之忠诚(第3项)。

意见表达的自由,而根据德国联邦宪法法院这段时间以来已被普遍认可的见解,自由表意权又限制了违反风俗概念,这就是所谓"限制之限制"(Schrankenschranken),于是产生了一个循环,最终只能通过德国联邦宪法法院法官的决定才能突破循环。

这个决定在方法论上通常被称为衡量。但衡量是一个量测过程(Messvorgang),亦即是一个理性且精准的程序,任何人都可以用相同的方式来理解。但这里的决定则不是如此。衡量这个颇受欢迎的表述其实会造成误导,装成具有理性和普遍有效性,但一个这样的决定绝对无法这么主张。即便我们图像式地理解衡量这个表述,也总还会有比较某些(相互间可比较之)事物的要求,亦即能归纳出一个共同的单位。[81] 然而,一个企业的利益(让产品能够不受妨碍地推到市场上)与人民的利益(能够自由、公开地对于"应如何适切地和纳粹艺文界的代表人物往来"这点表达他的政治主张)二者间,并没有任何共同的分母。在衡量这个称谓下实际发生的就是由管辖法院来决定这两种利益在本案中何者较为基本、较重要或是较为崇高,因此应优先保障。

依照《德国基本法》第5条第2项,个人名誉,亦体现为一种对于自由表意权进一步独立于法律明文规定的界限。德国联邦宪法法院认可自由的意见表达在一定情况下是《德国刑法》第193条*意义下的维护正当利益,可让名誉侵害行为阻却违法,借

---

[81] *Lübbe* Abwägen, Information Philosophie 2018, 26 (28 ff.).

* 该条的功能类似台湾地区"刑法"第311条,其规定内容如下:关于学术、艺术、商业给付的批评、为履行或防卫权利或为维护正当利益之类似表示,以及上司对下属之训诫或指责、公务员职务上告发或判断,及其他类似情形,仅于其表现形式或当时发生之情形显示侮辱性质时,始属可罚。

此为意见表达自由用以对抗名誉保护这点开启了一个连接点。然而,名誉受侵害者同样也能为自己主张基本权,也就是依据《德国基本法》第 2 条【译按:自由发展人格的权利】,因为名誉亦属一般人格权。如果每个人只需要指出影响名誉的主张或判断为个人意见就可以让名誉侵害合法化,那么名誉保护实际上就会瘫痪。因此,这两个冲突的基本权必须通过某种方式相互协调,这就是一般所称的"实践整合"(praktische Konkordanz)*。在这样的冲突决定时,当然不能让其中一个基本权完全盖过另一个基本权并得到贯彻,二者都要承担一些损失。这之所以成为可能,是因为基本权于此脉络下并非以固有意义下的权利姿态出现,而是作为诠释单纯法规范的解释观点(Auslegungsgesichtspunkte),随而不会和基本权的固有意义(对抗国家的防御权)有所冲突。若行为人无法证明其事实主张为真实,但若该事实为真,公众便具知悉该事实的利益(因该事实本质上触及公共事务[82],而非仅涉及娱乐利益或耸动利益的满足),德国联邦宪法法院就会在《德国基本法》第 5 条的视角下诠释《德国刑法》第 193 条,把这些事实主张看作该条意义下的维护正当利益(Wahrnehmung eines be-

---

* "实践(际)整合"之译语参考自程明修:《行政法之行为与法律关系理论》,2005 年版,第 388—389 页;李震山:《人性尊严与人权保障》,2001 年版,第 306 页;李震山:《多元、宽容与人权保障——以宪法未列举权之保障为中心》,2005 年版,第 224 页。另有译为"实践性调"和"实际上的协调性"[李建良:《宪法理论与实践(一)》,2003 年版,第 201 页]或"实践和谐"(法治斌、董保城:《宪法新论》,2005 年版,第 201 页)。此概念系指:当宪法所保障的不同法益相互间发生冲突时,法适用者不得偏重某方而全然牺牲他方,而应该要合乎比例地致力求取各方利益最大程度的实现,此说明参考自陈爱娥:《当代公法新论(上):翁岳生教授七秩诞辰祝寿论文集》,2002 年版,第 732—733 页。

[82] BVerfGE 114, 339 (353).

rechtigten Interesses)。

在另一个案件中，诉愿人要参选柏林勃兰登堡州（Berlin Brandenburg）的高阶公职。诉愿相对人则宣称，诉愿人在担任民主德国基督教会长老会议长（Konsistorialpräsident der evangelischen Kirche）时，也同时担任民主德国国家安全部*的非正式员工长达 20 年。诉愿人起诉要求不得为上述主张，经地方法院驳回，后经州高等法院许可，最后又再次遭德国联邦最高法院驳回，之后便针对德国联邦最高法院的驳回判决提起宪法诉愿（Verfassungsbeschwerde），援引了《德国基本法》第 2 条。本案中，也还是无法完全合理化为了建立"实践整合"所为的利益衡量，但无论如何，若继续用天平的图像来说明，我们还是可以对于必须放入秤盘的东西说些话。这里应该相互衡量的是诉愿相对人所维护的公共利益，也就是知悉其所主张的事实（倘若该事实为真），与之相对的则是诉愿人的利益，亦即不被如此的主张抹黑（倘若该主张为伪）。被提出的主张内容，在某种程度上对于天平的两端都具有重要性。主张的内容越是有损名誉，那么当该主张为真时，知悉该主张的公共利益就越大，至少在诉愿人想要竞逐（或是正在担任）高阶公职的情形会是如此。反之，若该主张为虚伪，则当事人不被该主张抹黑的利益也就越大，特别是当他想要竞逐高阶公职时。也就是说，作为衡量观点的就是"该主张为真实的机会"对上"该主张为虚伪的危险"。由此首先可得出，只有当主张者尽可能地将其主张为虚伪的风险降到最

---

*　民主德国国家安全部（Ministerium für Staatssicherheit，简称 MfS），俗称史塔西（Stasi），为民主德国政府的情报及秘密警察机关，主要负责监控人民及镇压异议人士，恶行闻名于世。

低,才可以使用该主张为虚伪的风险。* 也就是说,只有当他已经尝试尽可能地确证主张的正确性,特别是记者业已履行其审慎查证(sorgfältige Recherche)的义务,他才能够称得上通过该主张来行使正当利益。⑧ 本案中,诉愿相对人业已确认,诉愿人以其真名及假名出现在民主德国国家安全部的非正式员工名册中,但没有看到诉愿人的担保声明(Verpflichtungserklärung)**。这份名册无法让人确信,因为民主德国国家安全部已经不止一次成功地公开造谣中伤人民,其中也包含了联邦德国的公民。在此便浮现了关于衡量标准的问题。一个竞选或担任高阶公职的人,应该像《德国刑法》第 188 条*** 所暗示的那样,对于破坏其名誉的虚伪事实主张受到特别保护? 还是他必须要承担会被损害名誉之不实主张抹黑的风险? 后者或许更合于今日的一般看法? 判决的法院应该在它进入固有的衡量之前先对此问题表态,尽管从这个问题的答复还不能推导出清楚的衡量结果。因此,德国联

---

* 此处所称"使用该主张为虚伪的风险",就是指提出该主张。作者对这句话的解说如下:行为人主张相关事实的真实性具有公共利益,并且涉入该事实系属虚伪的风险。如果行为人在谨慎地、合于一般报道的审查后,对于该主张的真实性仍然无法得到确信,但该事实若为真,公众享有知悉该主张的公共利益,那么这个主张系属虚伪的风险,便是一个应受容许的风险。

⑧ BVerfGE 114, 339 (353); 评论见 Puppe AT 14/7 ff.

** 亦有译为"义务(职责)声明",内容略为:本人承诺将付出一切努力、运用一切能力来实现国家安全部成员的光荣责任和任务(下略)。

*** 《德国刑法》第 188 条为对政治人物的诽谤罪,为一般诽谤罪(第 186 条)的加重构成要件,其中第 1 项规定内容如下:出于与被诽谤者公领域地位有关之动机,对于政治人物以公开、于集会中或通过散布文件之方式恶意诽谤,且其犯行足以严重减损其公共影响力者,处 6 个月以上 5 年以下之自由刑。

邦宪法法院作了一个有利于意见表达自由的推定（Vermutung）*。但这个推定当然也有其界限，像《德国刑法》第 130 条【译按：煽动族群仇恨罪（Volksverhetzung）】。

三、类似基本权之权利价值作为基本权的竞合规范

然而，德国联邦宪法法院不仅（以不利于限制基本权之法律的方式）扩张了基本权规范的适用范围（所谓限制之限制），有时还会以相反方向呈现。为了限制那些不适用法律保留的基本权，德国联邦宪法法院汇整了相关规定并将之提升为"其他被授予宪法位阶的权利价值"（andere mit Verfassungsrang ausgestattete Rechtswerten）[84]。基本权原本和单纯法律上（导出新宪法规范）的规范抵触时，如果那些法律规范不是新宪法规范，就必须退让到基本权规范之后。现在，这个新的宪法规范具有与基本权相同的位阶。

对此我们有个例子：

从《德国基本法》第 5 条第 3 项"艺术是自由的"这个规范，我们导出了以下结论：不仅不能限制艺术的创作，也不能限制艺术品的散布（包含艺术品的市场化）[85]，即便是通过那些保护其他法益的法律，亦不得限制上述行为。后者是从"《德国基本法》未对艺

---

* 这里使用推定一词，据作者的补充说明，是指法院在有所怀疑时，应作出有利于言论自由的决定。

[84] 自 BVerfGE 28, 243 (261) 以来的稳定实务见解。

[85] BVerfGE 30, 173 (189); v. Mangoldt/Klein/Starck – *Starck/Paulus* Art. 5 Rn. 432; Maunz/Dürig – *Scholz* Art. 5 Abs. 3 Rn. 17.

术自由之基本权设有法律保留之规定"所导出。也就是说，从《德国基本法》第 5 条第 3 项导出了"不得限制艺术品之散布"这个规范。依照《德国散布危害青少年刊物法（旧法）》(Gesetz über die Verbreitung jugendgefährdender Schriften, a.F.) 第 3 条及第 6 条第 2 款之规定，不得提供、让与儿童或青少年或使之取得那些《德国刑法》第 184 条＊所规定的色情刊物。如果《德国散布危害青少年刊物法（旧法）》第 3 条及第 6 条第 2 款的适用范围（连结《德国刑法》第 184 条）亦及于属于艺术性刊物及其他艺术表演，那么"禁止以儿童及青少年能够取得之方式散布色情物品"这个禁令，就会在其部分的适用范围中与"不得限制艺术品之散布"这个禁令相冲突。因此，通说便通过解释，将"色情物品"这个概念解释成不包含艺术性刊物或艺术表演。[86] 通过对《德国散布危害青少年刊物法（旧法）》第 3 条、第 6 条第 2 款以及《德国刑法》第 184 条的合宪解释，排除了"艺术得自由销售"与"色情物品不得自由销售"两个语句间的冲突，并且是朝向有利于第一个语句的方向，也就是有利于高位阶规范（《德国基本法》第 5 条第 3 项）的方向来排除冲突。

然而，德国联邦宪法法院并不接受这个对于色情物品概念所为的合宪解释，因为宪法法院在艺术品及其他产品（特别是色情产品）之间看不到划分的可能性。[87] 除"产品是以艺术品的形态

＊ 《德国刑法》第 184 条是处罚散布猥亵物品的规定，相当于台湾地区"刑法"第 235 条，但前者的构成要件设计要比后者复杂且具体许多，对于散布对象、散布地点、散布方式均有详细的列举规定。

[86] Lackner 18. Aufl., § 184 Nr. 2 b; Schönke/Schröder – Lenckner 24. Aufl., § 184 Rn. 4; Dreher/Tröndle 45. Aufl., § 184 Rn. 11; LK - Laufhütte 10. Aufl., § 184 Rn. 9.

[87] BVerfGE 83, 130 (139); 以及 BGHSt 37, 55 (58 f.).

出现,亦即由其作者或散布者宣告为艺术品"这种标准外,别无其他的区分判准。也就是说,此后便不再排除艺术是色情的可能性。现在,《德国散布危害青少年刊物法(旧法)》第3条、第6条第2款、《德国刑法》第184条与《德国基本法》第5条第3项间的冲突虽然又再度出现,但是依照高位阶法律优先适用的原则,《德国基本法》第5条第3项仍旧必须被贯彻,《德国散布危害青少年刊物法(旧法)》第3条、第6条第2款、《德国刑法》第184条这些规范部分违宪。因此,德国联邦宪法法院把青少年保护(Jugendschutz)定为一种相同位阶的宪法利益(Verfassungsgut),这个宪法利益是通过《德国基本法》第1条与第6条确立。⑧ 因此,保护青少年的规范与《德国基本法》第5条第3项保护艺术自由的语句再度相互冲突。

"艺术自由不仅会和他人的基本权相冲突,也可能会和其他宪法承认并保护的价值相冲突。在这种情形中,应该要在这些相互对立、但同样都受宪法保护的利益之间,以达成这些利益的最佳化(Optimierung)为目标,寻求一个合乎比例的平衡、协调。在艺术自由与其他的宪法利益相冲突时,便通过各种利益的个案衡量来达成"⑧,所谓实践整合⑨。

---

⑧ BVerfGE 83, 130 (139); 另 BGHSt 37, 55 (62 f.)。

⑧ BGHSt 37, 55 (62); 对此亦见 BVerfGE 83, 130 (146).但德国联邦宪法法院并不理会体系上的反对理由:宪法制订者已经自行对于表现权和青少年保护间的冲突设有明文,他通过"保护青少年之法律规定"限制《德国基本法》第5条第2项自由表达意见之基本权。这个限制被特别强调并未涉及《德国基本法》第5条第3项之艺术自由。

⑨ Katz Staatsrecht, Rn. 565; *Scheidler* Einführung in die allgemeine Grundrechtslehre, Jura 2012, 256 (261).

德国联邦宪法法院在这段时间也将其他的公共利益承认为与基本权相同的权利价值,其中最为重要者应属刑事司法的运作功能(Funktionstüchtigkeit der Strafrechtspflege)。这个与基本权相同的权利价值是通过法治国原则来建构的。从法治国原则推导出个人有权利要求公平程序以及有效的权利保护。在德国联邦宪法法院判决选辑,第122卷,第248(272)页有以下的内容:

>对程序法(亦包含法院的解释及适用)整体观察后若发现"未导出法治国中的必要结论或是牺牲了法治国中不得放弃的事物"时,始存有公平程序权(Recht auf ein faires Verfahren)的侵害。于整体观察的范围内,能发挥功效的刑事司法(funktionstüchtige Strafrechtspflege)需求也应该被列入考量。法治国原则(正义理念是其中的重要成分)不仅要求公平地形塑并适用刑事程序法,同时也允许并要求顾及能发挥功效之刑事司法的利益,无法发挥功效的刑事司法就无法协助正义获得突破。[91]

这两个从法治国原则推导出来、于宪法上均受保障的利益,何者在个案中得以贯彻,德国联邦宪法法院明白留给了立法者与法院去决定。直到以下的界限:法治国家中绝对必要的结论没有被推导出来,或者是牺牲了法治国家中不得放弃的事物。

---

[91] 对此亦见 BVerfGE 129, 208 (260); 133, 168 (199); 64,135 (145 f.)。【译按:据作者的解说,最后一句就是"正义便无法得到贯彻"的意思,但原文使用突破(Durchbruch)一词,更加强烈地表达出诉讼程序乃系为权利抗争(Kampf um das Recht)的特性。】

第三课

法律续造的论证形式

第一章 所谓类比推论与反面推论

一、一则法律传说

在面对那些法律未对之设有明文规定的事实时,有"类比推论"(Analogieschluss,亦称"类推")及"反面推论"*这两种古典的论证形式可供使用。Kelsen**将这两种论证形式斥为无用,理由在于:借由这两种推论方式,我们可以从同一个法律规定分别正确地推导出两个正相反的结论。①

---

* 反面推论(argumentum e contrario, Umkehrschluss),另有将之译为"反转推论"(如陈显武文章,载《政大法学评论》,第56期,第308页)或"反对解释"(如杨日然:《法理学》,2005年版,第123页;杨仁寿:《法学方法论》,2010年版,第212页);反对称之为"解释"者,则如王泽鉴:《法律思维与民法实例》,2006年版,第311页。

** Hans Kelsen(汉斯·凯尔森,1881—1973),知名的国家法、国际法及法理论学者,具犹太血统,曾先后任教于奥地利与德国的大学法学院,第二次世界大战时为躲避纳粹政权而旅居美国。其为纯粹法学(Reine Rechtslehre)的奠基者,为法实证主义提供了新的理论基础,因此成为法实证主义于20世纪的代表人物之一。

① *Kelsen* Reine Rechtslehre, 2. Aufl. (1960), S.150 ff.

对此,有一则源自罗马法上的法律传说。在罗马的第一部法典,也就是《十二表法》(die zwölf Tafeln)中,曾经有这样的规定:

　　四足动物(quadropes)的所有权人,就该四足动物出于兽性对他人所造成之损害负赔偿责任。

在迦太基*被摧毁后,第一只鸵鸟被当作战利品出现在罗马。因为鸵鸟也可能会相当狂野,于是便出现了以下这个问题:上述规定是否亦可适用于一头两只脚的动物基于兽性使他人遭受损害的情形?从《十二表法》中的同一个法条,逻辑上可导出两个相反的结论:通过类推应该会得到肯定的答案,借由所谓的反面推论则会得出否定的结论。

我们现在就用这个例子,将类比推论阐释如下:

　　起始语句:当一头四足动物出于兽性造成他人损害时,其所有权人应负赔偿责任。

　　相　同　处:双足动物也可能和四足动物同样狂野。

　　结　　论:当一头双足动物出于兽性造成他人损害时,其所有权人应负赔偿责任。

反面推论则是:

　　起始语句:当一头四足动物出于兽性造成他人损害时,其所有权人应负赔偿责任。

　　相　异　处:双足动物并非四足动物。

　　结　　论:当一头双足动物出于兽性造成他人损害

---

*　迦太基(Karthagos),古腓尼基城邦名,"新城"之意,位于北非地中海滨,与罗马隔海相望,曾盛极一时,后遭罗马共和国打败而衰亡。

时，其所有权人不必赔偿此损害。

这两个推论流程的差别在于中间语句，其中一个是：

双足动物也可能和四只脚的动物同样狂野。

另一句则是：

双足动物并非四足动物。

两个语句毫无疑问都是真实的。如果从一个法规范连结上其他的真实语句，不仅可推导出法律效果的肯定，也可推导出法律效果的否定，那么这就不只是逻辑不好，而且法律也不好。

通过这种方式并不能证明，从同一个法条所导出的这两个相互矛盾的结论，在逻辑上都是正确的。这种形式下，类比推论与反面推论在逻辑上都是不正确的。在一个法规范的构成要件部分，原则上就要标明引起某个特定法律效果的一组充分条件。上述的两种推论方式，都尝试从这样的充分条件中对于某个案件导出结论，但这些条件在该案件中并没有实现。我们就先来看反面推论。反面推论指出，当一个法条中特别对于某个法律效果所设的充分条件不存在时，这个法律效果就不会发生。

[T(构成要件)→R(法律效果)]→[¬T(构成要件之否定)→¬R(法律效果之否定)]

如果"若T则必R"这个语句有效，那么就导出了"非T则非R"。

这在逻辑上早已被证实是一个错误，也就是所谓"逆述句"（Kehrsatz）。首先，从"一个特定条件对于某个特定效果系属充分"这个语句，根本不能对于这些充分条件不存在的案例导出任何的结论。对于这个效果的发生而言,除这组充分条件外,还可能会有其他的充分条件。只有当我们确认了,对于此一法律效果的发生,除了这个起始规范(Ausgangsnorm)外别无任何其他的充分条件存在【译按:没有其他的法律规定】,并且也不考虑类推适用起始规范,才能进而确认这个法律效果不会发生。*

类推,在其通常的表达方式下也没有好到哪里。从"某个特定事实与另一个已规定在实定法中的事实二者,于某种观点下相似"的主张,还远远不能推导出"这个事实也应该要相同对待"的结论。某些特定种类的规范(像刑罚构成要件或是基本权干预的授权基础)受有禁止类推的禁令,单是基于这个原因,上述的推论就不会是正确的。然而,即使原则上有类推的空间,从"待决事实与某规范的构成要件二者间存有某种相似性"这点,也还不能够导出类推的结论。更确切地说,此二者相同的特性,必须正是应被类推适用的法规范中用以建构法律效果的那些特性。亦即,我们必须从应被类推适用的法规范中导出一个较为一般的不成文法则,而这个较为一般的不成文法则必须涵盖了待决案例。② 直到加入了这个一般语句,类比推论才能成为一个逻辑上有效的推论。然而,这个较为一般的语句,并非逻辑上从应被类推适用之法规范中所蕴含的较特定语句导出。总之,这个推导需要实质的理由。

---

* 于此附上原版中作者于此处的评论供读者参考:所谓反面推论,不过就是一种"拒绝类推"(Ablehnung einer Analogie)的表示。

② 对此详见 Heyder Gültigkeit und Nutzen der besonderen juristischen Schlussformen in der Rechtsfortbildung, 2010, S. 101 ff.

二、类推与反面推论的结构

我们现在更进一步来观察，一个逻辑上有效的类推必须具备怎样的前提。起始点是一个法条，这个法条依其文义并不能适用于有待处理的案件。因此，在类推之前，原则上会先尝试对之进行解释，试着从宽去理解法条的文义，宽松到足以让待决案件亦可被涵摄进来。只有当这个尝试确定失败，才会考虑类推。举例来说，像有人主张应将《德国刑法》第 22 条的规定*类推适用到那些"客观上虽然存有得以阻却违法的既遂事实，但行为人主观上没有认识到阻却违法情状"的情形【译按：此指"反面容许构成要件错误"（umgekehrter Erlaubnistatbestandsirrtum），像偶然防卫或偶然避难】③，但这样的做法既非必要，也不被容许。因为在概念上，每个既遂都包含了一个未遂**，所以《德国刑法》第 22 条本来就可以直接适用到这种案件上。如果一个法条可直接适用于某案件，在该案件中当然就没有类推适用这个法条的空间。这个论证流程可如下说明：

---

*　《德国刑法》第 22 条是关于未遂的规定，相当于台湾地区"刑法"第 25 条。
③　采此主张者，如 *Jescheck/Weigend* AT 31 IV 2; *Kühl* AT 6/16; *Maurach/Zipf* AT/1 25/34; *Stratenwerth/Kuhlen* AT 9/155; Schönke/ Schröder–*Sternberg–Lieben* Vor § 32 Rn.15; *Kretschmer* Ein folgenschweres letztes Bier, Jura 1998, 244 (248).
**　亦即既遂犯与未遂犯并非互斥，而是前者包含后者。现象上，要先着手才会既遂，这一点表现在规范面，就是既遂犯的构成要件（主观与客观构成要件完全实现）将未遂犯的构成要件（主观构成要件完全实现＋着手实行）完全包含在内，二者处于特别关系。对此可参见蔡圣伟：《刑法问题研究（二）》，2013 年版，第 33 页以下；蔡圣伟：《刑法案例解析方法论》，2023 年版，第 159 页以下。

起始语句：当一头四足动物出于兽性造成他人损害，其所有权人负赔偿责任。

这个语句不能直接适用到有待处理的案件，因为双足动物并非四足动物。

解　　释：四足动物的所有权人之所以要负损害赔偿责任，是因为四足动物具有危险性且难以捉摸。

相　同　点：双足动物就其野性来说，可能和四足动物同样危险且难以捉摸。

一　般　化：当一只动物出于兽性造成他人损害时，该动物的所有权人应赔偿此损害。

结　　论：当一头双足动物出于其兽性造成他人损害时，其所有权人应赔偿此损害。

类比推论在逻辑上并不是无法反驳的。除起始语句外，在论证流程中的每一个个别语句都可以被争执。举例来说，如果起始规定不得类推，像刑罚构成要件或干预基本权的授权基础，那么一般化（Verallgemeinerung）的操作就不会受到允许。至于"两种情形在某些特性上相同"的这个主张，若是事实主张，原则上就不会被争执。然而，当这个主张具有评价的内涵时，就还是可能会被争执。可能会被争执的地方主要在于，同样存在于二者中的特性就是建构起始语句中法律效果的那种特性。*

＊　关于类推适用的思维过程，另可参见王泽鉴：《法律思维与案例研习》，2019年，第247页以下。其次，本书原版中曾有以下的说明：在前面一开始所举的例子中，这一点很明显，因此较难想象会有争议，但这可是每个类比推论的真正关键所在。

这则罗马的法律传说并非历史上的传说,而只是一个方法论上关于类推的教科书范例,里面的解答之所以特别的清楚简单,是基于以下两点理由:第一,法条的一般化特别容易描述,因为这里的一般化就只是删去一个构成要件要素(亦即动物的四足性)。第二,这个一般化的证立也特别容易,因为动物所有权人的责任不应取决于动物有几只脚。人们可能会认为,罗马人之所以加入四只脚这个要素,是因为他们相信两只脚的动物(像小鸟)并不会有危险,无法正当化所有权人的危险责任。直到来自迦太基的鸵鸟出现后,他们才得到不同的启发。但我不赞同这样的说法,因为美国国会大厦前的野雁如果被激怒,也会相当凶狠地啄人,并且用翅膀狠狠地赏人耳光。由此可知,当初用上四足兽这个表述就是个错误。

然而,规范的一般化描述并非总如此简单,也并非总这么没有争议。对此,有以下这个例子。

> 读者应先了解一般的占有保护权(Besitzschutzrecht),尤其是《德国民法》第1004条【译按:所有权人的除去妨害请求权】与《德国民法》第906条【译按:不动产相邻关系的规定】。

从《德国民法》第906条[*]可以推导出以下两个法条(以简化的形式描述):

语句1:当邻地于通常利用时会不可避免地对自己的土地造成影响,自己便须容忍该影响。

---

[*] 《德国民法》第906条第1项第1句规定:"土地所有人对于来自邻地之瓦斯、蒸气、臭气、烟、煤、热、噪音、震动或其他类似影响,于未妨害其对土地之利用,或妨害并非重大者,不得禁止之。"第2项第2句前段则规定:"土地所有人因而应忍受影响者,得要求他地使用人以金钱为适当之补偿。"

>语句 2：当所有权人依语句 1 必须容忍邻地对其土地之影响，那么他就可以向邻地所有权人请求相当之补偿。

一位土地所有权人的邻地房舍起火，飘过来的火花引燃了他用芦苇铺盖的屋顶，德国联邦最高法院以类推适用《德国民法》第 906 条的方式，允许了他诉请的和解金。④ 这个类比推论的表述如下：

《德国民法》第 906 条第 1 项于本案无法适用。

语句 1 经过一般化后，得以适用于本案，其内容如下：

>如果土地所有权人必须容忍源于邻地之有害影响，其便可向邻人要求相当之补偿。

>原告必须忍受通过邻地飘落火花产生的有害影响，因为他在事实上无法防止该影响。

起始规范在这里的一般化，是要放弃起始规范中的两个特别之处。第一，要放弃"土地所有权人基于法律上的原因必须容忍影响"这一点，进而就只需要"土地所有权人在事实上必须容忍该影响"即可。第二，要放弃影响与邻地使用间的连结，随而就只需要该影响是源于邻地，也包括通过邻地发生事故所造成的影响。人们可以基于体系上的理由以及目的论的理由去争执这两个一般化。详言之，从体系上来看，《德国民法》第 906 条并非损害赔偿法（Schadensersatzrecht）的规范，而是相邻关系法（Nachbarschaftsrecht）的规范。这规范是用来调节邻人间的利益。因此，"所有权人负有忍受邻地影响的义务"【译按：指所有人在法律上

---

④ BGHZ 142, 66 ff.

必须容忍】以及"邻地的影响来自邻人对土地的使用"这些前提是不能被舍弃的。反面推论应如下述：

起始规范：土地所有权人必须容忍邻地因当地惯常使用之方式所必然产生的影响，但得要求相当之补偿。

语　句　2：倘若影响是由邻地发生之事故所造成，就不能直接适用这个规范。

相　异　处：如果来自邻地的影响是通过意外事故无法避免地产生，所有权人【译按：指邻地所有权人】即无使用可言。邻人在法律上也就毋须容忍该影响（而只是事实上必须容忍）。

起始规范的解释：《德国民法》第906条所规定的补偿请求权，是用来调节邻人间关于土地使用的利益。因此"所有权人基于法律上的原因必须容忍影响"以及"影响和邻人土地使用间的连结"是两个不可放弃的要素。

本案中，从《德国民法》第906条无法导出任何的补偿请求权。

但这并不排除受影响的邻居可以从其他规定导出金钱请求权，像从《德国民法》第823条【译按：侵权行为之损害赔偿规定】，但这以邻人有过咎【译按：出于故意或过失】为前提。

人们只要将一般化一直推展到可轻易反驳的程度，便能够破坏一个类比推论。文献上有建议将《德国刑法》第258条自我庇护优惠（Selbstbegünstigungsprivileg）* 类推适用于《德国刑法》第

---

*　《德国刑法》第258条为妨碍刑罚罪（Strafvereitelung），内文所称的自我庇护优惠，系指该条第5项的不罚规定（阻却刑罚事由），其内容如下：行为人若是为了同时全部或一部分地阻碍自己受到刑罚或保安处分的宣告或执行，不依本罪处罚。

145d 条【译按：谎报刑案罪（Vortäuschen einer Straftat）】。⑤ 可惜这个类推建议无法贯彻。在一次考试中，我要求考生补足这一点。这里所要追问的是，在《德国刑法》第 258 条及第 145d 条之间存有何种相同之处，能够借此正当化第 258 条对于第 145d 条的类推适用。许多人想要用"两者均可能会形成自我庇护需求与构成要件决定规范之间的冲突"这一点来当作这两个构成要件之间的关键相同处。这样的一般化，和"掩饰犯行"这个谋杀罪要素不相容*，并且倘若行为人只是为了庇护自己，即可侵害任何法益而不受处罚，这显然也是无法接受的后果。

就连"这两个构成要件均属侵害司法之犯罪（Rechtspflegedelikte）"这个事实也无法证立这样的类推，因为如此的类推将会和《德国刑法》第 157 条**不相容。最后就只剩下一个共通性，也就是这两个构成要件都是要保护刑事追诉机关在法院程序外的行为不受到干扰。这个例子显示了，就算人们拒绝一个过度的一般化，但只要还可以通过没那么过度的一般化来证成类推，这个法条的类推适用就还没有被驳倒。Klesczewski 也是这么证立他的类推，其主张《德国刑法》第 145d 条和《德国刑法》第 258 条一样都只保护公共法益，也就

---

⑤ *Klesczewski* BT 19/156.

* 此指《德国刑法》第 211 条谋杀罪已将"出于掩饰自己犯行的动机"当作加重非难、处罚的理由。

** 《德国刑法》第 157 条规定了紧急状况陈述（Aussagenotstand）的个人减免刑罚事由，该条第 1 项规定之内容如下：违犯宣誓（具结）伪证或未宣誓（未具结）之虚伪陈述的证人或鉴定人，若其不实陈述系为避免自己或其亲属受到刑罚或拘束人身自由之保安处分宣告的危险，法院得裁量减轻其刑，于未宣誓（未具结）而虚伪陈述的情形，得免除其刑。

是刑事追诉机关的资源。*

三、一则类推的讨论

> 为了了解这个章节,读者应该先熟悉关于容许构成要件错误的争议(所谓"限制罪责理论"与"严格罪责理论"之争)。

我们经常可听到,法规范的类推适用是以存有"违反计划的法律漏洞"(planwidrige Gesetzeslücke)为前提。⑥ 没有问题的是,当法律中已经有一个规范对于所要处理的案件设有明文的规定,自然就不再会有类推适用其他规范的空间。但若情形并非如此,那么"是否当中能够看到一个法律漏洞"这个问题,实际上就已经等同于"是否需要类推适用某个法规范"或"这个案件是否应该停留在不适用任何规定的状态"这个问题。"违反计划的法律漏洞"这个表述,涉及了历史立法者的意志。只有当人们仅认可主观的解释方法时,如此的计划违反性(Planwidrigkeit)才会被看成是类推适用不可或缺的前提。但若依据客观解释方法,即便我们证明了历史立法者无意要让此种案件连结任何的法律效果,人

---

* 于此再附上原版于本段最后的说明:如果否定了类推,就会来到反面推论这里。如果起始规范不能直接适用到案例事实上,而类推又被否定,那么就只能导出:无法借由这个起始规范形成该法律效果。只有当我们已经预先设定了,并没有其他的规范对于所要处理的案件同样规定了如此的法律效果,亦即并没有其他具有相同法律效果的规范能被适用(无论是直接适用还是类推适用)于该案件,我们才能够从反面推论推导出这个法律效果的否定【译按:否定该法律效果的出现】。因此,所谓的反面推论,并不是一个独立的论证形式,而只是在否定某个特定的类比推论。

⑥ Schönke/Schröder-*Hecker* § 1 Rn. 35; SK-*Jäger* § 1 Rn. 45; LK-*Dannecker* § 1 Rn. 244.

们也还是可以得出"类推适用是适当的""此处存有法律漏洞"的结论。相反的,即使历史立法者曾经明白表示希望搁置某个法律问题,想要留待司法实务及学界来处理,根据客观解释方法,也还是可以得出相反的结论,亦即还是可以否认有漏洞存在、还是可以主张不宜类推适用。

在刑法释义学上,关于赞同或反对类推适用某个规定的讨论,争执得最为激烈者,应属将《德国刑法》第 16 条* 类推适用到行为人误以为某个阻却违法事由的事实条件存在的情形,也就是所谓容许构成要件错误(Erlaubnistatbestandsirrtum)。⑦ Paeffgen 和 Zabel** 这两位严格罪责理论(strenge Schuldtheorie)的支持者,便质疑此处是否真的存有法律漏洞,因为《德国刑法》第 17 条*** 已可直接适用于容许构成要件错误的情形,这就是所谓严格

---

* 《德国刑法》第 16 条是关于行为情状错误(Irrtum über Tatumstände)的规定,与此处之讨论脉络有关者,为该条第 1 项前段,其内容如下:行为时对属于法定构成要件之情状欠缺认知者,即非出于故意而行为。

⑦ 如果我们仔细查看《德国刑法》第 16 条的文义,就会发现第 16 条并没有明文规定法律效果。"即非故意行为"只是一个关于故意概念的陈述。第 16 条规定了一个故意的必要条件,也就是一个法律上故意概念的局部定义。这个定义不得类推。凡是没有实现这个必要条件,就不能论以故意犯来处罚。这是从这个局部定义导出的法律效果。从逻辑上来说,《德国刑法》第 16 条包含了以下的规范:"凡是对于属于法定构成要件之情状欠缺认知者,不依故意之构成要件实现罚之",这个规范则是具类推能力【译按:允许类推】;对此参见 Grünwald,Zu den Varianten der eingesch-ränkten Schuldtheorie, GS-Noll (1984), 183 (186)。

** Hans-Ulrich Paeffgen,德国刑法学者,曾任教于德国波恩大学,于 2010 年退休,曾担任 Nomos 刑法注释书执笔人。Benno Zabel,德国刑法学者,现任教于德国波恩大学,接手 Paeffgen 教授的教席以及 Nomos 刑法注释书中的写作任务。

*** 《德国刑法》第 17 条是关于禁止错误(Verbotsirrtum)的规定,内容如下:行为人于行为时欠缺从事不法之认识,且此错误于当时系属不可避免,其行为无罪责(第 1 项)。若行为人当时能够避免此一错误,得依第 49 条第 1 项之规定减轻其刑(第 2 项)。

罪责理论。事实上,历史上的立法者当初并没有打算通过《德国刑法》第17条或第16条来正面规定容许构成要件错误的法律效果,而是明白地表示要留待司法实务与学界的进一步发展。⑧ 即便如此,这个已被证明的事实也不应与前面的主张对立。Paeffgen 和 Zabel 主张,要类推适用《德国刑法》第16条,就必须存有规定的漏洞,但此处并没有这样的漏洞存在。为了支持这个命题,他们没有援引历史立法者的意思,而是主张:根据《德国刑法》第17条的客观解释,该条也规定了容许构成要件错误,所以没有类推适用《德国刑法》第16条的需求。

依照 Paeffgen 和 Zabel 的看法,《德国刑法》第16条与第17条之间,并没有能够通过类推适用第16条来填补的漏洞,因为第16条意义下的构成要件错误正就是禁止错误的一种特殊情形,不知道自己实现犯罪构成要件的行为人,也同样欠缺不法的认知。根据这样的法律体系,第16条就是第17条的例外规定。在一个规定和该规定的例外二者间,没有漏洞让人得以从中发现这个规定的进一步例外。⑨

因此,我们这里必须澄清的是,《德国刑法》第17条的适用范围是否真的包含了第16条的适用范围。也就是说,漏洞问题就是第17条的解释问题。依照一般见解,所谓"从事不法的认知"并不是指通过任何身体举动从事任何不法的想象,亦即不会像"你正在做的事是被禁止的"这种意义,而是违犯某个特定法律的

---

⑧ BT-Drucks. V/4095, S. 11.

⑨ NK-*Paeffgen/Zabel* Vor §§ 32 ff. Rn.118; *Paeffgen* Anmerkungen zum Erlaubnistatbestandsirrtum, GS-Kaufmann (1989), 399 (409 f.), *ders.* Zur Unbilligkeit des vorgeblich „Billigen", FS-Frisch (2013), 403 (406 f.).

认知。如果行为人通过同一个行为违犯了数个刑事法律,那么他有可能针对其中一个法律侵害具备不法意识,但同时对于另一个法律侵害欠缺不法意识,这就是所谓不法意识的可分性(Teilbarkeit)。* 那个依照第 17 条欠缺不法意识的犯行,不会是任何的外在举止,而是某个特定构成要件的实现。对于这个构成要件实现的认知,并非不法意识的成分,而是不法意识在逻辑上的前提。也就是说,构成要件错误并非禁止错误的一种特殊情形,两者应该是排他互斥。⑩ 第 16 条与第 17 条规定了不同的、相互间并无共同交集的事实。

因此,容许构成要件错误并非构成要件错误,不会落入第 16 条。但它也不会是禁止错误,因为容许构成要件错误并非涉及那些(禁止行为人从事构成要件描述之行为的)规范的内容及效力。也就是说,在构成要件错误的规定与禁止错误的规定二者间,确实存在着一个漏洞,容许构成要件就在这个漏洞里面,随而浮现了以下的问题:应该通过类推适用第 16 条还是要(精确地说同样是类推)适用第 17 条来填补这个漏洞?

将《德国刑法》第 16 条类推适用到容许构成要件错误的理由,如下所示:

---

* 举例来说,行为人认识到自己的行为侵犯他人著作权系属不法,但不必然也同时认识到该行为在公平竞争的面向上亦属违法。德国实务界早期认为不法意识系不可分(如 BGHSt 3, 342),现今通说与实务则一致认为不法意识为可分。依此理解,不法意识有其特定方向,由于刑法上的构成要件往往因其保护法益不同,自然也会要求不同角度的不法意识,这就是不法意识的构成要件相关性(Tatbestandsbezogenheit)。

⑩ Neumann Regel und Sachverhalt in der strafrechtlichen Irrtumsdogmatik, FS-Puppe (2011), 171 (173 ff.).

起始语句:对于那些没有认识到属于法定构成要件之情状的行为人,不能依故意犯处罚。

上述的语句,依其文义,不能直接适用于行为人误以为阻却违法事由前提事实存在的情形。

解　　释:行为人对于建构犯行不法的事实有所误认,就是不能对之科以故意刑罚的原因。

相　同　处:误认阻却违法事由前提事实的行为人,和那些没有认识到属于法定构成要件情状的行为人一样,都是对于关系其犯行不法的事实有所误认。

一　般　化:倘若对于故意构成要件之不法所取决的情状欠缺认知,就不受该故意构成要件处罚。

因为这个类推会形成有利于行为人(in bonam partem)的效果,所以不会抵触禁止类推的禁令。

类比推论的关键点就是在语句3(解释),严格罪责理论正是对于这句话有所争执。依照这个理论,《德国刑法》第16条排除故意可罚性的理由并不是在于行为人误认了事实,而是因为行为人误认了构成要件的前提。我们可以把这个论证锁链展示如下:

起始语句:对于那些没有认识到属于法定构成要件之情状的行为人,不能依故意犯处罚。

上述的语句,依其文义,不能直接适用于行为人误以为阻却违法事由前提事实存在的情形。

解　　释:不能对于没有认识属于法定构成要件情状的

行为人科以故意刑罚的原因在于他不知道自己侵犯了他人的法益。

　　相　异　处：那些仅对于阻却违法事实有所误认的行为人，知道自己以原则上受禁止的方式侵犯了他人的法益。

　　结　　论：误认阻却违法事实者可罚性的排除，无法从类推适用《德国刑法》第16条导出。

除上文所述之外，从所谓的反面推论得不出任何其他结论，尤其无法导出应依故意构成要件处罚容许构成要件错误之行为人的正面结论。至于行为人不罚的结论，则可像是由《德国刑法》第17条导出，只要行为人的错误以及由此衍生的禁止错误系属不可避免。

四、法类推

另一个同样被称为类推的操作过程——尽管它并不合于类推适用某个规范的严格要求——就是所谓"法类推"（Rechtsanalogie）。就如同法律类推（Gesetzesanalogie）那样，法类推也是以一般化作为基础。于此所要一般化的，当然就不只是某个个别的规范，而是由数个规范推导出来的一般性原则，这些规范都是以之为基础，都是这个一般性原则的特殊适用情形。

我们已经看过一个例子。"法律不保护由违法行为所生之请求权"这个一般性原则，是从三条民法规定推导出来，也就是《德国民法》第134条、第138条以及第817条*。一个法律行为无效，意味着从该行为不会形成任何法律效果，特别是不会产生请求权。从《德国民法》第817条进一步得出，这些对双方均属禁止或违反风俗的法律行为，无法律上原因所为之给付，从中亦无法产生请求权。我们由此导出的一般性语句便是：从违法行为及其结算都不会产生任何的请求权，以及这类法律行为的结算不能享有法律上的保护。

然后我们再将这个一般性原则适用到《德国刑法》第263条【译按：诈欺罪】与《德国民法》第823条第2项**的解释，以求能够证立：在结算违法交易时，欺瞒他方的当事人不能依诈欺构成要件处罚。因为如此的可罚性是以"行为人侵害了他人在法律上受保护的利益"为前提。

为了进一步论证，我们现在可以说，在结算违法交易时，将诈术行为涵摄到《德国刑法》第263条的后果就是，被骗的一方恐怕就能够依照《德国民法》第823条第2项要求损害赔偿。这样的结果会和推导的原则（违法交易及其结算不应享有民法的保障）有所扞格。

另一个关于法类推的经典范例，则是干扰除去及不作为请求

---

* 《德国民法》第134条内容为"法律行为违反法律禁止规定者，无效"，第138条第1项规定"法律行为违反善良风俗者，无效"。第817条则是不当得利的规定之一，内容为"给付目的之约定，如使受领人因其受领而违反法律禁止规定或善良风俗者，受领人负返还义务。若该违反亦应由给付人负责，即不得请求返还。但给付系以承担债务为内容者，不在此限；为履行该债务所为之给付，不得请求返还"。

** 《德国民法》第823条为侵权行为损害赔偿义务的规定，此处涉及该条第2项第1句，规定内容如下：违反以保护他人为目的之法律者，负与第1项相同之损害赔偿义务。

权的推导。依照《德国民法》第 12 条,姓名权人得对于无权使用其姓名者要求除去及不作为。依照《德国民法》第 862 条,占有人对违法干扰其占有者得主张除去或不作为,依照《德国民法》第 1004 条,所有权人对于影响其所有权之行使者享有相同的请求权。这些规定可一般化成为以下的内容:每个绝对权(亦称对世权)的持有者,对于权利行使的干扰均得要求不作为或除去侵害。从这个一般性语句可再推导出以下的特殊语句:那些像人格权、肖像权、信息自主决定权或营业经营权受到他人干扰时,均得要求除去侵害或不作为。[11]

时至今日,为了从《德国民法》第 12 条、第 862 条以及第 1004 条借道法类推来建构如此的请求权,当然不再需要这么辛劳。人们可以直接从各自被影响的绝对权导出这些请求权。法类推在某种意义下可说是法律实证主义(Gesetzespositivismus)的产物。所追求的是从实证法的个别规定推导出一般承认的原则。法类推和法律实证主义一同失去了意义。更有甚者,许多早年从个别规定通过法类推所建立的一般性原则,这段时间以来也都变成了法律中的明文规定。

---

[11] 参见像是 MüKo BGB-*Raff* § 1004 Rn. 22 ff.

第二章 当然推论,亦称大小推论

一、当然推论的两种形式

当然推论*不仅可以用来建构或拒却一个法律类推,实务或学说也可以用它来扩张一个法条,或是拒却这样的扩张。每个当然推论都是以一个"可层升的概念"(steigerungsfähiger Begriff)和一个借由此概念所形成的"比较性之法规则"(komparative Rechtsregel)作为基础。这个规则可以通过四种不同形式出现:

---

* 当然推论(das Erst-Recht-Argument, argumentum a fortiori)之译语,参考自黄建辉:《法律阐释论》,2000年版,第56页;吴从周文章,载《东吴法律学报》第18卷2期,第120页。德语"erst recht"一词,有"更加"的意思,也可将之译为"轻重相举之推论"或是"比较性推论"。另则有译为"强推论"(如许玉秀:《刑法的问题与对策》,1999年版,第326页,以及许玉秀大法官于台湾地区"司法院"释字第660号解释中的不同意见书)或"正面推理"(如释字第601号解释中,杨仁寿与王和雄大法官的协同意见书),在传统文献中则是称之为"当然解释"(如杨仁寿:《法学方法论》,1989年版,第145页)。

1.可层升的要素越是高度地存在,法律效果就越应该发生(举轻以明重的论据:argumentum a minore ad maius)。

2.可层升的要素越是低度地存在,法律效果就越不应该发生(举重以明轻的论据:argumentum a majore ad minus)。

3.可层升的要素越是高度地存在,法律效果就越不应该发生(举轻以明重的论据:argumentum a minore ad maius)。

4.可层升的要素越是低度地存在,法律效果就越应该发生(举重以明轻的论据:argumentum a majore ad minus)。

语句1和语句2的意思相同,语句3和语句4亦然。当这个可层升的要素是"建构法律效果"的要素时,就可以适用语句1和语句2;当这个可层升的要素是"限制法律效果"的要素时,则可适用语句3和语句4。如果先不论我们是想要建构一个法律效果还是想要否定这个法律效果,我们就只有两种论证形式:举重以明轻的论据和举轻以明重的论据。要运用其中哪种形式,取决于待决案件中要素是比起始语句中更高度的存在还是较低度的存在。*

我们可以通过以下的程式的来说明这两种形式:

E 是个可层升的要素。

E_1 是 E 的某个特定大小【译按:"Größe"一词,于此脉络

---

* 于此附上作者于原版中的说明,供读者对照参考:这种论述的出发点是一个语句,在这个语句当中,可层升的要素是以某种特定的程度出现,或者是法律适用者相信可以从该语句中看出这个层升的要素(意指通过解释加入该要素)。以下,我们就把这个语句称作"起始语句"。如果可层升的要素明确地出现在起始语句当中,那么它的功能究竟是建构法律效果(rechtsfolgenbegründend)还是限制法律效果(rechtsfolgenbegrenzend),或是两者兼具,则是一个解释的问题。

亦可理解为数值】。

Rf 是法律效果。

举重以明轻的推论：

起始语句：若 E_1 则 Rf(或非 Rf)，亦即"$E_1 \to Rf (\neg Rf)$"

比较规则：E 越小,就越会形成 Rf(或非 Rf)

个案陈述：$E_2 < E_1$

推　　论：$E_2 \to Rf (\neg Rf)$，亦即"若 E_2 则 Rf(或非 Rf)"

举轻以明重推论：

起始语句：若 E_1 则 Rf(或非 Rf)，亦即"$E_1 \to Rf (\neg Rf)$"

比较规则：E 越大,就越会形成 Rf(或非 Rf)

个案陈述：$E_2 > E_1$

推　　论：$E_2 \to Rf (\neg Rf)$，亦即"若 E_2 则 Rf(或非 Rf)"

举重明轻推论和举轻明重推论可从相同的比较规则导出。

"E 越大就越会形成 Rf"这个语句,和"E 越小就越不会形成 Rf"这个语句的意义是相同的。这些语句的两种形式,应适用哪一种,取决于要素 E 在待决案件中和在起始语句中相较,是以较小的程度还是较大的程度存在。

我们以下面这个比较性规则为例：

国民的收入越高,越须缴税。

或是：

国民的收入越低,越不须缴税。

现在我们有以下固定的起始语句：

年收入超过 1.8 万欧元、单身且没有负担扶养义务者,必须缴税。

若一个国民年收入为 2 万欧元,单身且没有负担扶养义务,那么从比较规则经由举轻明重的推论,这个国民必须缴税。

现在我们有以下确定的起始语句:

年收入为 1 万欧元者,不须缴税。

如果一位国民年收入为 6 千欧元,那么从比较规则经由举重明轻的推论,他就不必缴税。

但是,从"年收入超过 2 万欧元须缴税"这句话,不能经由举重明轻的推论导出"年收入仅 1.8 万欧元的国民不必缴税"。

同样的,从起始语句"年收入 6 万欧元的国民不必缴税"也不能经由举轻明重推论推导出"年收入 1 万欧元的国民应该缴税"。

只有当起始语句对于法律效果的发生或不发生定出了最高值或最低值(亦即所谓的临界值)时,才会允许两个方向的推论。对于法律效果的发生或不发生来说,临界值是一个充要(充分且必要)条件。*

也就是 $W \geq N \rightarrow Rf$(当 W 大于或等于 N 时,即发生法律效果),举轻明重的推论。

以及 $W < N \rightarrow \neg Rf$(当 W 小于 N 时,即不发生法律效果),举重明轻的推论。

---

* 于此附上前版中的说明:当然推论的出发点是一个可层升的要素;如果这个可层升的要素明确地出现在一个实证上有效的法条当中,这个当然推论就是必然的。但如果这个可层升的要素是通过解释才加进起始语句中,那么这个当然推论就不会是无法反驳的。原则上,这个解释本身就已经是易受攻击的。

许多技术性的领域设有这种临界值,在税法上也是如此。如果我们有以下的起始语句:

收入超过最低年收入 1.8 万欧元者,必须缴税。

由此我们既可以通过举轻明重的推论得出"年收入 2 万欧元的国民必须缴税",也可以通过举重明轻的推论得出"年收入仅 1.7 万欧元的国民不须缴税"。

这个税法上的比较规则看起来似乎平凡无奇、不足为道,但它并不是逻辑规则。让我们想象一个阶级国家,只有穷人必须缴税,富人和掌握权力的人则否。在较古早的时代,像是贵族,无论他多有钱都不用缴税,取而代之,他们有义务要为他们的诸侯或领主征战,他们是用血来偿付,人民则是用财产。我们之所以会认为前面的规则平凡无奇,是因为我们认为这个规则是公平的。

此外,税法的例子之所以明显到不足道,因为我们可以用数字来表达层升概念。但要找出比较规则并且将之描述出来,并非总这么简单。可惜在运用举重明轻推论或举轻明重推论时,这一点经常被忽略。人们经常会信赖这个论据的可信性,而提出以下的描述:如果某个特定的法律效果能适用于特定案件,那么这个法律效果就"更加"必须适用于另一个案件,或是,如果某个特定的法律效果不能适用于特定案件,那么这个法律效果就"更加"不能适用于另一个案件。这样的论证是有漏洞的,因为没有揭露所有的前提。借此同时也保护了自己的前提不会受到批判。当然推论,依其逻辑形式来看,也就是一种类推[12]。如果确认了法规

---

[12] 参见 Heyder Gültigkeit und Nutzen der besonderen juristischen Schlussformen in der Rechtsfortbildung, 2010, 145 ff.

范不能适用于某个案件，那么就提出一个比较规则，这个比较规则让这个法规范能够朝向那些可层升的要素以较高或较低程度出现的案件一般化。也就是说，比较规则就是这个类推的关键。必须要说出比较规则，而不能只用"更加"两个字就想蒙混带过。

在一则德国联邦劳工最高法院处理的案件中，受雇人对于即时解雇提起诉讼，因为雇主确认了受雇人在授予某项委托任务时，收了某个特定申请人的钱，所以开除了该名受雇人。受雇人主张这样做并不会让公司遭受损失，因为他特别会议价。德国联邦劳工最高法院则认为，如果受雇人在为其雇主作出营业上的决定时，收受或允诺收受相对人的贿赂，就会形成一个即时解除劳动契约的重要事由，法院因此驳回起诉。法院是这样证立这句话：

> 原则上并非取决于是否已有损害雇用人之行为出现。只要给予的利益通常会形成"受雇人不再只是维护雇主利益"的危险，即为已足。在这类情形中，这样的行为能够正当化特别解雇的固有原因倒不是在于契约义务的侵害，而是受雇人由此所显露的态度：在履行任务时毫不迟疑地想要维护自身利益，尽管他必须仅以雇用人的利益实现该任务。受雇人通过其行为，摧毁了对其诚实与可靠的信赖。[13]

您想象一下自己要对以下的案件作出判决：受雇人没有接受相对人提供的贿赂，而是以一种或多或少保留的形式要求相对人交付贿赂。我们再尝试从这个德国联邦劳工最高法院判决的文本导出一个比较规则，可能的内容如下：

---

[13] BAG NJOZ 2002, 508 (513 f.).

> 受雇人通过其行为对于其履行任务时维护自身利益（而非其雇主之利益）这一点表达出的意愿越强，就越是存有特别解聘事由。

我们现在可以确认，一个受雇人若是要求潜在的交易当事人支付贿赂给自己，和一个只有接受相对人对其提出贿赂要约的受雇人相比，前者表露出较高的意愿，在其为雇主作出决定时，较会倾向维护自己的利益（而非雇主之利益）。因此，我们可以从德国联邦劳工最高法院的判决推导出，具有决定权限的受雇人要求交易相对人支付贿赂给自己，是一个重要的解约事由。

大小推论，特别是举重明轻的推论形式，也可以适用于一个规范的法律效果部分，因为法律效果也可以是或多或少严重或严厉的。如果一个规范允许了某种特定的法律效果，便可以追问，是否其他较弱、对当事人较少不利益的法律效果也同样受到许可。举例来说，当法律在特定前提下允许拒绝许可，那么后随的问题就是，是否基于这个规定，也允许授予附负担的许可（Erlaubnis unter einer Auflage）？这种论证形式在行政法上有其重要性，因为行政法处于手段须合乎比例（Verhältnismäßigkeit）的诫命下。

因此，以下这个比较规则即普遍地有其适用：

> 行政措施对于当事人带来的不利益越少，就越会受到容许。

此外，从比例原则也会得出，如果较少不利的措施受允许，那么较为不利的措施便不受允许。但这只有在特定前提下始有适用，也就是供比较的措施之间，仅在这些措施不利益的强度上有所差异。特别是被比较的两个措施,必须是以相同程度实现其命令之目的。然而,如果较不利的措施没有较少不利之措施所具有的其他缺点,那么这些缺点也可以用来支持采取较不利的措施。最后,两个措施中何者较为不利益,也绝对可能会引发争议。因此,将举重明轻的推论应用在法律效果的部分,需要非常小心。[14]

二、一则当然推论的讨论

> 建议读者对于参与他人自我涉险的理论(Lehre von der Teilnahme an fremder Selbstgefährdung)先具有基础认知。

当然推论的问题是在于比较规则的探求、描述,以及从起始法条中去建构比较规则。可惜的是,在适用这种推论形式时,这点经常会被忽略,因为人们总是非常信赖当然推论在直觉上的说服力。这是一个方法论上的错误,因为一旦没有对比较规则提出理论基础,当然推论就会变成既无法证成亦无法批评。然后就可能发生,这个(从某个清楚的起始语句所导出的)当然推论被引入歧途。对此有个例子:

被告是一名警员,他把职务手枪放在自己车内的仪表板上,同车的女乘客拿起了这把枪自杀。射击武器的持有人有义务要随时防止别人取得这个武器,被告违反了这个注意义务。因为他已经知道这名女乘客罹患忧郁症并且有自杀倾向,所以这个基

---

[14] 因此,Heyder Gültigkeit und Nutzen der besonderen juristischen Schlussformen in der Rechtsfortbildung, 2010, S. 153 便认为,法律效果的大小推论并不是一种逻辑上的论据,而是一种目的论的论据。

于被告违反注意义务所引发的死亡,对于被告来说系属可预见(vorsehbar)。下级审法院便依过失致人于死罪判决被告有罪。德国联邦最高法院则以下述的理由废弃了该判决:

> "基于帮助故意,共同惹起了一个自杀者死亡的人不能被处罚,因为自杀不是犯罪行为。"依此"基于公平的理由,不可以去处罚那些只是过失引起自杀者死亡的行为人"[15]。

Roxin[*]显然把德国联邦最高法院的论述理解成当然推论,并将此推论继续再发展如下:

> 也就是说,如果引起故意自杀……是不罚的,那么从德国联邦最高法院在最新的自杀判决中所正确建立的评价关联性,借由同样的逻辑也可以导出,参与他人的故意自我涉险行为时,共同引起者也必须是不罚的。因为,如果连故意招致法益侵害的行为都没有被杀人罪的规范保护目的所涵盖,那么那些(对结果通常只有过失的)参与自我涉险行为就更加没有被涵盖。[16]

从不处罚参与他人自我杀害的结论到不处罚参与自我涉险[**]

---

[15] BGHSt 24, 342 (343 f.).

[*] Claus Roxin(克劳斯·罗克辛,1931年出生),德国著名刑事法学者,1999年自慕尼黑大学退休,迄今仍持续有著作发表。其所提出的诸多主张(如客观归责理论、故意归责理论、犯罪支配理论、义务犯理论等),对于德国甚至世界刑法学界均有重大影响,堪称当代德国刑法学的一个重要里程碑。

[16] *Roxin* Zum Schutzzweck der Norm bei fahrlässigen Delikten, FS-Gallas (1973), 241 (246).

[**] 参与他人自我涉险,像协助他人从事高危险的极限运动挑战,或者像举办高危险的竞技比赛。

的结论,刑法学界先是接受了这个当然推论。自此之后,人们便区分"参与自我涉险"(Beteiligung an einer Selbstgefährdung)和"经同意之他人危害"(einverständliche Fremdgefährdung)二者,前者本身即属不罚,后者则可以连结进一步的条件后不罚。[17] 后来,这个"帮助自我危害"与"经同意之他人危害"的区分受到质疑[18],随而连同前面所介绍 Roxin 提出的当然推论也跟着受到了质疑。[19] 因为 Roxin 并没有指明作为其当然推论基础的比较性法则,所以我们现在必须要推测,这个规则可能是如下所述:

  一个参与者对于导向结果之因果历程的支配程度越高,就越应该对此负责。

  一个参与者对于导向结果之因果历程的支配程度越低,就越不用对此负责。

根据这个规则,德国联邦最高法院从不处罚故意帮助自杀推

---

[17] SK-*Jäger* Vor § 1 Rn.147 ff.; Schönke/Schröder-*Sternberg-Lieben* Vor § 32 Rn. 103 ff.; *Kindhäuser* AT 12/66 ff.; *Otto* AT § 6 Rn. 60; *Kühl* AT 4/88a ff; 最近如 BGH 53, 55.

[18] *Dach* Die Beteiligung an vorsätzlicher Selbstgefährdung, NStZ 1985, 24 (25); *Frisch* Selbstgefährdung im Strafrecht, NStZ 1992, 1 (5); *Otto* Anm. zur Entscheidung des BayObLG vom 14.02.1997-StRR 4/97, JZ 1997, 522 (523); *ders*. Eigenverantwortliche Selbstschädigung und-gefährdung sowie einverständliche Fremdschädigung und-gefährdung, FS-Tröndle (1989), 157 (172); *Wessels/Beulke/Satzger* Rn. 283 f.; NK-*Puppe* Vor § 13 Rn.183, 185; *dies.* Mitverantwortung des Fahrlässigkeitstäters bei Selbstgefährdung des Verletzten, GA 2009, 486 (489 ff.).

[19] MüKo-*Duttge* § 15 Rn.153; *Zaczyk* Strafrechtliches Unrecht und die Selbstverantwortung des Verletzten (1993), 53, 185; NK-*Puppe* Vor § 13 Rn.183; *dies*. AT 6/5 ff.; *dies* . Die Selbstgefährdung des Verletzten beim Fahrlässigkeitsdelikt, FS-Androulakis (2003), 555 (560 f.); *Frisch* Selbstgefährdung im Strafrecht, NStZ 1992, 1 (5).

论出不处罚过失促成自杀,是一种举重以明轻的论证,说明如下:

起始语句:故意参与他人的自我侵害行为者,不罚。

导入比较性要素:凡是过失参与他人的自我侵害行为者,对于因果流程的支配程度比故意参与者低。

比较规则:参与者对于导向结果之因果流程的支配程度越弱,就越不应受处罚。

结　　论:凡是过失参与他人之自我侵害行为者,不罚。

这是对于德国联邦最高法院的论证所作的解释,Roxin 后续发展的论述就是以此解释作为基础。如果我们对于 Roxin 论证的诠释无误,那么他的论证可以完整描绘如下:

起始语句:过失参与他人的自我侵害行为者,不罚。

导入比较性要素:过失参与他人的自我涉险行为者,对于结果发生的支配程度要低于过失参与他人的自我侵害行为者。

比较规则:参与者对于导向结果之因果历程的支配程度越低,就越不应该处罚。

结　　论:过失参与他人自我涉险行为者,不罚。

然而,像这样的当然推论(举重以明轻),只有在下面的前提存在时才会是有效的:当这两个被互相比较的情形,只有在"可层升的要素于待决案件中(与该要素在起始语句中相较)是以更弱的程度显现"这一点有所不同。如果这个前提没有实现,那么就存在着一个危险,亦即通过这个比较论证,会掩盖、忽略这两个相互比较之情形间的关键差异。这个条件,在德国联邦最高法院提出的举重明轻论证中有被实现,因为过失促成他人自杀和故意促成他人自杀二者，不同处只在于前者的行为人对于结果的发生只有较低程度的支配。但是在 Roxin 对于这个当然推论的延伸阐述中，则忽略了相互比较之案例间的另一个不同点，而参与他人自杀及自伤的行为之所以不受处罚，有可能就是基于这个不同点。

  凡是有意识地放弃或摧毁或让人摧毁自己的法益客体者，都是在实现他想要摆脱这个客体的意志。借此，他对于这个客体的处分权利非但没有被侵害，而且还相反地被实现。

  凡是只想让自己的法益客体面临危险者，原则上并没有想要失去它。也就是说，他让该法益客体面临危险的这个决定，并不能涵盖到此一危险的后果，亦即不能涵盖到失去这个法益客体的结果。

这个差异阻碍了我们从"参与他人自我侵害行为的合法性"推论到"参与他人自我涉险行为的合法性"。

  此处所涉及的实质法律问题就是"是否以及在如何的程度上，应该保护人民不要让他危害到他自己的法益""是否以及在怎样的程度上，应该保护人民不要让他（与教唆类似）促使自己掉入危险"。我们在这里并不是要对这个实质的法律问题作出决定，而只是要说明，一个有效的当然推论（比较性论证）必须满足哪些要求。这些有效性的要求计有：

  1. 起始语句中含有一个可层升的要素，这个要素是以某种特定的程度实现，并且建构或限制了法律效果。

  2. 从这个可层升的要素可导出一个比较性规则，依照这个规则,当可层升的要素以较高或较低的程度实现时,更应该让法律效果发生或不发生。

3.待决案件与起始语句的不同处在于:可层升的要素在待决案件中被实现的程度,要比它在起始语句中被实现的程度来得更高或更低。

4.待决案件与起始语句二者,不可以在其他对于决定具有重要性的要素上有所差异。

第三章 归谬论证

一、归谬论证的有效性要件

归谬论证(argumentum ad absurdum)*在刑法学界与司法实务界享有盛名,其原因可能在于:让大家一致认为某个特定结论是错误、荒谬的,要比让大家一致认为某个结论是正确的(甚至是唯一正确的)来得容易许多。此外,加上这种论据在修辞上的强烈冲击力道,再没有其他的非难,能够比指称某个命题会导致荒谬结果的非难更彻底、终局地摧毁一个命题的名声。对于那些目的并不是在说明世界(这个世界在个别处确实有可能是荒谬的),而是在于尽可能理性组织世界的学门,尤其是如此。**然

---

* 归谬论证的译语,参考自柴熙:《哲学逻辑》,1988年版,第245页,亦可译为"谬误论证"。另亦有将之译为"荒谬逆推论证"(如颜厥安:《法与实践理性》,1998年版,第182页)、"谬论"或"矛盾推论"(如许玉秀:《刑法的问题与对策》,1999年版,第326页以下)。

** 自然科学的任务是要解释世界,如果发现了某种荒谬的、不合于目前认知的自然现象,或是某种理论推导出这样的结论,只要确证该现象确实会(转下页)

而，正是因为如此，对于归谬论证才会有一个学术上的谨慎诫命（Gebot der wissenschaftlichen Gewissenhaftigkeit）：在我们小心谨慎地检验过归谬论证于逻辑上的一致性及其前提事实的正确性之前，不得提出归谬论证。接下来的研究将会显示，这个要求多半没有被实现，以至于归谬论证的提出与其在修辞上的夸口二者并不相称（不成比例）。*

归谬论证，就其事实上与逻辑上的前提而言，算是要求最高的论证模式之一，为我们提供了法学论证的军火库。依其形式，归谬论证是一种间接的证据。它不是要证明自己命题的正确性，而是要证明对手命题的错误，亦即从对手命题导出一些显然错误或无法接受、也就是荒谬的后果。

这种论证模式，只有合于以下的前提才是有效的：

  1.被导出的结论必须确实是荒谬的，而且不能只是在作者的观点下为错误：谬误性要求（Absurditätspostulat）。

  2.谬误的结论必须是根据逻辑规则，从正确且完整描述的命题所导出：正确推论要求（Folgerichtigkeitspostulat）。

  3.导致荒谬的命题与应被证明的命题，必须是处于像"A"与"非A"的关系，不可以有第三种可能性存在：排他性要求（Exklusivitätspostulat）。

  4.对立命题必须在所有根据归谬论证可导出荒谬结果的情

（接上页）出现，自然科学就会全力尝试对于中间的形成过程提出合理解释，并赞扬该理论有了新发现，而不会因此受到贬抑。法学的任务则有所不同，一个理论、判决或规定若会导向荒谬的结论，绝对会成为一个拒绝采用的好理由。

  * 意指："将会导出荒谬结论"的这种指摘有很强的杀伤（破坏）力，但如果在提出前没有经过谨慎确实地审查，那么这种指摘就只不过是一种修辞上的夸口罢了。

形中,都能够避免这个荒谬结果:完全性要求(Vollständigkeits-postulat)。

5.除放弃该命题外,不可以有通过其他方法避免这些逻辑上之后果的可能性存在:独占性要求(Ausschließlichkeitspostulat)。

二、有效性要件之1:谬误性要求

> 读者应先回想未遂的定义,以及了解共同正犯的基础。

我还记得很清楚,当我还在念大学时,有个德国联邦最高法院的判决让我们笑了出来。这个判决指出,被告因对自己成立谋杀未遂而被判决有罪。[20] 3个窃盗集团成员,全都带有枪械,相互约定只要一看到追捕者,就要立刻朝追捕者开枪射击,大家对于击毙追捕者这一点都予以接受。当他们侵入住宅时,以为自己被发现,便仓皇逃离现场,其中一名行为人误以为跟在自己身后的是追捕者(但实际上是他的同伙),便依照先前约定朝后方开枪,但没有击中。德国联邦最高法院认为,其中一人依约实行了杀人未遂行为,这3个人则是这个未遂犯的共同正犯。如此一来,法院也处罚了那名被同伴瞄准的人,他被论以杀人未遂罪的共同正犯。这样的结论不仅受到学生的讪笑,迄今也被许多法律学者斥为荒谬。[21]

---

[20] BGHSt 11, 268.

[21] *Spendel* Zur Kritik der subjektiven Veruchs-und Teilnahmetheorie-BGHSt 11, 268, JuS 1969, 314 (315); *Schreiber* Grundfälle zu „error in objecto" und „aberratio ictus", JuS 1985, 873 (876); *Scheffler* Der Verfolger-Fall (BGHSt 11, 268) und die Strafbarkeit der „versuchten fahrlässigen Selbsttötung" JuS 1992, 920 (922); *Roxin* AT/2 25/195.

然而，只要人们考虑到，这个未遂根本不是因为客观上某个特定客体被瞄准甚或被侵害而成立，而是单独根据行为人的想象而产生，这样的结论就会褪去荒谬的外观。因为射击者将被瞄准的人当作追捕者，他所尝试的正是去实现自己与其他人先前所约定的犯行计划。如果人们和德国联邦最高法院一样，认为约定（Verabredung）即足以建构共同正犯的关系，那么就再也没有理由不依照共同正犯的规则将同伙的未遂行为也归责于那名被错认的追捕者。特别是开枪射击者实际上瞄准了同伙的这个事实，也不会成为反对的理由。即便人们赞同现今一致的看法，认为每个杀人故意都包含了伤害故意，这个未遂的结果（被错认成追捕者的窃贼所受到的伤害）也不应作为不法来归责于伤者。但这和未遂的定义无关，也和共同正犯的从属性无关，而仅单纯是该损害对于遭受损害者来说，客观上并非不法。[22] 挖坑要陷害别人的人，纵使最后掉进陷阱的是他自己，也应论以伤害未遂处罚。但尽管如此，他不能被论以伤害既遂。这个例子告诉我们，某个特定结论的荒谬外观可能只是假象。

三、有效性要件之 2：正确推论要求

> 读者应先了解所谓打击失误（aberratio ictus）的争议。

关于所谓故意具体化（Vorsatzkonkretisierung）和打击失误的讨论提供了一个例子，可以用来说明归谬论证第 2 个前提没有被实现。少数见解主张，行为人通过瞄准而将客体特定下来的这个

---

[22] BGHSt 11, 268 (271).

具体化行为(Konkretisierung)和所有其他关于客体同一性的想象一样,都不具重要性,这就是所谓等价理论(Gleichwertigkeitstheorie)。通说【译按:指具体化理论(Konkretisierungstheorie)】则斥责这种看法,认为少数说在打击失误的情形,假定或拟制了行为人侵害构成要件上同种客体的故意。[23] 在刑法上,不利于行为人的假定或拟制是绝对不允许的。然而,从所谓等价理论并不会导出这种一般故意(genereller Vorsatz)的拟制,这种一般故意原本就存于每个特殊故意当中,亦即,一般故意在逻辑上必然被包含于特殊的故意中、包含于行为人(通过任何方式)具体针对某个合于构成要件该当种类之特定客体的故意中,因此根本不可能被拟制。*这个简单的逻辑认知也曾被通说用来证立等价客体错误的不重要。

这种斥责别人拟制的非难,效果非常好,但其背后经常隐藏着思维上的错误,这错误就在于人们把自己的理论所提出的要求假定为正确,然后去谴责没有提出这些要求的对手,指责他们拟制了这些要求存在。[24] 然而,凡是在举证时,把自己想证明之命题的正确性定为前提,就是一种循环证明(Zirkelbeweis)(对此见下文第四课第五章之一)。

---

[23]　*Kühl* AT 13/ 33; 亦见 Baumann/Weber–*Eisele* AT 11/90.

*　举例来说,行为人瞄准 A,基于杀害 A 的意思开枪,却出乎行为人意料地击毙了一旁的 B。内文中所称的一般故意就是"要杀死一个人",特殊故意则是"要杀死 A"或"要杀死 B"这样的特定想象。等价理论其实并没有要拟制行为人具有杀死 B 的故意,而是认为不用这个认知也能够成立故意杀人既遂犯。更精准的说法,则是区分故意与故意既遂归责二者,详见蔡圣伟:《刑法问题研究(二)》,2013 年版,第 130 页以下;蔡圣伟文章,载《月旦法学杂志》第 227 期,第 20 页以下的说明。

[24]　*Puppe* Umgang mit Gegenmeinungen, JuS 1998, 287 f.

对此有一个例子:

> 读者应先大概了解关于风险升高理论(Risikoerhöhungs-theorie)的争议。

对于过失犯的结果归责来说,除注意义务违反行为之于结果的因果关系外,还有什么是必要的? 刑法学界对此问题存有争议。依照通说,若要肯定结果归责,还必须确认,行为人倘若实施了合于注意义务的替代行为(Alternativverhalten【译按:合法之替代行为】)就能够避免结果发生。反之,依照风险升高理论,只需要行为人违反注意义务的行为——与合乎注意义务的行为相较——明显升高了结果发生的风险,即可肯定结果归责。

Roxin 以下述内容证立此点:当行为人通过其违反注意义务的行为招致了结果时,即已确认其行为的"整体风险"(Gesamtrisiko)无论如何都已在结果中实现。但如果行为人违反其注意义务逾越了容许风险,那么就不再能够区分(亦包含于行为中的)容许风险和(以注意义务违反为条件的)受禁止之风险。因此,行为人通过其违反注意义务的行为提升了结果发生的容许风险,即属已足。㉕

司法实务界则是用以下的语句来对于避免可能性理论(Vermeidbarkeitstheorie)与风险升高理论之间的争议作出决定:

> 由于风险升高理论抵触罪疑唯轻原则(in dubio pro reo),故应予拒绝。㉖

㉕ *Roxin/Greco* AT/1 11/90.
㉖ BGHSt 21, 59, 24, 31; BGH GA 1988, 184; BayObLG VRS 58, 412; OLG Thüringen VRS 111 (2006), 80 (84); NK-*Gaede* § 13 Rn. 15; MüKo-(转下页)

如果从风险升高理论的命题(仅需行为人的注意义务违反行为提高了结果发生的风险,便足以肯定结果归责)真的可以推导出罪疑唯轻原则被抵触,那么这个理论确实就是荒谬的,因为我们的刑事程序不容许抵触罪疑唯轻原则。但如果人们从风险升高理论的命题(只要不受容许之行为升高了不受容许的风险,对于结果归责来说即属足够)出发,那么依照罪疑唯轻原则,就只需要证明这个风险升高的事实。也就是说,只有先以"避免可能性理论为正确"作为前提,风险升高理论才会抵触罪疑唯轻原则,因为风险升高理论对于"行为人合于义务而行为就能避免结果"这个事实并不要求程序上所必要的确信。*但如此一来,对于风险升高理论提出这个抵触罪疑唯轻原则的非难即属多余,因为通过避免可能性理论的证明,已经驳斥了风险升高理论。

四、有效性要件之3:排他性要求

> 读者应先大概了解法院的督促程序(Mahnverfahren)。

归谬论证是一种间接的证明。它不是要证明自己的主张正确,而是在证明对立见解的错误(因为对立见解建立在一个不可能正确的陈述上)。但只有当这个陈述与自己见解所根基的陈述是处于肯定与否定(A 与非 A)的关系,亦即不存在第三种可能性

(接上页) *Duttge* § 15 Rn.181 f.; *Jakobs* AT 7/103; Maurach/Gössel/Zipf-*Gössel* AT/2 43/129; *Kindhäuser*/Zimmermann AT 33/46; Baumann/Weber-*Eisele* AT 10/90; *Ulsenheimer* JZ 1969, 364 (366); *Dencker* JuS 1980, 210 (212); *Schlüchter* JA 1984, 673 (676); *Brammsen* MDR 1989, 123, 126 f.; *Otto* NJW 1980, 417 (423 f.).

* 对此另可参见蔡圣伟:《刑法问题研究(一)》,2008年版,第30页以下的说明。

(排中律*)时,才能导出自己见解所立基之语句的正确性。有个违反此要求的归谬论证,就是德国联邦最高法院实务上关于督促程序中的诈欺案件。

被告的母亲曾经是某公司具有代表权限的共同股东,被告对该公司提出了 180960 欧元额度的支付命令。这个支付命令被送达到被告母亲的私人地址,因此公司里其他具有代表权限的股东都不知道这件事。被告的母亲不仅坐视支付命令的异议期间经过,好让她的女儿得以申请到执行命令,而且也让这个执行命令的异议期间经过,如此一来她的女儿就可以对公司提起债权额度内的查封及交付裁定的申请,但实际上这个债权并不存在。

这里不是要讨论被告是否构成(其母亲所违犯之)背信罪的帮助犯。德国联邦最高法院于此认定女儿成立电脑诈欺罪,因为支付命令是自动发出:只要行为人所使用的不正确资料(unrichtige Daten)在对自然人行使时也会构成诈欺罪,那么电脑诈欺罪的构成要件便会通过这些资料的使用而实现。法院用以下的论述来说明这个前提已被实现:

> 司法人员在执行程序中不具有审查债权的权限,与此相对,在裁定程序中,如果司法人员知道申请人所主张的债权不存在,就必须拒绝发布支付命令或执行命令。如果他依申请核发了命令,便是认为,根据《德国民事诉讼法》第 138 条第 1 项所生之义务**,

---

* 逻辑上的"排中律"(tertium non datur),系指(p ∨ ¬p)为真。在此处的脉络下,是取其排除了第三种可能性的意思。

** 《德国民事诉讼法》第 138 条规定了当事人据实陈报的真实义务(Wahrheitspflicht),其中第 1 项规定:当事人对于其所声明之事实情状,必须完整且合于真实地陈报。

申请人（依程序法不经审查即应采纳）的事实主张与真实相符。㉗

德国联邦最高法院通过这段论述想要证立的是，在虚构的类比对照情形中（亦即假想支付命令是由司法人员做成，而非电脑），司法人员会错误地认为申请人所主张的债权存在。思维过程整理如下：

语句1：司法人员若是知道债权不存在，就不会（或不得）核发支付命令。
语句2：司法人员核发了支付命令。
语句3：因此，司法人员相信债权存在。

这个推论是错的，因为无法从"司法人员不知道被主张的债权不存在"推出"他相信债权存在"。这里还存有第三种可能性（Tertium），也就是司法人员既不相信债权存在，也不相信债权不存在。在这种情形，他仍负有核发支付命令的义务。*

㉗ BGH NStZ 2014, 711 (713), ebenso BGH NStZ 2012, 322 (323); BGHSt 24, 257 (260 f.).

* 必须注意的是，此处的讨论与是否采行被害人理论乃属不同层次的问题：我们必须区分有所怀疑（Zweifel）与想象的不确定（Unbestimmtheit der Vorstellung）二者。凡是对于某个特定事实是否存在有所怀疑的人，都是想象了这个事实无论如何是可能存在的，他只是对此不确定。与此相对，那些对此根本未做任何想象的人，要不就是根本没有去想，不然就是不去决定应认为该事实存在或不存在。作者也再次声明，这里的重点不在于最高法院终局结论的对错，而是要从方法论的角度点出，最高法院想要用以证成其结论的间接证据，在推论上并不正确。作者最后也补充说明，人们当然也可以把某种想象的欠缺称作一种错误，就如同我们在总则中处理构成要件错误的做法。但在解释诈欺构成要件时，人们对于"错误"这个要素则是要求欺瞒的相对人要有积极的错误想象（positive Fehlvorstellung）。除非人们在解释诈欺构成要件的错误要素时，放弃这种积极之错误想象的要求，才有可能证成最高法院所希望的结论，但作者于此处并不打算处理这个争议。

五、有效性要件之4：完全性要求

> 与下文有关的争议是：当正犯发生客体错误时，教唆者应负如何之责任（罗瑟/罗萨案）*。

所谓"宾丁大屠杀论据"（Binding'sches Blutbadargument），直到今天还经常被援用㉘；这个论据为那些没有满足第4个有效性前提的归谬论证提供了一则范例。这个论据是用来反对通说，通说认为，当正犯因为客体错误而侵害了异于教唆者所希望的另一个法益客体（典型的例子就是正犯杀了另一个人）时，教唆者应依既遂犯（或者至少依未遂犯）来处罚。㉙ 大屠杀论据是从通说推导出荒谬的结果。通说的命题是：下手攻击客体的主行为人，行为时乃系基于"这正是依照教唆者的嘱咐所应该要攻击的对象"这种错误想象，因此有着手于教唆者所教唆的犯行。这个命题的必然结论就是，教唆者至少应依教唆未遂罪受处罚，而非仅只是成立未遂教唆**（见下文第六课第一章之二）。

---

* 罗瑟/罗萨案（Fall Rose-Rosahl），是1859年德国司法实务上的著名案件，主要事实如下：罗萨以金钱唆使罗瑟杀死S，罗瑟便持猎枪埋伏在路边等待S出现。昏暗中，罗瑟见到一名男子走近，误以为是S（实际上是他人），将该男击毙。本案中被教唆者（正犯）发生等价之客体错误，该错误对于教唆者的责任有何影响，学说上有不同主张，此案后来成为一则经典的教科书案例。

㉘ LK-*Roxin*, 11. Aufl., § 26 Rn. 93; *ders*.AT/2 26/121; *ders*. Rose-Rosahl redivivus, FS-Spendel (1992), 289 (296 f.); *Bemmann* Zum Fall Rose-Rosahl,MDR 1958, 817 (821); *Schreiber* Grundfälle zu „error in objecto" und „aberratio ictus" im Strafrecht, JuS 1985, 873 (875).

㉙ Preußisches Obertribunal GA 7, 332; BGH NStZ 1991,123 mit Anm.*Puppe*.

** 所谓教唆未遂（Anstiftung zum Versuch），是指主行为人（正犯）（转下页）

上述的命题在下面的情形中将会导出一个"令人难以置信的结果"：如果被教唆者在发现了自己的错误后，又继续杀害了数人，而且每次下手时都是相信自己终于找到了正确的被害人，倘若依照该命题【译按：此指通说】，幕后者将会变成"整个大屠杀的教唆者"㉚。为了防止这个令人难以置信的结论，Binding 认为，必须要推翻"教唆者在正犯发生客体错误时应负教唆既遂犯罪之责"这个命题。除此之外，也必须要反对让教唆者负担教唆未遂的责任。因为，并非正犯可能违犯的一切着手行为均可归责于教唆者，在这里甚至根本没有任何一个着手行为可以归责于教唆者。

"宾丁大屠杀论据"并没有满足归谬论证的完全性要求，因为就算主行为人并非处于客体错误，而是发生打击失误，也还是会出现相同的问题。这时，即使是 Binding 与其支持者也不能否认，主行为人正是违犯了教唆者所唆使的那个未遂行为，亦即，正犯所违犯的未遂行为可作为教唆的结果来归责于教唆者。当正犯违犯了数个这样的未遂行为，并且每次都认为"这次总会打中了吧"，那么幕后者也不会被论以"整个屠杀的教唆者"而受罚。此外，这个问题也会出现在教唆者只有在数量上（quantitativ）限

（接上页）业已着手于教唆者所教唆之犯行；与此相对，所谓未遂教唆（versuchte Anstiftung），则是指主行为人尚未着手于被教唆之犯行，或者是着手实行之罪异于被教唆之罪。在德国，前一种情形仍属可罚，处罚根据是《德国刑法》第 30 条。依照该条第 1 项前段之规定，着手使他人形成违犯重罪（或教唆重罪）之决意者，依该重罪未遂之规定处罚。但在台湾地区，自从 2005 年立法者删除"刑法"第 29 条第 3 项（被教唆人虽未至犯罪，教唆犯仍以未遂犯论。但以所教唆之罪有处罚未遂犯之规定者，为限）之规定后，未遂教唆即属不罚。

㉚ *Binding* Die Normen und ihre Übertretung, Band. III (1918), 214, Fn. 9.

定主行为，但对侵害客体则只有根据种类来确定的情形【译按：例如教唆者唆使主行为人殴打某公司会计部门的任何一名员工】。在这里也同样可能会发生，主行为人违犯的犯行超出原先与教唆者约定的数量，但这每一个犯行本身却完全地符合教唆者的预先设定。这里显示出，就算要求个别的主行为须与教唆者的想象一致，也无法解决 Binding 的大屠杀问题，这应该通过数量（程度）逾越（quantitativer Exzess）的规则来解决。㉛

六、有效性要件之5：独占性要求

如果第 4 个有效性要件没有实现，那么第 5 个有效性要件也不会实现。亦即，如果所要证立的理论并不能在所有荒谬结果会出现的情形中避免得了荒谬结果，那么就一定还有其他方法存在。尽管如此，独占性要求还是有其存在的正当性。因为一个从法条导出的推论，即使它在逻辑上系属必然，也不见得是清楚单义的。还是有可能在推论之外有其他反对此结论的理由。也就是说，还是会有部分的情形，虽然满足完全性要求，但却没有实现独占性要求。关于主行为人或共同正犯发生客体错误的讨论，也对此提供了一个例子。这里的归谬论证如下：

> 如果教唆者或是没有直接行为的共同正犯本身就是行为人客体错误的被害人，那么从"实行者的客体错误不具有

㉛ NK-*Puppe* § 16 Rn.112.【译按：此系指应通过共犯逾越（过剩）的规则来处理。】

重要性"*这个命题,对于其他的参与者便导出了"被击中的人是因为侵害自己而受处罚"的结果。

这的确是个荒谬的结论。不将(发生客体错误之)主行为人所为之行为归责到其他参与者头上,也是一个能够避免此荒谬结果的方法,而且是完全避免。然而,只有当这个命题是避免此种结论的唯一可能性时,才会是一个支持排除教唆者结果归责的证明。但对立命题的支持者也同样能够立即避免这个荒谬结果,只要他们指出:行为人对自己的侵害,就其自身而言不能够评价为不法,且即使是依照从属性的规则,也不会对此有所改变。[32] 德国联邦最高法院在这个案件中就是如此论证,认为自己被击中的参与者不应依既遂的伤害罪受罚,但还是会有未遂的责任。[33] 因为,挖坑想要陷害别人者,就算自己掉进坑里,也不会因此变成无辜的人。

七、混淆问题的归谬论证

那些并未满足第 4 和第 5 有效性要件的归谬论证,我们可以称之为问题混淆(Problemkonfusion)。于此,被攻击的命题是通过下述的方式推导出荒谬的结果:人们先将这个命题适用到某些

---

* 在刑法上的错误理论中,当某种错误被称为不重要或不具重要性(Unbeachtlichkeit)时,意指该错误不会阻却故意既遂犯的成立。内文此处便系指,直接行为者所发生的等价客体错误,不会对其应负的责任有任何影响。

[32] NK-Puppe § 16 Rn.111; *dies.* Der gemeinsame Tatplan der Mittäter, FS-Spinellis (2001), 915 (940).

[33] BGHSt 11, 268 (270).

特定案例上，而在这些特定案例中，除该命题所要解决的问题外，还另含有其他进一步的问题。这样做的目的，就是要接着指责这个被攻击的理论无法解决第二个问题，然后斥责该理论会在原本出现待决问题的案例中导出荒谬的结果。Binding 所提出的大屠杀论据便是如此，在这个论据当中，就是把"教唆者预先约定的内容和主行为二者间，究竟必须要在哪些要素上相符才能将之评价成教唆的实现而归责于教唆者"这个问题，和另一个完全不同的问题（当正犯所违犯的犯行比他和教唆者原先所约定的犯行更多时，应如何处理教唆者）相混。借由"教唆者走入自己设下的陷阱中"这样的例子来讨论"教唆者之主观想象与主行为二者间必要的一致性"这个问题，是一种问题的混淆。

对于"打击失误原则上会阻断结果归责"这个命题，文献上特别会拿下面这个帝国法院的实际案例来说明[34]：

> 被告在黑暗中拿着枊杖对攻击者进行自我防卫，但并没有打中攻击者，而是击中了自己的妻子（当时她站在攻击者后方正试图要拉住攻击者）。

当然，对于受攻击者【译按：指该案被告】科以对妻子的伤害既遂罪来处罚，不可能是正确的结论。然而，打击失误的理论既不用也不能在这个案件中避免荒谬的结果。因为，当人们为了案件的解决便仅适用这个理论，那么无论如何都会得出应依伤害未遂罪处罚的结论。借此显示了，不处罚受攻击者的理由和打击失误的争议一点关系都没有。不处罚受攻击者的理由是在于他的行为是针对攻击者所为，并且会通过正当防卫去阻却违法。也就

---

[34] RGSt 58, 27 (28).

是说，并没有可罚的未遂行为（得以建构故意招致之结果归责的未遂行为）。所谓等价理论和具体化理论【译按：即通说】都考虑了这些事实，因为伤害攻击者的未遂行为和伤害非攻击者的未遂行为二者，依法并非等价。

对于那些在间接故意放弃所谓意欲要素（对结果同意地加以忍受）的故意理论，曾经有反对者指出，这些理论会导致荒谬的结果，亦即会让一名外科医生在实施了唯一能够拯救生命的手术后，因为他认识到该手术某种程度带有致病患死亡的概然性，故会受到故意杀人罪或杀人未遂罪的处罚。㉟

但这个问题不应该在故意这里解决，而是应该在阻却违法的范畴。㊱ 如果医生已取得患者的承诺，并且手术的进行也合于医疗准则（lex artis），他就可以阻却违法，纵使他容任或忍受了患者的死亡（或许因为他认为对于苦痛的病患来说死亡会比存活更好），亦然。

混淆问题的说服力，经常是源于没有把归谬论证完整地交代出来。也就是说人们必须主张，对立意见必然会在有关案件中导出可罚性，像在正犯发生客体错误时，从教唆者的可罚性会导出要对整个大屠杀负责。从打击失误的不重要性【译按：此指少数说主张等价之打击失误不会影响故意既遂犯的成立】必然会导出受攻击者【译按：正当防卫者】不小心击中非攻击者【译按：防卫者自己妻子】会成立故意伤害罪而受到处罚，以及一旦放弃故意的意欲要素，就必然会导出医生为处于生死关头的患者实施具有生

㉟ Schönke/Schröder/Sternberg-Lieben – *Schuster* § 15 StGB Rn 75; *Maurach/Zipf* AT/1 22/35.

㊱ *Jakobs* AT 8/24; *Schmidhäuser* JuS 1980, 241 (243); *Roxin* JuS 1964, 53 (58).

命危险的手术,也会对该病患成立杀人未遂或既遂罪。然而,如果犯罪理论中还有其他避免这些荒谬结果的可能性存在,那么这些主张就都不正确。也就是说,如果一个归谬论证没有实现独占性要求,那么整体而言,就也不会实现正确推论的要求。

在归谬论证的例子中我们已经看见,司法实务和文献上为了证立及捍卫通说,都接受了明显错误的论据。依照考试法,只要是实务上或文献上有受到支持的论点,都应当被承认为正确,所以您也可以这么做。但是当您为了证立某个所谓少数说而犯了相同错误时,像蔑视排他性要求、循环证明或是混淆问题,那么您就很可能会被扣分。*

---

* 作者在这里是要指出通说的双重标准,对于反对自己的少数说往往会采取较为严格的标准来检视推论过程。

第四课

法律与逻辑

第一章　法学上对于逻辑的蔑视

曾经在很长的一段时期中,法学所享有的名声就是一门非常讲究逻辑的学科。由此,法学被承认是一种科学(Wissenschaft),尽管它所要研究的对象(先且不论自然法概念)原则上是一种偶然的产物,也就是历史立法者意志的产物,而难以算得上是一种值得永恒认知的对象。[1] 法律具有效力的这个事实让它获得了可成为知识对象的价值。塑造法律的是权威,而非真理。法律知识的利益主要是一种实践上的利益:法律必须正确地适用。也就是说,对于法学的肯定,来自法律的适用有正确与错误之别。由于法律适用者要运用的是那些预先存在且不可质疑的语句,所以这个正确或错误的属性显然就只能够着眼于逻辑上的对错。这种对于法学的看法,全盛时期就在19世纪的实证主

---

[1]　因此才会有 Kirchmann 关于"法学无学术价值"(Wertlosigkeit der Jurisprudenz als Wissenschaft, 1847)的抱怨【译按:Julius von Kirchmann 是柏林的第一位检察官,"法学无学术价值"是他在1847年柏林法律人协会中所做的演讲主题。尽管内容极富争议性,这篇讲稿还是成为法学批判自省的一个里程碑。对此,另可参见杨日然:《法理学》,2005年版,第160页的介绍】。

义（Positivismus）。这种实证主义相信立法者能够（并且已经）对于一切的事物预先设有规定，因此法律适用者的任务，就只是在个案中推出早已写在法律中的逻辑结论：法官只不过是"把法律文字念出来的嘴巴"（la bouche, qui prononce les paroles de la loi）。②

这样的构想早已被证明是虚幻的。立法者不可能预先想到所有的法律问题并且作出决定，即便在那些法律规定密度最高之处，也还是会留给法律适用者（像司法实务上的法官）决定的空间。当法律适用者在填补这些决定空间时，便是自行为这个具体个案创设法律。这一点，首先会在个案涵摄到法律之下、所谓的法学三段论法（Justizsyllogismus）或涵摄推论的讨论中显现出来，尤其是刑法上关于类推禁止的讨论。法学三段论法是一种从一般性法条到（可涵摄于该法条下之）个案的推论，它具有以下的形式：

语句1：所有谋杀者都应该处以无期徒刑。*
语句2：X是一名谋杀者。
语句3：X应该被处以无期徒刑。

这样的推论是平凡无奇的。如果所有的谋杀者都应该被处以无期徒刑，而X又被确认属于这个类别，那么通过"所有谋杀者

---

② 此语出自孟德斯鸠：*Montesquieu* De l'ésprit de lois (1748), Buch 11 Kapitel 6. 这种对法官角色的错误想象，最近的批判见 Schünemann Vagheit und Porosität der Umgangssprache als Horizont extensionaler Rechtsfortbildung durch die Strafjustiz, FS-Puppe (2011), 243 (244).

* 《德国刑法》第211条为谋杀罪之规定，在该条第1项谋杀的制裁规范中，无期徒刑是唯一的法律效果。

都应该被处以无期徒刑"这句话,就同时表达了"X应该被处以无期徒刑"。也就是说,并不是光运用这个简单的推论模式便可得出个案中的决定(判决),个案决定的形成应通过语句 2 提出。③ 这里会出现应被涵摄之事实的证明问题,但也会出现案件中固有的法律问题。在我们确认了"行为人通过特定行为将他人杀死""行为人就该行为对被害人所引起的危险具有某种特定的想象""行为人对于发生的结果有某种特定的态度""行为人有特定的行为动机"等事项之后,便会出现像下面这个法律问题:行为人的哪些想象及内在态度会建构犯罪故意?本案中,X 是否具有这些想象与态度?每个杀人动机(先且撇开阻却违法及部分阻却罪责的行为不谈)本身就已经是应受指摘的,那么,什么样的标准能将一个杀人的动机更进一步地标示为卑劣?【译按:此处系指《德国刑法》第 211 条谋杀罪(Mord)的"卑劣动机"要素】以及根据这个标准,个案中行为人的具体动机应否评定为卑劣?这些只是约略描述法律案件在判决时会出现的问题,但这应该足以说明,法学三段论法对于达成结论的贡献是多么地渺小(对此参见上文第一课第五章)。

这是对于法学三段论法渺小贡献的失望,在今日的法学方法论上(特别是在学术的思想实践上),这样的失望还进一步导致了对于逻辑与逻辑论证的低估,甚至是蔑视。然而,在逻辑的范畴,并不是要将某个一般性语句运用到一个(可被涵摄于该语句下的)个案,而是要结合不同的语句(对此见上文第一课第五章之五)。

---

③ 如 *Wagner/Haag* Die moderne Logik in der Rechtswissenschaft (1970), 28 f.

现今法学蔑视逻辑的另一个根源,则是众人皆知的逻辑之形式性格(formaler Charakter)。这个形式性格在于,逻辑推论只有在它的前提下成立,它只是较为清楚地表达出原本已经隐含在前提当中的事物。通过逻辑形式性格的揭露,在今日的法学界也化解了在反对某个理论构想时所提出"这本身有矛盾"的指摘。④ 这种指摘,在法学以外的其他学科,都会让被指摘理论的支持者感到惊惶不安。这些支持者会竭尽全力来反驳这样的指摘,并且在他们无法成功反驳时,会放弃这个被如此批评的语句。现代法学界则不然,他们对逻辑的蔑视甚至还更进一步:他们接受含有逻辑错误的法学语句,认为当这些逻辑错误产生实际影响,制造出错误结论时,人们总是会及时察觉。⑤

逻辑上的论据(特别是指称某个理论含有逻辑错误的非难)是在提出一种绝对的正确性宣称(Anspruch auf absolute Richtigkeit),因而它们也就只有通过逻辑的论据才能反驳。因此,现代法学界对于逻辑的蔑视反而造就了某种谦逊的魅力,因为人们打从一开始就不会主张绝对的正确性。然而,这种谦逊只是一种伪装,它让人感到轻松【译按:可以偷懒】。它让理论家得以对那些(在其他学科都会有巨大效果的)逻辑指摘免疫,并且法学与逻

---

④ 例如:NK-*Paeffgen* Vor §§ 32 bis 35 Rn.109 ff., 124; *ders.* Anmerkungen zum Erlaubnistatbestandsirrtum, GS-Kaufmann (1989), 399 (409 f., 421); NK-*Zaczyk* § 22 Rn. 35, 44; 依照 *Frisch* Die Conditio sine qua non Formel, FS-Gössel (2002), 51 ff. 逻辑上有错误者,于规范上也还是有可能正确。

⑤ 这在确认因果关系时,便通过修正的条件公式而出现,像 Baumann/Weber-Eisele AT 10/25; *Kindhäuser* AT 10/34 f.; *Wessels/Beulke/Satzger* AT Rn.232; *Frisch* Die Conditio sine qua non Formel, FS-Gössel (2002), (Fn.177), 51 ff., 特别是 62,对此见下文第四课第五章之三。

辑的互动,就如我们将会看到的,是件辛苦艰困的工作。在法学上到底值不值得去做这件艰困的差事？会不会到了最后才发现,反而是那些因为逻辑的形式性格而在法学上将逻辑斥为无用的人是对的？为了要回答这些问题,我们就必须要先弄清楚,这个饱受辱骂斥责的逻辑形式性格究竟是指什么。

第二章　语句逻辑[*]

一、语句逻辑的基本连结形式

　　逻辑的语言是贫瘠的。在这种语言中，人们只能够做出少数的陈述。这些陈述涉及的是语句真实性相互间的依存关系，也就是所谓真值运算符号（Wahrheitsfunktoren）[**]。这种真值运算符号

---

　　[*]　将德语中的"Aussagenlogik"称为"语句逻辑"，是目前台湾地区逻辑学界多数译法（如刘福增：《基本逻辑》，2008年版，第1页；林正弘：《逻辑》，2008年版，第75页；林照田、蔡承志：《逻辑学入门》，2005年版，第23页以下），亦有将之译为"命题逻辑"（如邝芷人：《逻辑基础》，2001年版，第45页）、"述句逻辑"（如陈显武文章，载《政大法学评论》第56期，第302页）、"述语逻辑"（如陈显武文章，载《台大法学论丛》第33卷1期，第50页）、"断言逻辑"（如刘幸义文章，载《中兴法学》第21期，第1页）或"陈述逻辑"。
　　[**]　逻辑学上将"truth function"译为"真值函应"（如邝芷人：《逻辑基础》，2001年版，第54页；刘福增：《基本逻辑》，2008年版，第90页）或"真值函数"（如林照田、蔡承志：《逻辑学入门》，2005年版，第37页）。而所谓真值（Wahrheitswerte），也就是英语中的"truth value"。"真值"的译语参考自刘福增：《基本逻辑》，2008年版，第60页。在二值逻辑中，一个语句必定为真（正确）或假（伪、不正确），这就是该语句的真值，也称为"真假值"。

在语句逻辑中只有五种形式,也就是:连言(Konjunktion)*、选言(Disjunktion)**、择一(Alternative)***、蕴含(Implikation)以及反蕴含(Replikation)****。反蕴含也被称作"内涵上的包含"(intensive Implikation),为了有别于此,蕴含也被称作"外延上的包含"(extensive Implikation)。但这样的术语可能会有些误导,因为这可能会让人以为,这两个概念是另一个较为一般之情形【译按:指"包含"】的两种特殊(下位)类型。为了明确起见,以下仅使用蕴含和反蕴含这组名称。

否定(Negation)乃唯一不是连结数个语句的真值函数(Wahrheitsfunktion),它会形成起始语句真值的反转。若"A"为真实,那么"非A"即为不真实。

直到今天,对于一个陈述的否定,许多法律人还是抱持着某种神秘的想象:一个陈述的否定应该就是"无"(Nichts)或是"非此者"(etwas, das nicht ist)。⑥ 因此,人们将"无中只会生无"这句

---

* 此译语参考自刘福增:《基本逻辑》,2008年版,第63页;林正弘:《逻辑》,2008年版,第22页;另亦有译为"并言"(如林照田、蔡承志:《逻辑学入门》,2005年版,第31页),或是"合取""絜合"(如邝芷人:《逻辑基础》,2001年版,第55页)。

** 此译语参考自刘福增:《基本逻辑》,2008年版,第70页;林正弘:《逻辑》,2008年版,第29页;亦有将之译为"析取",如邝芷人:《逻辑基础》,2001年版,第56页。

*** 或称为"选取"(如邝芷人:《逻辑基础》,2001年版,第59页)、"二选一(排斥性)的选言"(如林照田、蔡承志:《逻辑学入门》,2005年版,第32页)或"不可兼容的选言"(如刘福增:《基本逻辑》,2008年版,第70页以下;林正弘:《逻辑》,2008年版,第31页以下)。

**** 台湾地区逻辑学界对此等译语似已有共识,仅参见邝芷人:《逻辑基础》,2001年版,第61、64页;林正弘:《逻辑》,2008年版,第75页。

⑥ Jakobs AT 7/25; BGHSt 48, 77, 93.

话运用到这类陈述上。⑦ 也就是说，人们主张，从一个带有否定的语句中什么都推导不出来。这种奇异的想象混淆了"否定"（亦即"某个特定事物并非如此"的陈述）与"否定者"（Negat，亦即并非如此的那个事物）二者。非此者，是一个被否定的陈述，只要这个否定为真。否定，也就是"某个特定事物并非如此"的陈述，只要该陈述为真，它就和"某个特定事物是如此"的陈述同样的真实。这两种语句类型，作为陈述或事实，在逻辑上和实证上的价值均属相同。以下将会看到，就如同我们可以从肯定陈述推导出结论那般，从一个否定陈述也同样可以导出结论。

借由否定，表达了语句逻辑中最重要的两个定理。第一个是矛盾句（Satz vom Widerspruch）：A 与非 A 二者不可能同时为真*，公式如下：

$$\neg (A \wedge \neg A)$$
$$非（A 且非 A）$$

在一个语句体系中，矛盾不能被容忍，因为，如我们在上文第二课第三章之二（尚未使用逻辑公式）所展示的，从矛盾中可以导出任意的陈述。⑧

第二个基础定理则是"排中律"（Satz vom ausgeschlossenen Dritten）：

$$A \vee \neg A$$
（若不是"A"就是"非 A"）

---

⑦ Jescheck/Weigend AT § 59 III 3; Schönke/Schröder-Bosch § 13 Rn. 61.

* 逻辑学中所称的"真"（wahr, true）系指正确，"假"或"伪"（falsch, false）则是指不正确。

⑧ 其他有关矛盾作为逻辑错误以及如何排除，见下文第四课第五章之三。

换一种方式来表达：若"A"非为真，"非 A"就必然为真。间接证明的可能性建立在排中律。人们证实了 A 并非为真，并由此导出非 A 为真。只有当待证语句事实上就是被驳斥之语句的否定时，这样的间接证明才是合理的。关于此点，我们在前面也已经用一个例子阐释过（见上文第三课第三章之四）。

S_1 和 S_2 二者的"连言"，就是指下面这个陈述：

S_1 且 S_2。

这个陈述意味着，S_1 及 S_2 均为真。

"选言"则是指下面这样的陈述：

S_1 或 S_2。

这个陈述意味着，若不是 S_1 为真，就是 S_2 为真，或是两个语句同时均为真。

从选言式定义那里，我们认识了这种陈述形式。当这种选言定义中某个要素或另一个要素实现时，或是当这两个要素均实现时，这个定义即属实现。例如，身体伤害是指身体上的不当对待"或"健康损害。选言连结允许从"非 S_1"推论到"S_2"，但不允许相反地从"S_1"推论到"非 S_2"。

"择一"连结同样是借由"或"这个字来表达，为了和选言连结有所区别，人们称择一连结为：

若非 S_1 即为 S_2。

如果 S_1 与 S_2 同时实现的可能性已被排除，便会使用这种连结【译按：限于二者处于"非此即彼"的关系】。也就是说，它允许从"S_1"推论到"非 S_2"，并且也相反地允许从"S_2"推论到"非

S_1"。人们在间接证明时,亦即在归谬论证时,会使用这样的推论。因为"排中律"就是一种择一关系:若不是"A"就是"非 A"(对此参见上文第三课第三章之四)。择一关系和选言连结一样,也允许从"非 S_1"推论到"S_2",以及相反。就逻辑上的强度而言,择一性连结这种陈述要比选言式的连结来得更强,这意味着择一性连结排除了更多的可能性。这里我们也找到第一个例子可以来说明,自然语言中的表述,像这里的"或",在逻辑上是多义的,在日常用语中运用逻辑的推论形式,可能会导出错误的结论。

蕴含则是指以下的句子:

$$若 S_1 则 S_2。$$

当 S_1 与 S_2 均为真时,以及当 S_1 为假而 S_2 可能为真或假时,这个蕴含连结均为真。因为,确认了"S_1 是 S_2 的充分条件(hinreichende Bedingung)"这点,并没有对于"S_1 并非为真"这一点做出任何表示。除 S_1 之外,S_2 还可能会有其他的充分条件。也就是说,对于"S_1 并非为真"的情形,从蕴含关系中导不出任何关于 S_2 是真还是假的结论。对此,我们在说明反面推论(在其通常的说词下)逻辑上的无效性时,就已经解释过。然而,如果 S_1 为真而 S_2 非为真,那么这个蕴含即为假。这是唯一能通过蕴含关系排除的情形。也就是说,如果存有一个蕴含关系,那么从 S_1 为真便可推论出 S_2 亦为真。因此,人们用逻辑公式将蕴含关系描述成:

$$S_1 \rightarrow S_2$$

然而,蕴含关系允许从 S_2 的否定推论到 S_1 的否定。当 S_2 非

为真,而 S_1 又是 S_2 的一个充分条件时,S_1 就也不可能为真。对此,公式化的描述为:

$$(S_1 \rightarrow S_2) \rightarrow (\neg S_2 \rightarrow \neg S_1)$$

反蕴含(也被称为内涵上的包含)就是两个语句间的必要条件关系(notwendige Bedingung),它说:

仅有当 S_1 时,才 S_2。

如果 S_1 与 S_2 均为真,这个语句便为真。如果 S_1 与 S_2 均为假,这个语句亦为真。然而特别重要的是,当 S_1 为真而 S_2 为假时,这个语句依然为真。因为,S_1 为 S_2 的必要条件这个事实,虽然表示了 S_1 在 S_2 的每一组充分条件中都必须出现,然而却对"S_2 的充分条件中还有哪些进一步的成分,以及它们是否被实现"这个问题留白。从一个必要条件推论到该附条件之事物(Bedingtes)的论证,就是逻辑论证应用上绝对要避免的"逆述句"(Kehrsatz)。这个错误的语句就是:

如果某个结论的必要条件存在,那么这个结论便也存在。

在这个语句中,混淆了必要条件与充分条件二者,而混淆的原因就在于"如果"一词的多义性(对此见本章之二)。因此,得出这种推论的危险相当高。然而,即使是用较为缓和、减弱的形式(如下面所示)来表现,也无法拯救这种推论,像:

如果某个结论的一个必要条件存在,那么这个结论便是高度可能的(wahrscheinlich),或者再弱些,那么这个结论便是可能的(möglich)。

因为就算我知道某个附条件之事物的某个必要条件，并且知道这个条件为真，我也还是不知道这个附条件的事物是否可能为真，还是它已经基于和该必要条件无关的原因完全被排除。

通过必要条件的关系唯一能够排除的状况是：S_1 为假而 S_2 仍为真。"S_1 是 S_2 的必要条件"这个语句虽然不允许从 S_1 推论到 S_2，但允许从 S_2 推论到 S_1。如果 S_2 存在，并且 S_1 是 S_2 存在的一个必要条件，那么 S_1 也必定存在。因此，人们用逻辑符号语言将反蕴含关系描述如下：

$$S_1 \leftarrow S_2$$

当必要条件非为真时，这个附条件的事物亦不可能为真，只有在这里，必要条件的关系才允许推论。如果 S_1 是 S_2 的必要条件，那么以下的语句便可成立："非 S_1 便非 S_2"或"无 S_1 便无 S_2"。其公式如下：

$$(S_1 \leftarrow S_2) \rightarrow (\neg S_1 \rightarrow \neg S_2)$$

这个公式在古典逻辑学被称作"质位换"（Kontraposition）*。这也可以往相反的方向推导。从"非 S_1 则非 S_2"这个语句或是从"无 S_1 即无 S_2"这个语句，均可导出 S_1 是 S_2 的必要条件，亦即：

$$(\neg S_1 \rightarrow \neg S_2) \rightarrow (S_1 \leftarrow S_2)$$

---

* 也就是英语的"contraposition"。"质位换"之译语参考自林照田、蔡承志：《逻辑学入门》，2005 年版，第 269 页；亦有译为"质位同换规则"（刘福增：《基本逻辑》，2008 年版，第 205 页）或"异质位换"（林正弘：《逻辑》，2008 年版，第 92 页）。

如果我们把最后两个公式组合在一起，即可得出等值（Äquivalenz）的条件关系，这就意味着一个充分且必要的条件（充要条件），也就是下面这个公式：

$$(S_1 \leftarrow S_2) \leftrightarrow (\neg S_2 \rightarrow \neg S_1)$$

中间的双箭头符号，意味着我们不仅可以从右边的条件关系推论到左边的条件关系，而且也可以从相反的方向推论过来。如果 S_1 对于 S_2 而言系属充分且必要，那么 S_2 对于 S_1 而言就也会是充分且必要，公式化之后便成为：

$$(S_1 \leftrightarrow S_2) \leftrightarrow (S_2 \leftrightarrow S_1)$$

在法学上最流行的质位换应用，就是通说在审查、证立某个行为对于结果的原因性时所使用的方法。通说是从以下的前提出发：原因，就是结果发生的一个必要条件。然而，从"某个事实是另一个事实的必要条件"这个主张，于该条件实现时什么也推导不出来，因此，为了证立"某行为是某结果的原因"这个主张，我们需要一个充分条件。通说是这么描述的：

> 如果想象某个行为不存在，结果便不会发生，该行为对于此结果来说即属原因。

这正是一种质位换的运用：

> 当某个行为的否定对于结果的不发生来说是一个充分条件时，该行为对于结果的发生来说即属必要条件。

$$(行为 \leftarrow 结果) \rightarrow (无行为 \rightarrow 无结果)$$

经由逻辑上的精准描述可以看出，通说的表达方式（某个行为不能"想象其不存在"）不但有点天真，而且在逻辑上也不精确。

想象"行为被实施"这个条件不存在,并且让这个位置在一定程度上留白,还不足够,还必须明白地在想象上加入一个其他条件来取代这个条件,也就是还必须加入"该行为没有被实施"这个条件。否则我们就得不出否定结果的充分条件。在不作为的情形正是如此地操作。我们不仅要想象这个不作为不存在,也不能让"是否没有作为"这个问题留白,而是要明白地想象这个不作为的否定。并且,依照双重否定(doppelte Verneinung)的规则,某个被禁止之不作为的否定,就是被要求的积极作为。通说将不作为的因果关系与作为的因果关系二者相异处理,亦即认为只有在不作为的情形才必须想象添加某些事物,但通过逻辑上的分析显示这个差异是不存在的。通说在审查积极作为时,与在不作为的情形相同,同样也想象添加了某个非真实的事物,也就是"被要求的作为"并未出现这个事实。

如果一个人的行为对于损害的发生来说系属必要条件,人们就可以指摘这个人,指摘他通过这个行为(不管是故意还是过失)独自决定让结果发生。因为,结果是否发生仅取决于他的行为。因此,这种因果关系的确定,正是在法律的脉络下显得有道理。但是在法律和哲学上,我们不能对于因果关系提出这么严格的要求。如果对于结果的发生来说,存有两组充分条件,其各自包含了一个不同的行为,那么这两个行为中就没有任何一个行为会是结果发生的必要条件。也就是说,这两个行为人都各自通过其行为让另一个行为人脱免因果关系的指摘,导致这两个人对于结果来说均非原因。通说一方面维持必要条件的要求,另一方面又把这两个行为都描绘成原因,这样的做法会导致矛盾(对此参见下文第四课第五章之三)。因此,关于因果关系的认定,我们必须满足于逻辑上较弱的要求。当一个行为是一组充分条件（可能是数个完整实现的充分条件中的一组充分条件）当中的必要成分时，该行为就已经是结果的原因。[9]

将规范适用到个案时，法律人只有单一的推论方向，亦即从构成要件推论到法律效果。如果我们把 S_1 理解成构成要件，把 S_2 看作是法律效果，那么这个推论便是从 S_1 到 S_2，而不是从非 S_2 到非 S_1。您也许会自问，作为一个法律人，应该怎样切入下述的问题：我们能够从 S_1 与 S_2 间的条件关系（不管是必要条件还是充分条件），对于 S_2（也就是法律效果）的存不存在推论出什么？对于法律人来说，这些推论是否不只是一种逻辑游戏？法律人不仅是要把固定的法条适用到个案，有时候也必须去审查，这些标示出某个法律效果之必要或充分条件的抽象法条相互之间在逻辑上能否协调一致，还是会相互矛盾。于此，从法律效果到其前提的推论，或是从否定法律效果到否定其前提的推论，就可能会对于审查有所助益。在本课第四章之二里面，我们将会看到同一个例子中，在审查两个抽象的法律语句逻辑上是否相容时，同时援用了这两种审查方式。

前面所提到的逆述句，也就是从一个必要条件推论到附条件事物的错误推论，对于这种语言多义性的致命效果提供了一个范例。另一个例子，则是法律续造中所谓的反面推论，宣称能够从

---

[9] *Puppe* Der Erfolg und seine kausale Erklärung im Strafrecht, ZStW 92 (1980), 863 (875 ff.); *dies*.NK Vor § 13 Rn. 102 ff. 有进一步的指引【译按：关于 Puppe 教授的看法，也就是"一组最小充分条件中的必要成分"这个判准，可参见她另外两篇文章的中文翻译：《因果关系：一个从刑事政策面思考的新尝试》，郑铭仁译，载《军法专刊》第 42 卷 12 期，第 27 页以下；《行为疏失与结果间之关连：以道路交通案例释义》，蔡圣伟译，载《东吴法律学报》第 17 卷 3 期，第 393 页以下】。

"法律效果的一个充分条件没有实现"这个事实推导出"法律效果不应发生"的结论。

二、好，如果条件成真的话

许多逻辑上论证错误的原因，都来自自然语言（natürliche Sprache）的多义性（Mehrdeutigkeit）。在自然语言中并没有清楚区分不同的条件形式，而是仅将所有的条件都通过"如果"（当、若）一词来表达。先看看下面这个语句：

> 如果明天天气好，我就去探望你。

这个语句所指的可能是一个充分条件（hinreichende Bedingung）。这意味着：

> 如果天气好，我一定会去探望你；但如果天气不好，我也还是有可能会拜访你。

然而，这个语句也有可能是指一个充分且必要的条件（充要条件：notwendige und hinreichende Bedingung），意即：

> 如果天气好，我一定会去拜访你；但如果天气不好，我就一定不会去拜访你。

要表达一个必要条件（notwendige Bedingung），人们通常会使用"仅当"【译按："nur wenn"或译为"若且唯若"】这个表述。但如果人们所指的是，从这个关联可得出这只是一个必要条件的结论，经常也会只用"如果"一词。如此一来，这个语句便意味着：

如果天气好，我也许会去探望你；但如果天气不好，我就一定不会去看你。

源自"如果"一词的多义性所违犯的逻辑错误当中，最常见、也是最有名的错误，就是前面已经讨论过的反面推论（见上文第三课第一章之二）。其出发点就是"T 对于 R 来说，是一个充分条件"，并且如下这般描述：

若 T 则 R。

然后再由此导出：

若非 T 则非 R。

如果这里通过这个"若"字所要指称的是一个必要条件，那么这个推论就是正确的。但是法规范中的构成要件，原则上不是法律效果的必要条件，而只是充分条件。一个如此的充分条件，并不会排除对于相同法律效果还会有其他充分条件存在。因此，这个所谓的反面推论，逻辑上是无效的。

只要我们在一个逻辑推论的前提中使用了"如果"这个日常用语中的用词，就必须在一开始说清楚，所指的究竟是充分条件还是必要条件，还是要指称等价性（Äquivalenz），也就是"不仅充分，而且必要"的条件【译按：充要条件】。

三、关于逻辑的形式性格

前面简短地介绍了语句逻辑中最重要的概念，让我们能够明了，逻辑经常遭到谩骂的单纯形式性格到底是什么意思。我们提到过,逻辑的语言是贫瘠的。逻辑的语言只允许少数的陈述,亦即少数容许我们得出必然推论的语句。我们虽然对于其他的语句(甚至在逻辑的关联下)也有兴趣,但却无法用一个逻辑公式来表达它们。我们已经在逆述句的例子中看到了这一点。对于思考实践(Denkpraxis)而言,特别是对于法学的思考实践,描述"某个特定事实为某个特定结论之必要条件"的语句,当该事实并非为真时,这个语句便具有重要性,因为由此便可以必然地导出法律效果亦不可能为真。不仅如此,"一个法律效果的某个特定必要条件被实现"这一点,对于后续的论证也会有关键性的意义。因为,这个确认是后续论证的前提。但对此并没有逻辑上的述词(Prädikat)可供表达之用。就连"某特定事实并非某个法律效果之必要条件"这个认知,对于法律问题的决定也可能会有高度的重要性。亦即,由此可得出,这个事实的欠缺不能够成为否定该法律效果发生的理由。但是对于不相关(Irrelevanz),也就是对于两个语句间条件关系的否定,语句逻辑中也找不到任何相应的表示符号,因为逻辑上无法从一个真值关系的否定推导出任何事物。这同样也适用于像"某事实是支持或反对某个法律效果的论据"这类的陈述[10],只要这个论证在逻辑上并非必然。由此应该已经能够了解,我们在法学以及其他绝大部分的人文科学中,光靠这种贫瘠的逻辑语言是不可能足够的。

但使用这种贫瘠的语言所做成的陈述,可以宣称绝对且终局的正确性,这类陈述是不可反驳的。这当然不是意味着每个最终的结论都确定是正确的。逻辑的陈述只有相对于其前提才有

---

[10] *Neumann* Argumentationslehre (1986), 29.

效,只有当这些前提正确时,它们才会导向必然的正确结论。人们可以反驳这些前提来推翻它们的结论。当人们证明了某种理论"不合逻辑",那么就只有改变这个理论的前提才能够消除这样的指摘。

每个逻辑推论都是一种重言(Tautologie)*,也就是说,推论的结果原本就已经蕴含在它的前提里面,只是这个结果在前提中的可辨识性,比较没有像它在结论中那样高。既然逻辑推论并不会让我们获得新的知识,那么它到底还有什么价值?为了了解这点,我们可以拿逻辑和算术相互比较。一个数学方程式(等式)也一样不过就是种重言。2乘以6等于12,3乘以4等于2乘以6,也等于12,并且又等于4乘以3。这是每个小学毕业生都能立刻看出来的,但或许只是因为他背过九九乘法表。但443556等于8214乘以54,并且等于666的平方,这恐怕就只有心算高手才能马上看得出来,其他人则需要用到计算机。因此,应该不能争执这也是一种认识。

逻辑上的认识也是如此。我们并非总能够在第一眼就看出来,某个特定的主张里蕴含了另一个主张。如果提出第一个主张的人不清楚这点【译按:不清楚自己所提出的主张蕴含了另一个主张】,便会形成自己不认可第二个主张的矛盾危险。

然而,就如同我们在上文(第二课第三章之二)所展示的那

---

* 重言,意指"重复所言",也就是同义叠词、同义反复。重言之译语参考自邝芷人:《逻辑基础》,2001年版,第101页,亦有将之译为"恒真句"(如林正弘:《逻辑》,2008年版,第61页),或是用音译的方式将之称为"套套逻辑"(如林照田、蔡承志:《逻辑学入门》,2005年版,第40页;陈显武文章,载《台大法学论丛》第33卷1期,第58页)或"套套句"(如刘福增:《基本逻辑》,2008年版,第110页)。

样,从一个矛盾中可以推导出任何事物。如果一个语句体系蕴含矛盾,那么这个体系就如逻辑学者所言,是不一致的(inkonsistent)。在一个如此的体系中,任何的证明和论证都是没有价值的,因为借由矛盾,也能够证明那些被证明或证成之语句的对立面。

借由和算术的比较,有助于理解逻辑的另一个形式观点。逻辑所要处理的并不是语句的内容,而只是语句间的真值关系(Wahrheitsbeziehungen)。因此,在形式逻辑中,那些作为逻辑推论出发点的基础陈述都被公式字母取代。这当然并非意味着语句内容对逻辑推演的结论来说无关紧要,语句内容只是对于如此的逻辑演算不重要。这就和算术一样。对于计算过程来说,不管要算的是糖果还是原子弹,结论都是一样的。然而,这并不可以拿来当作蔑视(甚至无视)精确计算这门知识的理由。如果在运算过程中藏有计算错误,那么这个运算就是错的,即便最后的结论凑巧蒙对,亦然。一个隐藏了逻辑错误的理论也是一样。逻辑上的正确性,也就是无矛盾性(Widerspruchsfreiheit),不仅是所有学科的基本前提,同时也是每个理性对话的前提。因此,就算法学放弃宣称自己是一种科学,也还是不能避开合乎逻辑的这个基本要求。

甚至就是在法学上,还有另一个应当遵守逻辑的特殊理由,那就是平等对待(Gleichbehandlung)的诫命。如果法官在某个个案中,从一个法律或其他公认的法规则推导出错误的结论,那么他就根本没有把这个规则适用到此一个案上。但如果他在其他相类的案件中适用了这个规则,那么他便是不平等地对待这两个案件。⑪ 也就是说,法官在他导出错误结论的案件中,不公平地对待诉讼当事人,即使法官基于其他的考量也可能得出相同结论,亦然。因为,正义不仅只是(常被提及的)最终结果的正确性,而且还必须要"基于正确的理由"得出该结果。当一个小孩或一名被告因为他没有做的行为受到处罚时,纵使他另外也违犯了其他应受同等处罚的犯行,这个处罚对他来说仍属不法。在正义和逻辑之间挑拨离间,是对正义的一种根本性误解。⑫

---

⑪ 参见 BVerfGE 4, 144 (155) = NJW 1955, 625, 54, 11 (25 f.) = NJW 1980, 2569.

⑫ 但 *Braun* Aspekte der Rechtsanwendung, ARSP 2019, 44 (49 f.) 却是如此主张。

第三章　对于逻辑论证的审查,或是:
逻辑在法律上的艰困工作

一、刑法上错误理论的反面推论

> 读者应该要先对未遂与幻觉犯的区分问题有所了解。

自1908年以来,为了区分可罚的未遂与不罚的幻觉犯(Wahndelikt),帝国法院以及德国联邦最高法院运用了错误理论中被视为逻辑操作的反面推论(Umkehrschluss)。⑬ 这通常是如下述的表达:

如果某个错误对行为人有利,那么反面错误*就会对行

---

⑬ RGSt. 42, 92 (94), 47, 189 (191), 66, 124 (126), 72, 109 (112); BGHSt 1, 13, 8, 262, 13, 235 (239 f.), 14, 345 (350), 42, 268 (272 f.); BGH JR 1994, 510.

* 于此必须特别说明,此处所称的"反面错误"(umgekehrter Irrtum)是指将某种错误类型中行为人主观想象与客观事实二者的真值互换(作者对此将于下文本章二中说明),而不限于"不利于行为人"的错误(此为一般脉络下所理解的反面错误)。关于一般脉络下理解的反面错误,可参见蔡圣伟:《刑法上的反面错误》,载《甘添贵教授八秩华诞祝寿论文集》,2021年版,第466页以下。

为人不利(可罚的未遂)。

如果某个错误不会有利于行为人,那么反面错误就不会对行为人不利(不罚的幻觉犯)。

在行为人误以为自己可罚,也就是所谓反面错误的情形,有可能是未遂或幻觉犯。为了厘清此点,我们要建立相反的案件【译按:虚构出一个主观想象与客观事实真假值互调(相反)的情形来对照比较】,把行为人误以为真的事实设定为真实,而把原本为真的事实当作是行为人误以为真。在这个辅助案件中,如果我们得出了一个构成要件错误,亦即应依照《德国刑法》第16条【译按:关于构成要件错误的规定】阻却故意,那么在原初的案件中便存在着一个(不能)未遂[*]。但如果在辅助案件中行为人的错误不会影响到他的可罚性,便存在着一个涵摄错误(Subsumtionsirrtum),随而在原初案件中存在的就是一个所谓的反面涵摄错误,这种错误不会建构可罚性【译按:系属不成立犯罪的幻觉犯】。

---

[*] 于此须特别注意的是,德国学界所称的不能未遂(untauglicher Versuch)一词,与我们所称的不能未遂(不能犯)用法不同,并非限于能够适用特别减免或阻却刑罚规定的未遂,而是泛指一切"自始(着手时)便因事实上的原因而注定无法既遂"的情形。依此理解,德国文献中所称的不能未遂,概念上便包含了"普通的不能未遂"与"出于重大无知的不能未遂"二者,只有后者才能适用《德国刑法》第23条第3项减免其刑。反之,非出于重大无知的不能未遂,法律效果上就和可能未遂(tauglicher Versuch)一样,都只是"得"按既遂犯之刑减轻。如此理解的不能未遂,是行为人误以为某个建构不法的事实存在(但实际上此等事实并不存在,如误山猪为人,基于杀人故意开枪射杀),结构上正好与一般构成要件错误的情形(行为人没有认识到某个建构不法事实的存在,如误人为山猪而射杀)相反,所以才会被称为"反面"(相反)的构成要件错误。详细的说明,可参见蔡圣伟:《刑法上的反面错误》,载《甘添贵教授八秩华诞祝寿论文集》,2021年版,第466页以下。

我们就以帝国法院运用这种反面推论的首则判决为例。⑭被告替他的马买了保险，这匹马后来死亡。他错误地相信，自己会因为这匹马的死亡时点而对保险公司不具有请求权，于是谎报了另一个他以为可以产生请求权的死亡时点。但实际上，无论是哪个死亡时点，他对于保险公司均享有请求权。随而便浮现了以下的问题：他的错误究竟是建构诈欺未遂犯还是不罚的幻觉犯？

帝国法院为此建立了一个辅助案件，也就是行为人相信自己对于保险公司具有请求权，只是为了简化程序才施诈谎报，但实际上，由于死亡时点的关系，他对保险公司并无任何请求权。然后，这里就会欠缺违法获利的意图。也就是说，存在着排除可罚性的构成要件错误。依此，行为人【译按：在原初案件中】便处于一个所谓的反面构成要件错误中，也就是成立一个可罚的未遂。

许多作者否认这个反面操作具有必然的性格，而将之称作单纯概估规则（Faustregel）或经验法则（Merkregel）【译按：相当于英文里的拇指规则（rule of thumb），用以指称简易但不精准的粗估方法】。⑮ 因此，有必要去检视这里是否真的涉及一个逻辑操作程序。对此我们必须澄清，在反面操作程序中所使用的那些日常用语表述，究竟具有何种精确的意义。

---

⑭ RGSt 42, 92 ff.

⑮ NK-*Paeffgen* Vor § 32 Rn. 261; NK-*Zaczyk* § 22 Rn. 35; S/S/WKudlich/Schuhr § 22 Rn.30; „zumindest als Faustregel" Schmitz Die Abgrenzung von strafbarem Versuch und Wahndelikt, Jura 2003, 596; LK-Hillenkamp § 22 Rn. 180.

二、错误理论中反面推论的逻辑结构

反面错误（umgekehrter Irrtum）这个表述有什么意涵？人们如何得出与某个错误相应的反面错误？这里所进行的程序，存在于行为人的想象与客观事实两者间真值（Wahrheitswerte）的互换。在如此形成的虚拟情境中，首先要假定的是，行为人【译按：在起始案件中】主观上所想象者在客观上为正确【译按：成为虚拟案件中的客观事实】。然后，为了形成一个错误的情境，便要再进一步假定，行为人主观上所想象者为原初案件中的客观事实，而这事实在虚构的情形中是不正确的。例如，人们可以将未遂通过以下的方式来翻转、倒置：先把行为人所想象的事实（构成要件的前提事实存在）移换到客观构成要件中，然后再把客观上的事实移置到行为人的想象中。于是就产生了一个阻却故意的构成要件错误。因此，在起始案件中，存在着一个未遂。*

然而，如果我们想要审查的是某个既存事实的特定转变在逻辑上的后果，就不可以这样处理。换句话说，我们更改了事实情状中的两个要素，一个在客观构成要件，另一个在主观构成要件。就算我们之后确认了法律效果有所改变，也还是不清楚这个改变

---

* 举例来说，在不等价的客体之间发生错误的情形，若是"误山猪为人而射杀"，就故意杀人罪的构成要件该当性审查来说，主观上虽然想象了杀人罪的构成要件该当事实，但客观上欠缺杀人的事实，为一种阻却故意的构成要件错误。如果我们把这个例子中的客观事实与主观想象相互调换（真假值对调），就变成"误人为山猪而射杀"，行为人主观上具有杀人故意，客观上欠缺了构成要件该当事实，便形成一个反面的构成要件错误。

是从其中哪个事实的改变所导出。⑯ 因此，我们首先必须要把应该加以探究的事实要素和其他的事实要素隔绝开来，并且要让这些其他事实要素保持不变(或是保持不确定)。在我们手上的案件中【译按：指前引之帝国法院马匹保险案】，这些应加以探究的事实要素就是行为人的想象。为了将之独立于其他的事实要素(特别是客观的事实要素)来处理，我们就必须让自己摆脱"错误"这个概念。也就是说，接下来所要探究的对象不再是错误，而是仅针对行为人的想象，不管这些想象是真还是假。

本案中，行为人想象的内容如下：就其拥有之马匹的死亡这件事，他对于保险公司并无赔偿请求权。

现在我们必须阐明，"某个想象不利于行为人"和"某个想象有利于行为人"这些表述究竟意指为何。若想象不利于行为人，这不可能是指该想象本身就是可罚性的充分条件。可罚性始终都会有数个前提要件。只有指该想象是可罚性的必要条件时，这样的表述才可能具有意义。如此一来，"某个想象(也就是相反的想象【译按：相反于前述不利于行为人的那个想象】)有利于行为人"这样的表述，就意味着该想象会排除可罚性，亦即该想象是不罚的充分条件。在本案中，被告原本的想象(对于保险公司没有请求权)是否对其不利，亦即该想象是否为诈欺罪可罚性的一个必要条件，仍有疑问。

现在，从"某个后果的必要条件已存在"这个认知，不允许推

---

⑯ 文献上已对帝国法院的反面处理程序提出批评者，如：*Spendel* Der sogenannte Umkehrschluss aus § 59 StGB nach der subjektiven Versuchstheorie, ZStW 69 (1957), 441 (458)，以及 *Herzberg* Das Wahndelikt in der Rechtsprechung des BGH, JuS 1980, 469 (479)。

论出"可能欠缺其他必要条件"这样的"后果"。为了获得一个有效推论,我们必须把行为人的想象反转,亦即必须予以否定(negieren)。如果这个想象对于诈欺罪的可罚性来说是一个必要条件,那么这个想象的否定,就会是不罚的一个充分条件。行为人的想象(对保险公司没有任何请求权)是一个属于诈欺罪构成要件的情状,亦即涉及获利的违法性(Rechtswidrigkeit der Bereicherung【译按:相当于台湾地区"刑法"中不法所有意图中的"不法"部分】)。欠缺这个想象就形成一个构成要件错误,亦即依照《德国刑法》第16条【译按:构成要件错误阻却故意的规定】,这是一个否定可罚性的充分条件。也就是说,这个想象的存在,作为必要条件,共同建构了可罚性。在逻辑上,这又是质位换的运用。

(¬ 想象 →¬ 可罚性)→(想象 ← 可罚性)

也就是说,错误理论中的反面推论并不只是单纯的概括规则甚或经验之谈,而是一个逻辑上有效的推论程序。⑰ 如果接受了它的前提,就也必须接受它的结论。这些前提就是:

1."对于属于法定构成要件之情状欠缺认知"这一点,对于"故意犯罪可罚性的排除"(《德国刑法》第16条,构成要件错误)来说,系属一充分条件。

2."对于特定行为系受禁止这一点欠缺想象"并非"不罚"(《德国刑法》第17条,禁止错误)的充分条件。

在文献上基于以下的理由拒却了帝国法院的反面推论:帝国

---

⑰ 关于反面推论在错误理论中的进一步应用,见 Puppe Der Umkehrschluss, ZStW 128 (2016), 301 (307 ff.).

法院的反面推论错误地建构不能未遂的可罚性。[18] 人们对于一个逻辑推论程序所能做出最糟糕的事，就是去要求从这个推论程序得出一个无法由此推导出来的结论，因为反对这个结论的人相信，可以借此正确地否决这个推论程序【译按：作者于此所指摘的是注⑯所提及的文献，批评他们先从帝国法院的反面推论导出一个（原本从反面推论导不出的）结论（不能未遂应受处罚），然后以为可以从这里反过来正确地驳倒反面推论】。然而，从"所谓的反面构成要件错误是未遂犯可罚性的一个必要条件"这个认知无法导出不能未遂的可罚性。因为通过这个确认，对于以下的问题什么都没说：就未遂犯的可罚性来说，还有哪些进一步的必要条件？特别是没有提及应否要对未遂行为的结果可能性（Erfolgstauglichkeit【译按：招致结果的可能性】）提出什么要求。[19] 不能未遂的可罚性是从《德国刑法》第 22 条得出（依该条规定，未遂犯的可罚性仅取决于行为人的想象），而不是从刑法上错误理论的反面推论得出。

三、逻辑论据在法学上的功效

每一个逻辑推演，就算其自身具有说服力，也只有当人们接受它的前提时，其所证立的结论才会同样具有说服力。此处推演

---

[18]　*Roxin* AT/2 29/405; LK-*Hillenkamp* § 22 Rn.180; NK-*Zaczyk* § 22 Rn. 35, 47.

[19]　*Puppe* Der Umkehrschluss, ZStW 128 (2016), 301 (305 f.).凡是主张不能未遂的可罚性是从反面推论导出者，就是混淆了质位换与逆述句（对此见上文第四课第二章之一）。

的出发点就是,在最高的抽象层级,犯罪所有要素都是可罚性的必要条件,亦即,无论如何都不能用其他要素来取代。由此可得出以下的结论:依照主观阻却违法要素理论,"欠缺阻却违法的想象"是可罚性的一个必要条件。

Paeffgen 与 Zabel 则争执这一点,他们主张阻却违法必须是完整的,也就是说,不仅客观阻却违法要素必须实现,主观阻却违法要素也同样必须实现。[20] 第一眼看来,这种对于阻却违法的完整要求绝对是明了易懂的。但现在我们提出的问题是"这些要件中何者为可罚性的必要条件",经过质位换的操作后,会得出以下的可罚性必要条件:

"客观阻却违法要素不存在"或是"主观阻却违法要件不存在"都会建立可罚性。[21]

我们根据质位换的逻辑公式,经由单纯的改写,对于主观阻却违法要素理论(Lehre von den subjektiven Rechtfertigungselementen)与严格罪责理论(strenge Schuldtheorie)之间的连结,提出了一个无法认可该连结的形式。因为依照这样的连结,欠缺的客观犯罪要件就会被一个主观犯罪要件取代,反之亦然。这就是逻辑在法律上所能提供的协助。它可以在不改变某个理论内涵的前提下,描绘出这个理论能够被转型改造的所有形态。这个理论在其中的每一种形态都必须站得住脚,而不能只是在某一种形态行得通。

---

[20] NK-*Paeffgen/Zabel* Vor §§ 32 ff. Rn. 111.

[21] *Puppe* Die logische Tragweite des sog. Umkehrschlusses, FS-Lackner (1987), 199 (235 ff.)=Strafrechtsdogmatische Analysen (2006), 309 (344 ff.).

但逻辑最重要的功效则是在于，它强制每个理论完整且清楚地公开自己的所有前提，并且相互区隔开。在介绍法学论证形式、类推、当然推论以及归谬论证时，我们已经见识过这一点。如此一来，就可以逐一单独检视这些前提本身。公开一个理论的前提，对于学术上审查这个理论来说是不可或缺的。当数个理论相互竞争时，只有先公开各自的前提，才能对于"其中何种理论较佳以及为何较佳"这个问题，提出一个以学术为基底的判断。最后，在各理论意见不一时，为了厘清这些理论究竟是在哪些环节以及什么问题上存在着争议，公开其前提也是必要的。*

---

* 原版中的结语亦具参考价值，故附录于下供读者对照参考：以上所述，即为逻辑在法学上所能够达到的功效。由此可知，我们不太可能单独借由逻辑这个工具就可以终局地反驳某个理论上的立场。一个理论在其通常的表达形式中所可能包含的逻辑错误，并不是那么容易被看穿。但逻辑可以迫使一个理论要在逻辑上正确地显现，并且借此公开其真实的前提。根据逻辑规则，我们可以将一个理论改写成其他的形式；逻辑也迫使每个理论都必须要认可所有依照逻辑规则所改写的形式。借此便有可能证明，某个乍看之下或在某个特定形式中显得可接受的理论，转换成另一种形式后就变成不能接受了。

第四章　规范逻辑

一、法条作为应然语句

到目前为止,我们对待法条的方式,都是仿佛它们在特定的条件下有真假之分。一个法条所要表达的,就是在特定的条件(构成要件)下应该出现某个特定结果(法律效果)。这样的语句是不会有真伪可言,而只可能会在一个法秩序当中有效或无效。也就是说,当人们把法条重新描述成效用的主张(Geltungsbehauptungen)时,就可以把法条当作陈述语句(Aussagesätze)来处理。"一个描写了在特定条件下应发生某个特定法律效果的语句,在某个特定法秩序中有效"这个主张,可以有真伪之分。[22] 通过如此的重新描述,一如我们所见到的,就可以把语句逻辑中的连结(尤其是必要条件与充分条件)也运用到规范上,并且这在我们判断

---

[22] *Koch/Rüßmann* Juristische Begründungslehre, S. 43 ff.; 对此详细且批判性的说明,参见 *Wagner/Haag* Die moderne Logik in der Rechtswis-senschaft, S. 79 ff.

关于规范有效性的条件语句相互间是否一致时，也会有不小助益。

然而，我们也必须重视规范陈述与事实陈述两者间的差异。从一个规范陈述中无法导出事实陈述，反之，从一个事实陈述中也导不出规范陈述。例如，从"偷窃是被禁止的"这个规范中，导不出事实上没有人遭窃的结论；从"你父母希望你念法律系"这个陈述句也导不出"你应当念法律系"这个规范。只有在连结了10诫中的第5诫"汝当顺从父母"之后，才能从这个陈述句导出规范。然而，这个例子也显示出，一个事实主张绝对能够出现在一个规范的推演中。应然（Sollen）绝对能够处于"特定事实存在"的条件之下，这就是"假言令式"（hypothetischer Imperativ）。广泛受到支持的方法二元论（Methodendualismus）区分了实然陈述（Seinsaussage）与应然陈述（Sollensaussage）二者㉓，但这也只有表达出，如果要从数个语句推导出规范性的结论，就必须至少要有一个规范出现在这个推导过程之中。借此便排除了自然法，因为自然法就是通过关于人类本性的描述性陈述来支持法律的拘束性。这是所谓基本规范（Grundnorm）的问题，亦即，必须存有一个规范，要求人民必须遵守现行法。然而，这个规范既不能从事实当中被证立，也无法从现行法中自行证立。自然法让法的拘束力立基于人类本性的描述性陈述，迄今已被淘汰，这是一个法哲学的问题，于此就不再进一步处理。

尽管如此，若把事实与规范说成是两个完全分离的不同世

㉓ 方法二元论可追溯到康德：*Kant* Grundlegung der Metaphysik der Sitten (1785).

界,未免又过于夸大。通常我们在证立一个规范时,既会用到规范,也会运用事实主张。这在三段论法中就已经出现:在三段论法中,是从事实(某个规范的构成要件被实现)与规范(规定了这个构成要件会引起某种特定的法律效果)推论出法律效果的效力。此外,当我们从一般的经验法则及一般的注意规范推论出,某种特定的行为模式在某个特定的状况中应被禁止(因为在这个状况中,依照一般经验法则来观察,该行为具有危险性)时,也是如此。光是看到这些便可知,当然有可能将相同的逻辑运用到事实主张与规范上,就如同我们在前一个章节中所做的那样。

然而,人们除此之外还发展了一种特殊的规范逻辑(Normenlogik),也就是所谓义务逻辑(deontische Logik)*,借由这种规范逻辑就能够确认,两个规范法则相互间是否可协调、有无互相矛盾。

二、规范逻辑的概要

规范逻辑的运算词(Operatoren)** 是:"要求"(geboten)、"禁

---

* 此译语参考自颜厥安:《规范、论证与行动》,2004年版,第231页,亦有译为"道义逻辑"(如陈显武文章,载《台大法学论丛》第34卷1期,第34页)或"应然逻辑"(如王鹏翔文章,载《台大法学论丛》第34卷2期,第5页)。德语中的"deontisch"一词源自古希腊语,意思约为必要的、必须的;而"Deontik",则是在研究规范伦理思维(normativ-ethische Denkformen)的逻辑结构。"deontische Logik"是"Normenlogik"的旧称,因此亦有直接将前者译为规范逻辑(如颜厥安:《法与实践理性》,1998年版,第114页)。

** 此译语参考自刘福增:《基本逻辑》,2008年版,第91页,另亦有译为"助词",如颜厥安:《规范、论证与行动》,2004年版,第240页。

止"(verboten)、"容许"(erlaubt)以及它们的否定。规范逻辑提出了以下这些基本语句：

  a.被要求者，即属受容许(Was geboten ist, ist erlaubt)。

  b.未被禁止者，即属受容许(Was nicht verboten ist, ist erlaubt)。

  c.受容许者，即属未被禁止(Was erlaubt ist, ist nicht verboten)。

  d.被禁止者，即属不受容许(Was verboten ist, ist nicht erlaubt)。

a. 被要求者，即属受容许

这句话是可以直接理解的。如果一个统治者同时要求并禁止某种特定行为，就会让他的国民在逻辑上不可能遵循他的诫命，因此他必须处罚所有的人。对于同一个行为的诫命与禁止会互相解消，以至于这个统治者实际上根本没有提出任何的命令。

b. 未被禁止者，即属受容许

这句话也可以直接理解，因为不被禁止与受容许是同义的表述。然而，从"某个特定行为未被某个特定禁令所禁止"这一点，还远不能导出这个行为是普遍受容许的，因为在法秩序中的某处可能还有其他的规范禁止了这个行为。也就是说，为了要证明这个语句的前提，人们必须要彻底检视整个法秩序，以确认是否在哪个地方对于相关行为设有禁令。职是之故，这种逻辑推论的实践价值并不高。

c. 受容许者，即属未被禁止

这个句子也是不太可靠，它是以一个法规范作为出发点，这个法规范明文许可了某种特定之行为。然而，大多数的容许法则(Erlaubnissätze)都不是对某个行为之许可性(Erlaubtheit)的绝对陈述，而只是某个特定禁令的例外。同样地，从"某规范对于一个特定禁令创设了例外"这点，还不足以导出"这个行为不会被其他规范禁止"的结论。例如，当使用枪械的行为可通过正当防卫阻却违法时，这个阻却违法事由仅涉及伤害或杀害侵害者的禁令，而不会排除这个枪械使用行为因为违反武器法而受到禁止的可能性(只要这个开枪的人没有持有及使用枪械的许可)。

绝对的许可，像人民的基本权利。然而，大部分的基本权都受有明文的限制与(在没有明文限制之处)所谓基本权之内在(固有)界限(immanente Grundrechtsschranken)。在前面关于《德国基本法》第 5 条第 3 项艺术自由的例子中我们已经看到，即便是制宪者无条件授予并且搭配了最高法律担保的绝对许可，还是有被限制的可能(对此参见上文第二课第六章之三)。

d. 被禁止者，即属不受容许

这个句子也和语句 a 一样，是以一个个别的规范作为出发点，而不是像语句 b 和语句 c 那样要从整体法秩序着眼，也就是说，我们可以轻易地确认这个语句的前提。然而，语句 d 和语句 a 一样都是明显的，因为，禁止与不容许的意义显然是相同的。尽管如此，我们马上会看到一些实务界抵触这个法则的例子。

借由对规范逻辑语句所做的短暂校阅或许解释了，为什么尽管法学方法理论对于义务逻辑付出了不少努力，但规范逻辑的论据在法学界以及实务界仍旧十分罕见。因为，在规范逻辑中，为了要确认"容许""不禁止""不要求"这些运算词，都必须要仔细检查过整个法秩序，只有"要求"与"禁止"这两种助词才仅涉及个别的规范。而从这些助词所产生的推论又是那么的简单，以至于几乎都不需要明白的叙述和铺陈。

三、司法实务上的规范逻辑矛盾

被禁止的，在任何条件下都不会被容许。也就是说，对于一个无条件禁止的行为又再提出一个附加规则来说明应如何实施该行为，而不管该行为受到禁止，这本身就是个矛盾。因为，这些附加的规则除表达出这个行为在该等规则被遵行时系受容许外，还说了什么？然而，实务界却屡次尝试提出这样的规则，为了要借由违反这些附加规则来证立那些（无法借由违反绝对禁令来证立的）结果归责。

关于这种规范逻辑上的矛盾，其中一个例子就是德国实务界关于使用已磨损之轮胎来驾驶车辆的看法。依照《德国道路交通许可规则》第36条的规定，在道路交通上所驾驶之车辆，其轮胎主胎纹深度不得低于1.6毫米。被告所驾驶的车辆虽然未达1.6毫米最低胎纹的要求，但他抗辩说，交通事故的发生并非被磨损的轮胎所造成，而是因为有一个尖锐物插入轮胎中致使轮胎漏气才造成了事故。对此，科隆（Köln）的州高等法院表示了如下的看法：

本案被告双重地违反《德国道路交通规则》。首先，他使用了已磨损的轮胎；其次，他在轮胎状况如此恶劣的情形下过于快速地行驶(《德国道路交通规则》第3条)。在这样的情状下，刑事庭便不得满足于以下的确认：异物侵入也可能以同样的方式对于一个技术上完好的轮胎造成影响，尖锐物的刺入也同样可能导致一个崭新的轮胎瞬间漏气。这个比较，尚不足以否定被告行为之于事故的因果关系。刑事庭在此首先必须要审查与澄清，当被告用磨损的轮胎驾驶车辆时，怎样的速度还算是合宜的。只有当我们于此证实了，在（顾及轮胎的不良状况）仍属适宜的行车速度下，被告的行为也还是会导致事故发生时，才能否定使用违反禁止规定的轮胎对于事故的原因性。[24]

依照科隆州高等法院的见解，应适用于使用磨损轮胎之驾驶人的规范，可以从《德国道路交通规则》(以下缩写为StVO)第3条【译按：该条为关于驾驶车辆速度限制的一般性规定】以及《德国道路交通许可规则》(以下缩写为StVZO)第36条导出：

  规范1(基于 § 3 StVO)：如果你驾驶的车辆轮胎业已磨损，你就应该慢速行驶。

这是一个附条件的诫命(bedingtes Gebot)。由此再根据"被要求者，即属受容许"这个语句，可以导出：如果你所驾驶的车辆轮胎已磨损，你可以慢速地行驶。

  规范2(基于 § 36 StVZO)：如果你的轮胎已经磨损，便不得使用这些轮胎行驶。

---

[24] OLG Köln VRS 64, 257 (258).

根据"被禁止者,即属不受容许"这个语句,我们可以从规范2导出,使用已磨损之轮胎驾驶车辆的行为是不受允许的。这两个规范是互相矛盾的,也就是说,只有其中一个规范能够具有效力。这就要通过一个优位规则来决定。《德国道路交通许可规则》第 36 条必须具有优先性,否则这个规范根本不会有适用的空间(对此见上文第二课第三章之二)。也就是说,《德国道路交通规则》第 3 条不适用于使用磨损轮胎的驾驶行为。由此导出被告并没有抵触要求他保持低速的规范。因此,事故的归责不能取决于"被告若在某种低速下行驶,是否就算轮胎漏气也还是能够避免事故发生"。

最后一个关于规范逻辑上矛盾的例子,则是德国联邦最高法院实务对于违法交易中施行诈术之行为所采取的看法[对此参见上文第二课第四章之三(三)]。当法秩序宣示了一个禁令,禁止缔结及履行特定的交易,那么法秩序就不能对于当事人违背此禁令的情形,又再提出这些法律交易应该如何缔结或履行的规则。简言之,如果某种事务被禁止,那么就不能再提出容许这件事的条件。

第五章　逻辑错误

一、循环推论

我们在上文第四课第二章之三中已经说明，每个逻辑推论都只有相对于其前提才是有效的，因为逻辑推论只是重复并更清楚地凸显出那些原本就蕴含在前提中的事物。也就是说，只有当一个逻辑推论的前提为真时，才会得出真实的结论。只有当这些前提已被证实，或是基于其他理由普遍被认可时，逻辑推论才能证实其结论。若忽略这个认知，就会陷入循环推论（Zirkelschluss）*或循环证明

---

*　此译语见林照田、蔡承志：《逻辑学入门》，2005 年版，第 314 页；亦有译为"先决要求"，如柴熙：《哲学逻辑》，1988 年版，第 250 页。另要说明的是，"循环推论"一词是德文用语的直译，在法律上则经常使用"循环论证"的译语，两种译语在本书中具相同意涵，有时替换使用只是为了让叙述在文句上较为顺畅。于此再附上原版中的解说供读者对照参考：循环推论，或是所谓的"企求论点"（petitio principii），实际上的确包含了一个逻辑上的推论，这个推论是从那些应该通过循环论证所证立的理论导出，就此而言，循环推论这个名称是正确的。在这里，起始命题的结论再次被拿来当作自己的理由使用，借此便形成了循环，产生了这个逻辑上的错误。如此便忽略了以下的认知：逻辑推论只有相对于其前提才有效。

（Zirkelbeweis）的危险，会从一个有争议的前提导出有效的推论，然后认为这个推论的结论已被证实，并由此再逆推回前提。如此的循环推论在法学上颇为常见，但因为这些循环推论没有被完整交代，所以没被看破。人们在这里就是把应当要被证明的命题于推论时默默地当作前提。

我们在上文第三课第三章之三审查归谬论证的正确性中，已经认识了这种循环证明。在该节我们发现，有时在反驳某个法律见解时，人们提出了逻辑错误或是法学上极严重的非难（像拟制的非难或违反罪疑唯轻原则的非难），但其实暗地里是以"自己的见解正确"作为前提。只有当人们明确地以此为前提，结论在逻辑上才会有效，但如此一来他也就不再能够证明这个前提。

在一本教科书中，使用了以下的论述来反对间接故意的认知主义（该书中将之称为可能性理论）。[25]

　　语句1：依照可能性理论，行为人若认识到法益侵害的具体可能性，却仍旧从事该行为，即应肯定间接故意的存在。

　　语句2：应当反对这种看法，因为这将会使得故意过度扩展到有认识过失的范围，并且这是基于以下的拟制：在行为决意的坚持当中，必然可以看到一个决定，一个对于自己可能引发之法益侵害表示赞同的决定。

尽管语句1已经明白表示，可能性理论不会让故意取决于任何一种意义下的结果决定【译按：心中让结果发生的决定】，语句2还是非难可能性理论拟制了一个如此的结果决定。如果人们已

---

[25] *Wessels/Beulke/Satzger* AT Rn. 336.

经把"结果决定对于间接故意系属必要"当作正确的前提,上面的论述才会是一个合理的推论。如此便立即形成进一步的语句3:

> 语句3:可能性理论特别是没有正确认识到故意并非只是认知,而且也包含了意欲。行为人是基于何种考量而确定要坚持其行为决意(是有意识地忍受结果风险,还是信赖自己能够避免可能的结果),对于故意的认定来说,绝对不会是无关紧要的。

在这里又重复叙述了自己的见解,并且指摘对立见解误解。这就是循环推论最简单的形式,可通过以下的流程来说明:

> 语句1:反对意见是错的,因为它没有主张我的看法。
> 语句2:我的看法是正确的,因为反对意见是错的。

他们的论证过程当然没有这么直白,而是附加了一些同样没有被证立的主张以及对于所讨论的意见提出评价,修饰得让读者要费一番功夫才能剖析其思路的基础架构。

然而,循环推论不仅只是用来反驳对立见解,而是也有应用在正面建构某种法律意见。

> 以下再度涉及经济的财产概念,这次要讨论的罪名则是恐吓勒索罪。

借由一个堪称经典的循环论证,德国联邦最高法院其他庭拒绝了该院第二庭的征询[*]。该次征询涉及以下的案件:数名毒品成瘾者殴打毒贩,并以进一步的伤害相胁,强迫其交出自己甫取得的毒品。依照《德国麻醉药品法》第29条第1项第1句第3款

---

[*] 大法庭提案的前置程序,可参见台湾地区"法院组织法"第51条之2第2项。

的规定，持有毒品是被禁止的。德国联邦最高法院刑事第二庭（更精确地说是其中一位成员[26]）想要仅依强制罪判处行为人有罪，而不打算论以恐吓勒索罪，因为可罚的持有不应算入持有者的财产。

通过帝国法院及德国联邦最高法院稳定的实务见解，违法的财产利益，只要事实上能够实现，便同属刑法上受保护的财产[27]，刑事庭认为自己无法依此为判决【译按：因为该庭对此争议采取了异于前开实务见解的法律意见】，便依《德国法院组织法》第132条第3项*，征询其他刑事庭是否仍要采取持续至今的实务见解，还是愿意接纳该庭的法律见解。刑事第二庭的法律见解就是，那些从非法持有毒品者那里夺走毒品的人，不成立恐吓取财罪，而应依强制罪处罚。该庭用以下的论述来证立其法律见解：

> 不受容许地持有麻醉药品，并非《德国刑法》第253条【译按：恐吓勒索罪】与第263条【译按：诈欺罪】所保护之财产的组成部分。1. 除权利外，没有刑法上值得保护的财产，更不用说和法秩序冲突者。就连占有，也只有当其系以某种占有权利作为基础时，才会是受保护之财产的组成部分。因此，可罚地持有麻醉药品并非受刑法保护的法益。丧

---

[26] 每一庭（Senat）由数名庭员组成，这些庭员依法定合议庭人数分成数组，庭长为各组的当然成员。

[27] 首先见于 RGSt 44, 230 (232 ff.); BGHSt 2, 364 (365 ff.); 最近则如 BGH NStZ 2011, 699 (701).

* 《德国法院组织法》第132条为大法庭的规范，规定了承审之审判庭将案件提交大法庭裁决的各项前提。台湾地区的"法院组织法"第51条之2第2项亦规定了台湾地区"最高法院"大法庭的征询程序。

失这个不受容许的持有,毋宁才是法律所乐见的状态。㉘

其他的刑事庭连同刑事第二庭另外两个合议庭则是用以下面的理由拒绝了该法律意见：

> 在财产犯罪的范畴,法秩序并不承认有财产会因为它的来源、形成或应用而全然不值得保护。㉙

在提案裁定中,这个论证被斥为循环证明而遭到拒却㉚,而这也是正确的。只有在"违法占有的地位系属财产",也就是采取所谓经济之财产概念(wirtschaftlicher Vermögensbegriff)的前提下,才能从"没有不受刑法保护的财产"这句话推导出"欺骗或强制地剥夺这种地位系属可罚"的结论。但提案裁定正是质疑这个前提。

若完整地写出来,这个论证看起来是这样的：

1. 持有毒品是违法的,但在事实上仍然是一种经济价值。
2. 违法占有的经济价值亦属于《德国刑法》第253条与第263条意义下的财产。
3. 法秩序不承认刑法上有不受保护的财产。
4. 纵使是违法占有的经济价值,刑法上亦受保护。

循环证明还有另一个同样是在法学论证中并非罕见的形式,第三庭就是以此来反对征询裁定。这种形式就是：将有待处

㉘ BGH NStZ 2016, 596 (598).
㉙ BGH NStZ-RR 2017, 112 f. (第一庭); NStZ-RR 2017, 244 (第三庭); NJW 2017, 1559 (第二庭); NStZ-RR 2017, 111 (第二庭); 亦见 NStZ-RR 2017, 44 (45) (第四庭); NStZ-RR 2017, 110 (第五庭).
㉚ BGH NStZ 2016, 596 (598).

理的事实涵摄到具有争议的见解或是具有争议的概念下,想要借此来证明这个具有争议的见解。第三庭在驳斥征询裁定时,是如下的论证:

> 在经济的观察下,麻醉药品无疑具有高度价值。这个价值提供了像制造、输入、贩卖或是以其他方式取得麻醉药品的诱因,尽管这些有关麻醉药品的行为在法律上都是被禁止的,并且违反这个禁令会遭到刑罚制裁。
>
> 当刑事第二庭指出,麻醉药品在合法市场中不具有任何价值,原则上是正确的,然而这一点在经济的观察下不具有重要性;因为,经济面的观察并不会考虑某事物的起诉可能性,而是仅需考虑事实上的情况。㉛

然而,征询裁定对于"非法占有麻醉药品依照经济的财产概念具有价值"这一点根本没有争执。被争执的只有"这样的价值在《德国刑法》第253和263条中亦属财产"这点。只有在这个前提下,第三庭冗长的阐述对于案件的解答才会是重要的。

然而,我们应当谨慎地使用循环论证的指摘。别人用不同的话重复某个命题、描绘从某种命题推导出的结论,或是将某种命题应用到个案时,只有当他们是要证明该命题时【译按:同时是要证明该命题为正确时】,始应受到循环论证的非难。不过,人们也可能尝试将某个命题带入不同的逻辑形式,或是从某个命题推出个别的后果,借此来说服其他人接受该命题的正确性。如果人们另行证明了起始命题的这些后果,或是用其他方式让对话相对人接受了该命题的正确性,那么就突破了循环。如此一来,虽然没

㉛ BGH NStZ-RR 2017, 244 (245).

有完全(而是仅有部分)证明起始命题,但从这样的出发点,可能导出进一步支持起始命题正确性的理由。人们可以把如此形成的这个论证手段,理解成一种"归谬论证的逆转"(Umkehrung des argumentum ad absurdum)。应被证立之法律见解的某种后果,却被说成是独立于该法律见解那样。*虽然在逻辑上还不能由此推导出整体法律见解的正确性,但有可能基于合理性(特别是平等的理由)推导出该法律见解的正确性。

  第三庭与第五庭就是依循这样的模式来证立其驳斥第二庭征询的理由。他们指出,窃取非法占有的麻醉药品无论如何都会因成立窃盗罪或强盗罪而受处罚。这必然可从法条文字(也就是他人之物这个概念)导出,因为占有毒品的非法性并不会对于"占有者也是毒品的所有权人"这点有所改变。因此,这两个刑事庭继续指出,勒索非法占有的毒品就也必须依照恐吓勒索罪或强盗式恐吓勒索罪【译按:相当于台湾地区"刑法"第328条第 2 项之强盗得利罪】加以处罚。因为,行为人的可罚性不能够取决于行为人究竟是自己拿走毒品还是让被强制的占有者交付毒品。㉜ 这个论证虽然在逻辑上并非必然,但其本身倒是前后一贯。当然这个论证是依附于"窃取非法占有的毒品应依窃盗罪或强盗罪处罚"这个主张之上。但刑事第二庭正是要求各庭考虑,是否可通过对于他人之物这个概念的目的性限缩来排除此

---

  * 作者对这句话的补充说明如下:这种论证方式的错误在于,这种后果是从该起始命题所导出,却被描述成与该命题无关,但人们若是不接受这个起始命题,就不再能够导出这个后果。

  ㉜ BGH NStZ-RR 2017, 244 (246)(第三庭);NStZ-RR 2017, 110(第五庭)。

一可罚性。㉝

无论如何，人们不应该把每个换句话来重复某种命题的行为、关于某个命题后果的解释，或是借由例子来说明某个命题的做法，都当作循环论证而加以拒绝。只有当这类的论证也同时带有证明的主张时【译按：同时带有该命题为正确的主张时】，这个论证才会成为循环。当然，如果对话者多次以不同或相同的语词重复着他的法律意见，那么您就可以相当确定他并不知道应当如何证立这个意见，尽管他坚定地相信这个意见，并且尝试要劝服您也接受这个意见。

二、概念错换

学术上的思考路径中，无论是逻辑还是论证的思考路径，任何一个语词或是其他语言表述的意义都不可以被更改，除非对此有提出明确的说明。如果这样的意义变更没有公开出现，便会唤起一种假象，仿佛那些在这个概念原始意义下被证明、解释清楚或被接受的语句，在新的概念意义下也已经被证明。然而，这些语句在新的概念意义下，已具有与原初语句中不同的意涵，但只有原始意义下的语句才是已被证明、解释清楚或是被接受的。人们将这种对于某个语词未被发觉的意义变更称为"概念错换"（Begriffsvertauschung）。

对于这种概念的错换有个古典的例子，它的思考路径如下：

所有的狐狸都有四条腿。

㉝ BGH NStZ 2016, 596 (599).

奥德修斯【译按：Odysseus，古希腊智勇双全的英雄】是个聪明的狐狸。

所以奥德修斯有四条腿。

提出这些语句的人显然已经将"所有的狐狸都有四条腿"这个语句让人理解并接受。这个语句是对于狐狸这个物种（狐属）所为的陈述。但在第二个语句（奥德修斯是个聪明的狐狸）中，他却不是在物种意义下去使用"狐狸"这个概念，而是作为一种聪明人的比喻性标记。如果他把奥德修斯涵摄到"所有的狐狸都有四条腿"这个语句中的"狐狸"概念下，就会唤起一个表象，仿佛他已经证明了"所有的聪明人都有四条腿"这个语句。因为，只有在如此的前提下，把奥德修斯涵摄到"所有狐狸都有四条腿"这个语句下的动作才会是正确的。

这个概念的混淆错换这么明显，以至于应该不会有人受骗，因为狐属与聪明人这两个概念显然具有完全不同的意涵。但倘若两个概念之间的意义差异不是那么明显，譬如第二个概念只是第一个概念的扩大，或是和第一个概念在意义上近似，那么作者或是读者就有可能察觉不到概念意义的变更。对此我们举一个例子，在这个例子当中，概念的错换并不是被用来从某个语句导出不能由该语句导出的结论，而是某程度上刚好相反，不从一个业已提出的语句导出必须要导出的结论。也就是说，概念错换在这个例子中是被用来掩饰一个矛盾。这个例子就是关于风险降低（Risikoverringerung）的讨论。

在德国刑法学界，通过降低风险的行为招致结果是指以下的情形：行为人看到某人持工具挥向被害人的头部，于是便将这个攻击的方向移往被害人的肩膀。被害人虽然因此免于脑震荡的严重头部伤害,但取而代之地在肩膀处受到创伤。首先,行为(亦即改变攻击方向)与肩膀创伤间的因果关系,是通过下述的说法来证立:

> 确认因果关系时,始终是取决于"具体形态下"的结果。[34] 这在此处是指肩膀的损伤,并且行为人改变原本朝向头部之攻击方向的行为,对于这个具体结果来说系属不可想象其不存在。尽管如此,行为人对于这个肩膀伤害还是不用负责,因为他没有升高被害人所遭遇的风险,而是相反地降低了这个风险。[35]

然而,人们如何能够借由降低结果发生的风险使自己成为这个结果的原因? 在没有任何后备原因*的情形,行为人无论如何都提高了先前所描述之结果(具体形态下之结果)发生的风险,亦即从 0 提升到 100%。[36]

能够说明"行为人虽然是伤害结果的原因,但并没有升高伤害结果发生的风险,而是相反地降低"这个矛盾主张的方法,便是指出"伤害结果"这个概念在第一个语句中的意义异于它在第

---

[34] Roxin AT/ 1 11/21; Wessels/Beulke/Satzger AT Rn. 239.

[35] Roxin AT/1 11/53; Kühl AT 4/54; Wessels/Beulke/Satzger AT Rn. 295 f.

* 所谓"后备原因"(Reserveursache),或译为"保留原因",系指某些事实情状,虽然在具体个案中并非真正造成法益侵害结果发生的原因,但如果事实上的真正原因没有发生作用,该事实便将会取而代之地导致相同的结果发生,这种事实就是此一法益侵害结果的一个后备(保留)原因。举例来说,于死刑犯行刑前持刀将之刺死,持刀刺杀的行为是死亡结果的真正原因,该死囚"将会被行刑单位处死"的这个事实则是一个后备原因。在认定因果关系时,只应考虑实际发生的事实,而不能将未发生作用的后备原因列入考虑。

[36] NK-*Puppe* vor § 13 Rn. 65; *Kindhäuser* Risikoerhöhung und Risikoverringerung, ZStW 120 (2008) 481, (482).

二个语句中的意义。在第一个语句中，所指的是“完全具体之形态下的结果”，也就是肩膀伤害，必要时还会增添其他进一步的“具体”伴随情状。在第二个语句中，结果概念则不是运用在具体的结果形态上，而是指被害人在健康上被侵害的利益。行为人的确没有提高这个利益侵害的规模，而是使之降低。但如果人们在确认因果关系时，从一开始便以这个结果描述为基础，就会得出相反的结论：行为人并非身体伤害结果的原因，因为若是和假设的事件* 相比，行为人并没有恶化被害人的身体利益，而是相反的对之有所改善。

接着，我们就必须要讨论下一个问题：哪一种关于结果的描述比较好？是像医学界人士一样，采用具体侵害结果的描述，还是应该采取恶化被害人身体及健康之利益总结算（Interessensaldo）的这种描述？事实上，在另一个基于相同理由也被称作风险降低的案例中，人们的确讨论过这个问题，也就是：一个未经病患同意而实施，但最后成功的侵入性医疗行为（Heileingriff）究竟有无实现伤害罪的构成要件？㊲ 借此显示了，这里所涉及的问题应该是“结果的界定”（Erfolgsbestimmung），而不是“结果归责”（Erfolgszurechnung）**，尤其没有涉及风险升高的归责理由。此处的案例事实

---

* 亦即，假设行为人并未出手改变攻击方向，该事件会有如何的发展。在上述的例子中，假设事件就是指被害人的头部受到攻击。

㊲ *Bockelmann* Strafrecht des Arztes (1968), 67 ff.; *Gössel/Dölling* BT/1, § 12 Rn. 50 ff.; *Hardwig* Betrachtungen zur Frage des Heileingriffs, GA 1965, 161 (163); *Maurach/Schroeder/Maiwald* BT/1 § 8 Ⅳ; LK-*Grünewald* § 223 Rn.72 ff.; NK-*Paeffgen/Zabel* § 228 Rn.58 ff.; *Welzel* Das Deutsche Strafrecht,11.Aufl. (1969), 289.

** 结果的发生是结果归责的前提，如果构成要件结果未发生，自然就不会有归责的问题。

中,主张基于风险降低来排除归责的理论,通过概念错换跳过了这个讨论,而且还错误地想用这种情形来证明风险升高理论[38]。

三、矛盾

矛盾,作为一种逻辑上的错误,在这本书中已多次论及。[39] 我们已经展示过(上文第二课第三章之二),不能够容忍一个理论或是某个其他语句体系中蕴含矛盾。但是我们在那里也已经看到,在法学中,人们可以在相互矛盾的语句中,规定其中哪个语句相对于其他语句具有优先(位)性,借此来排除其间的矛盾。这并非意味着在法学上证实矛盾的存在不具有任何的认知价值。因为,为了避免矛盾而限制某个语句,需要实质的正当理由。您想一下关于国家"应尊重行为人的人性尊严"这个义务与国家"应拯救被害人生命"的义务二者间的冲突(援救刑求*)。但人们若想要借由对某个规则创设例外的方式来排除矛盾,就必须对于"哪些条件下适用例外、哪些条件下适用该规则"这一点提出判准。

对此,在因果关系的判断这里,通说也提供了一则适例。通说将原因界定成结果的必要条件,通常是如下这般表达:

> 如果一个行为不能被想象成不存在,否则某个结果就不

---

[38] *Roxin* AT/1 11/53.
[39] 见上文第二课第三章之二,以及第四课第二章之一。
* 援救刑求(Rettungsfolter),系指国家机关为了排除他人生命或身体所面临的重大急迫危险,对被告施加刑求以获取关键信息。例如,警察对于逮捕的犯罪集团成员施以刑求,迫使其吐露炸弹安置于何处。

会出现【译按：若是没有这个行为,结果就不会发生】,这个行为即为该结果的原因。精准地表达就是：不能在想象上添加该行为的否定（Negation）,否则结果就不会出现（对此见上文第四课第二章之一）。

现在,如果在因果历程中有两个可以相互取代的行为,那么这个条件就没有实现。其中每个行为都可以被想象不存在（较精确地说,可在想象上加入该行为的否定）,而结果仍旧会发生。但无论如何还是适用以下的条件关系:结果发生的必要条件就是"其中一行为存在""另一行为存在"或是"这两个行为共同存在"。因此,通说为了补充必要条件的公式,便发展出第二个公式,也就是所谓的择一性公式（Alternativenformel）。这个公式的内容如下：

> 倘若数个行为虽然可以择一地（alternativ）想象不存在,但无法累积地（kumulativ）想象不存在,否则结果就不会出现,那么其中每一个行为都是原因。

这种择一因果关系（alternative Kausalität）的教科书范例就是:厨师与仆人都想要杀死雇主,分别将同种毒药加入雇主的浓汤中,且各自均加入了致死的剂量,雇主喝下后随即死亡。[40] 您可发现这个案例有多古老。想象不存在的公式与择一性公式二者,就是处于矛盾的关系。想象不存在的公式（没有行为就没有结果）表达了行为必须是结果的必要条件,也就是说,行为的否定对于结果的否定来说,必须是一个充分条件：

---

[40] *Kühl* AT 4/19; *Wessels/Beulke/Satzger* AT Rn. 232; *Kindhäuser* AT 10/30.

$$\neg H \rightarrow \neg E\ ^{*}$$

择一性公式首先表达"这两个行为不能累积地被想象不存在,否则结果就不会发生",这个公式就是:

$$(\neg H_1 \wedge \neg H_2) \rightarrow \neg E$$

若 H_1 且 H_2 均否定,则 E 亦否定。

然而,这对于确认 H_1 与 H_2 之于结果的因果关系来说,无论如何都不可能足够。因为,若 H_1 的否定对于 E 的否定来说系属充分条件,那么将 H_1 和任何一个事实(X)联言式的连结,对于 E 的否定来说,都还会是一个充分条件,其程式如下:

$$(\neg H_1 \rightarrow \neg E) \rightarrow (\neg H_1 \wedge X) \rightarrow \neg E\ [41]$$

如果 H_1 的否定对于 E 的否定来说系属充分条件,那么 H_1 的否定与 X 的否定对于 E 的否定来说,就也还是充分条件。

如果一个行为无法单独地想象不存在,否则结果就不会发生,那么这个行为就也可以和任何其他的行为共同一起成为无法想象不存在,否则结果就不会发生。

亦即,对于 E 的否定来说,H_1 的单独否定和 H_2 的单独否定都不可能是充分条件。因此,择一性公式便要求 H_1 与 H_2 不能择一地(不能个别地)被想象不存在,否则结果就不会发生,也就是说:

$$\neg (\neg H_1 \rightarrow \neg E)$$

---

* 此处的"¬"代表"否定","H"代表"行为","E"则代表"结果",整句的意思是:若否定行为(无行为)则否定结果(无结果)。

[41] 详细的说明如 Puppe Der Erfolg und seine kausale Erklärung im Strafrecht, ZStW 92 (1980), 863 (866 ff.)=Strafrechtsdogmatische Analysen (2006), 101 (104 f.).

以及

$$\neg(\neg H_2 \to \neg E)$$

择一性公式表达了:两个行为中的每一个行为都必须能够被想象不存在,否则结果就不会发生。

这就会和条件公式形成直接的矛盾,依照条件公式,只有当一个行为不能被想象不存在,否则结果就不会发生时,该行为才是原因,也就是说:

$$\neg H_1 \to \neg E$$

以及

$$\neg H_2 \to \neg E$$

这个择一性公式在文献上被称作必要条件公式的"修正"(Modifikation)[42]或"适用规则"(Anwendungsregel)[43]。然而,它并不是修正必要条件公式,而是与之冲突。它也不是必要条件公式的适用规则,而是一种"不适用"的规则。但是人们可以提出一个规则,然后对于这个规则显然会导向错误结论的情形再提出该规则的例外,这个例外会和原初的规则相互矛盾。只是人们必须对于"何时应适用例外、何时应适用规则"这点提出判准(见上文第二课第三章之二)。但通说对于择一性公式并没有提出这样的判准。[44]这个例外显然应该适用于运用原本的规则会导致错误结论的时候,也就是指"在存有因果关系的情形导出因果关系被否定"

---

[42] *Kindhäuser* AT 10/34.

[43] *Kühl* AT 4/11, 20.

[44] *Puppe* Der Erfolg und seine kausale Erklärung im Strafrecht, ZStW 92 (1980) 863 (878) = Analysen (2006), 101 (114); *dies.* NK Vor § 13 Rn. 93.

的时候。但我们要如何看出规则的适用会导致错误的结论？无论如何是不可能通过适用该规则而看出此点。但通说显然指望人们已经察觉。先且不论这种对于直觉或感觉的信赖既不能取代定义因果关系的理论，也无法取代个案中确认因果关系的方法，这样的希望其实已被证实是错的。在一些案件中，德国联邦最高法院将被告无罪开释，因为在添加了其他人的过失行为后，其他人的过失对于结果发生已属充分，被告的过失即非结果的必要条件。因为法院没有认知到此处涉及了所谓的择一因果关系案型，所以还是运用了条件公式，尽管在这里应当要适用的是择一性公式。㊽ 因此，德国联邦最高法院错误地否定了被告注意义务侵害的因果关系，并宣告无罪。

　　但是当人们对于一个规则创设先前业已承认的例外时，也还是没有定出在何种条件下应当适用这些例外。特别是在法学上，不会没有论证地就提出并且承认一个规则。如果人们承认了规则的论证，就必须要对于"为何在这样的条件下应该创设一个偏离于规则的例外"这点提出论证。单单只是展示"在某些情形中运用'原因必须是结果发生的必要条件'这个规则会导致不合理或无法忍受的结论(像两个不同的参与者可以相互为对方脱免招致结果的非难)"还不足够。要证立规则的例外，就只有针对规则的理由才可能。通过上文(第四课第二章之一)对于"只有当行为人的行为是结果发生的必要条件时，结果的发生与否仅取决于他的行为，才能非难行为人"这个规则所阐述的理由，我们无法证立这个规则的例

㊽　BGH VRS 25, 262 mit Bespr. *Puppe* AT 3/13 ff.; BGHSt 11, 1 mit Bespr. *Puppe* AT 3/18 ff.; *Jakobs* AT 7/83a.

外。也就是说,通说必须考虑这个规则的其他理由,或是根本放弃这个规则。*只要没有这样做,矛盾就会继续存在。

四、什么是评价矛盾?

在现代,强而有力的语词会比强而有力的论据更有效果,人们在法学上对待矛盾的指摘也过于轻率。借由因果关系理论的例子我们已经看到,两个语句若非直接处在肯定与否定的关系中,那么要去证明这两个语句之间存有矛盾,是件多么艰辛的差事。因此,今日的法学界偏爱在两个结论之间指称"评价矛盾"(Wertungswiderspruch),用以表达这两个结论彼此不相容。然而,评价矛盾这个表述本身就是一种矛盾。"矛盾"一词需要逻辑的权威,而借由"评价"一词所要表达的,却是和逻辑无关的论点。为了要解释两个(相互间并非直接矛盾的)结论彼此不相容,人们必须追溯到它们的理由。然后人们可以展示其中一个结论的理由和另一个结论的理由矛盾。但只要人们承认了第一个结论的理由,而这个理由会和第二个结论冲突,那么两个结论之间便会存在着矛盾与不相容性。如果人们限制这个理由,使之不再和第二个结论冲突,或者完全拒绝这个理由,改用其他理由支持第一个结论,那么就可解消对于两个结论(至少对于第一个结论)的评价矛盾非难。

---

　　* 作者向来主张应放弃必要条件公式,将原因的定义改定成"一组最小充分条件中的必要成分"(notwendiger Bestandteil einer hinreichenden Midestbedingung),见本书第四课第二章之一注⑨处,另亦可参见 Puppe 文章,郑铭仁译,载《军法专刊》第 42 卷 12 期,第 27 页以下;Puppe 文章,蔡圣伟译,载《东吴法律学报》第 17 卷 3 期,第 393 页以下。

对于无效之法律行为在不当得利法上的恢复原状，实务上采取差额理论(Saldotheorie)，Canaris 就曾经对于该理论提出了评价矛盾的指摘。依照差额理论，处理一个无效的双务契约(像买卖契约)时，并非要所有契约当事人返还他方的给付，而是将双方的给付相互抵销，再由最后获得利益的一方偿付其中的价值差额。这个获利(差额)即属《德国民法》第 812 条*意义下所称的"应予返还之有所取得者"。也就是说，如果无效的买卖契约双方均已履行，那么出卖人在依照《德国民法》第 812 条应交还的价金这里，可以减去已交付货物的价值，予以抵销结算。若货物于此期间在买方这里灭失，前述的规则亦有适用。也就是说，标的物偶然灭失的危险是由接受无法律原因之给付的一方来承担，这里就是买受人。但如果出卖人先为给付，那就没有什么好结算的了。亦即，如果无法律上之原因所交付的货物在买受人这里灭失，那么出卖人的不当得利返还请求权便会依照《德国民法》第 818 条第 3 项**买受人所受利益不存在而消灭。Canaris 对此指出：

> 因为在不同解决方案之间并没有差别对待的充分事理根据，仅仅是这个内在评价矛盾，差额结算理论就已经是不妥的。[46]

---

* 《德国民法》第 812 条为不当得利返还请求权的规范，其中第 1 项第 1 句规定：无法律上原因经由他方之给付或其他损害他方之方式有所取得者，负返还他方之义务。

** 《德国民法》第 818 条为不当得利的规范，其中第 3 项规定，所受利益不存在者，免除其返还或偿还价额之义务。

[46] *Canaris* Funktion, Struktur und Falsifikation juristischer Theorien, JZ 1993, 377 (385).

我们现在去追问这两个结论的论证，试着把这个评价矛盾回归到逻辑上的矛盾。差额理论是用"无效法律行为的双务性格（synallagmatischer Charakter）于不当得利恢复原状时继续作用"来论证。如果一方当事人（此处的出卖人）必须返还已取得的价金，但却因为其已为之给付（也就是货物）业于买受人处灭失而无法取回，这样就是不公平的。这意味着，偶然灭失的危险以及有疏失地对待无法律上原因受给付之物的后果，要由收受给付之人（也就是买受人）来承担。但如果无效的买卖契约仅有出卖人履行，那么由《德国民法》第818条第3项便会得出，出卖人要承担偶然灭失的危险，甚至要承担买受人疏于照料标的物致其灭失的危险，因为灭失后得利也不复存在。也就是说，对于无效契约不当得利恢复原状的危险承担，有两个对立的规定。但这样还称不上有矛盾，因为其中一个规定所涉及者是双方业已履行的无效契约，另一个规定则是涉及仅有单方履行的无效契约。现在Canaris指出，并没有将两种情形相异处理的理由。也就是说，这两个危险承担规则无法被限制成彼此相容。每个规则都主张其亦得适用于另一种情形。继续之双务性的想法，原则上亦适用于只有其中一方当事人业已给付的情形，《德国民法》第818条第3项取消得利的想法，则亦适用于双方当事人均已给付的情形。如此一来，这两个规则间的矛盾就会继续存在。

其中一个规则是，由于继续作用的双务性（fortwirkendes Synallagmas），无法律上原因之给付的灭失危险要由给付接受者承担。

另一个规则则是，给付者始终要承担已为之给付灭失的危险。

也就是说,两个结论相互间处于评价矛盾的指摘能否成立,取决于人们对于这两个结论所提供的、相互冲突的论证。人们可以对这两个结论提供其他的理由,或是限缩业已提出的理由,借以排除矛盾,当然,这样的限制也同样需要被证立。

Canaris 在《德国票据法》第 16 条和第 69 条之间也看到评价矛盾。依照《德国票据法》第 16 条,签发票据者(发票人)就票据上的意思表示(Wechselerklärung)要对善意第三人负责,即使他不知何故地遗失了这纸票据。另一方面,依照《德国票据法》第 69 条,做成票据意思表示之人,其所为之表示若事后遭到变造,便无庸为该表示负责;即便是对于票据的善意受让人,亦然[对此亦见上文第二课第四章之三(四)]。依照 Canaris 的看法,当发票人没有把金额栏的空格画掉,形成了变造票据文书的可能性时,就会出现矛盾。[47]

Canaris 于此处的出发点是,《德国票据法》第 16 条背后所根据的原则是"可归责地引起权利外观的责任"(Haftung für zurechenbar veranlassten Rechtsschein)。依照这个原则,没有画掉金额栏空格的发票人,也要对于因此促成其票据上的表示遭到变造这一点负起责任。也就是说,若是拒绝对于被变造的表示内容负责,就会和促成权利外观的原则形成矛盾。

但是人们可以去争执的是,《德国票据法》第 16 条是否确实基于促成权利外观的原则所建构。因为,较早先的票据拥有人对于新的善意票据持有者所负的责任,并非基于其通过遗失票据所

---

[47] *Canaris* Die Bedeutung allgemeiner Auslegungs- und Rechtsfortbildungskriterien im Wechselrecht, JZ 1987, 543 (547 f.).

建构的权利外观,能够通过某种途径归责于己。随而就只剩下交易保护原则(Prinzip des Verkehrsschutzes)能够建构其责任,就如同《德国民法》第935条第2项那般*,这也适用于遗失的金钱或是无记名证券。然而,这个无条件的交易保护是《德国民法》第935条第1项这个规则的例外,《德国民法》第935条第1项是要在物的失主面对善意取得者时保护失主。也就是说,《德国票据法》第16条就如同《德国民法》第935条第2项那般,并没有对其他权利外观的情形主张普遍的有效性。

---

*　《德国民法》第935条是善意取得的排除规定,其中第1项前段规定"所有人因被盗、遗失或其他事由失去其动产时,他人不得依第932条至第934条之规定取得所有权",第2项则是限缩第1项的适用,规定第1项善意取得的排除规定不适用于金钱、无记名证券以及经由特定拍卖而转让的动产。

第五课

论证理论

第一章 论证理论

一、广告宣传还是剽窃？

到此为止，我们已经对于个别的论据加以分析。至于那些反对论据(Gegenargumente)，便只有当它们也是属于相同种类的解释方法时(亦即同属文理论证、体系论证或目的性论证)，才会被一并考虑。然而，当那些相互争辩的法律意见所援用的论据分属不同法律发现方法(Rechtsfindungsmethode)时，我们要如何在方法上规矩地得出内容被证立的争议决定？在那些教导如何处理实例的书籍当中，多半会建议读者从那些自己不打算采取的法律见解开始，将其论点一一罗列，然后再同样地处理自己想要采取的意见。如此一来，我们最后就只需要用一句话来结尾："基于这些理由，最后的意见应属可采。"[1]甚至还有人还更进一步，像某本方法论教科书[2]，便建议大家用虚拟

---

[1] *Fahse/Hansen* Übung für Anfänger im Zivil-und Strafrecht 8. Aufl. (1996), S. 32.
[2] *Steinberg* Angewandte juristische Methodenlehre für Anfänger (2006), Rn. 106.

式的句型(Konjunktiv)*描述自己反对的见解,对于自己所赞同的见解则是使用直述句的形态(Indikativ)**来描述。在考试时,这样处理原则上就已经足够,因为作答的时间有限,没办法认真确实地处理法律问题,而这也不会是要求考生做的工作。作为考生的您,被期待的任务只有在案例事实中辨识出相关争点,并且证明自己知道其中各种意见的重要论点。然而,我并不建议您用虚拟式语句去描述自己不采的意见。这会让人感到傲慢,并且,从一开始就去诋毁一个在文献上可能相当著名之见解的名声,这样的手法也是过于粗暴。

而且就算没有虚拟式语句的问题,这种处理方式也算不上是"内容扎实、思考独立且学术上诚实"的问题讨论方式。在写家庭作业***、研讨课报告****以及学位论文时,对您的要求当然会更

---

* 德语中的虚拟式句型,总的来说,是用来表达可能性(因此又被称作可能性形态)。其中的虚拟一式,常被用来转述他人意见(所谓的间接引语),有让自己和转述的意见保持距离的意味。至于虚拟二式,则是用以表达与现实相反的内容,也常用来表示条件或愿望。

** 或称"直陈式",在德语及拉丁文中是用来描述事实的动词变化语句,在叙述自己的意见时,通常会使用直陈式。

*** 德国法学院学生的家庭作业(Hausarbeit),于修习的法律科目中,与笔试共同作为分数评定的依据。每个法律科目每学期至少会有一份家庭作业,通常是由授课教师提出一则较为复杂的实例(案例事实约一张 A4 纸的篇幅),让同学自行完成一篇完整的案例解析(大约 20 页的内文篇幅,再加上封面、目次及参考文献列表)。写作的格式相当于学者在法学期刊中所发表的案例解析文章,其中当然也包括了实务判解以及相关文献的整理和引用,德国法律系学生多半会用团体讨论分工(读书小组)的方式来共同完成。通过家庭作业,除训练学生案例解析的能力(体系架构的基本格式与相关争议的内容)外,也开始培养学生自行寻找法学文献(教科书、注释书、期刊论文及实务判决)的习惯与能力。

**** 研讨课报告(Seminarreferat),就是相当于台湾地区法律研究所硕博士班上课时所撰写的报告。每位参与者挑选一个特定主题[多半是一个具体的争(转下页)

多。就算是实务工作者,也必须学会证立自己的意见,并且在事理上扎实深入地处理反对论点。在德国联邦最高法院或宪法法院面前,光是把反对论点改成虚拟式的句型是无法驳倒对手的。

以下要介绍的争议处理方式也好不到哪里去。这种处理方式多半是出现在家庭作业中,有时也会在研讨课报告里看到,甚至被运用在博士学位论文中。这种处理方式就是,先逐一描述不同的意见,个别举出每一种法律见解的支持者所运用的一切论点,然后等到要作决定时,就提出所有的论据,就只有在结尾处写道:"最后那种意见应属可采,因为它会导向公平正义的结果"。这不是法学,而是广告宣传。

有些比较狡猾的人,自己已经决定了要采哪种意见,便在介绍这种意见时,跳过其中自己认为最好、最具说服力的那个论点,然后到了最后必须要对争议表态时,才把这个论点提出来当作关键的论据。如果他们是把这个论点当作自己的论点提出,而没有引用文献上的支持者,那就是剽窃。一旦这个作品(像作为博士学位论文)公开发表,甚至是会受到处罚【译按:此举可能会构成著作权法上的犯罪】。您也不应该抱持着幻想,以为专业的读者看不出这个论据是来自其他的文献。会有这种剽窃行为的可能原因之一,就是误解了自己所要完成的任务,以为一份研讨课报告或家庭作业的作者,在处理那些已历经数十年的学说争议时,会被期待能够发现一个彻底终局解决这个争议的新论点。但

(接上页)议问题],以学术论文的写作格式撰写一份书面报告,再于课堂上口头陈述,并且要当场回答教师和其他同学提出的问题。通过这种训练方式,除让报告人对于特定法律议题有更深层的了解外,更要培养其发现问题、搜集整理资料的能力,当然还有书面与口头表达能力的训练。

纵使人们正确地引用提出这个关键论据的原作者,这样的处理方式也不能算是最好的。因为,如果只需要提出单一论据就可以对这个争议作出决定,那我们干嘛还要列出其他所有的论点?

然而,在学术性的专文(特别是博士学位论文)中,甚至在大部头的教科书当中,却经常是用下列的步骤流程来处理一个争议问题:提出问题→甲说,批评→乙说,批评→丙说,批评→(……)→自己的意见,无任何批评。甚至当人们对于最后那种意见所提出的批判性反对理由极为明显时,也还是这么处理。有时候,作者直接就在标题中把自己的看法称作"正确解答"。在这里,我们又再次看到广告宣传。

我们想象一下,一场口头讨论就在以下的场景进行:每个人都咕哝着自己的意见,同时捂住自己的耳朵,最后主张只有自己是对的。问题的讨论,也就是广受支持的不受宰制之对话(herrschaftsfreier Diskurs,请见下文第五课第二章之一)③,唯有通过参与者深入讨论的方式(亦即一个论据一个论据地回答,并且试着去反驳与说服),才有可能对于相关问题得出一个所有参与者都能认可的解决方案。

二、论证网球赛

在一份鉴定意见、一篇报告或是一本学位论文中,法学的工作方式就是在自己脑袋里进行一场问题讨论,并且用书面的方式将之表达出来。这就像在举办一场论证网球赛,球赛中就是正面

---

③ *Alexy* Theorie der Juristischen Argumentation, 2. Aufl. (1991), S. 259 ff.

论据与反对论据的相互对答。当然，争论的学者所提出的各种论据并非总能够用这种方式排列，有时候，某个论据可能根本没有直接遇到反对论据，反对的一方只是想用他们所有论点的总体来击退这个论据。然而，在绝大部分的情形中，这些论据之间都还是可以依据各种论点的内容，提出一个清楚（或者至少可接受）的编排。对此，法律发现（法律解释）的不同方法（根据文义、体系关联性、问题解答的固有逻辑、法律的意义与目的及其实现可能性，还有根据后果的考察）可以作为一种对各种论据分类编排的辅助工具。如此一来，就可以建构起讨论问题的架构；用图像式的说明便是，这场网球赛局是在个别语句的你来我往中进行。在每个语句之后，法律人一定程度上就要扮演起球赛裁判的角色，去决定哪一边获胜，或者是判定为平手。*

为能理解下文，应该先大概了解诈欺构成要件中关于财产概念的争议。

就让我们用一个已经相当著名的争议来进行讨论：违法取得（或可取得）的经济价值是否亦应享有诈欺罪的保护？首先，我们应该以法律上正确的方式去描述此一争议问题。这里所涉及的

---

* 作者在这里删去了原版中最后一段话，附录于下供读者参照：但在做这件事之前，他应该尽可能地将相互交锋的不同论据通过最好的形式表现出来。如果可能的话，他甚至应该校正他在这些描述中所发现的错误。如果相关意见的支持者举了不恰当的例子来说明，那么他就应该尽可能地不要去使用这个例子。在学术讨论上，却经常呈现出相反的景象 [参见 *Puppe* Besorgter Brief an einen künftigen Strafrechtswissenschaftler, GA 1999, 409（410）= Strafrechtsdogmatische Analysen (2006), 19 (20)]。然而，如果人们就让某个论据卡在一个不须放弃该论点便可轻易排除的疏失上，这样就不是在追求知识上的进步，甚至连实践上协调一致的进步都称不上。

问题是,失去一个违法取得或占有的经济利益能否算是《德国刑法》第263条【译按:诈欺罪】所称的财产损害(Vermögensschaden)? 这只有当此类的价值也能够涵摄到该规定的财产概念下,才会是可能的。以下,我将会把肯定此问题的论据用"赞成"来表示,否定这个问题的论点则是用"反对"来表示。

(一) 文义解释

【赞成】

> 纵使是违法取得的财产价值,也还是享有《德国刑法》第263条的保护,因为不可以存有任何刑法上不受保护的财产。

这个论点很容易就可以反驳,我们只需要揭穿它是一个循环论证即可(见上文第四课第五章之一)。也就是说,这个论据是把应该要被证立的事物(违法取得的经济状态亦属财产)拿来当作前提。这个前提是躲藏在他把违法的经济价值界定为财产的这个标示当中。一个循环论据没有任何意义。但人们现在也可以试着通过打破循环的方法,赋予这个论据意义,也就是人们在"循环推论"中导出结论的起始命题(Ausgangsthese)明白写出来。这个起始命题的内容如下:

> 依据一般的语言理解,对于拥有者来说,所有在事实上具有经济价值的状态都是财产,无论这个拥有的状态是否与法秩序相容,均然。依此,即使是违法取得或是违法行使的状态,只要它们具有经济上的价值,刑法上都应该要受到保护;因为,不可以存有刑法上不受保护的财产。

通过这样的描述,这个论据在方法论上便属正确,但同时也显示出它很容易遭受到攻击。

【反对】

一般的语言使用习惯并没有清楚告诉我们,连违法的经济价值也必然会落入财产概念之下。但就算是如此,法律人也还是能够对于财产概念使用一个较日常用语更紧缩的技术性用语,只要在法律上有充分理由支持这样的做法即可。

依此,在我们的论证网球赛中,第一句的部分就要以平手收场。这两种立场都不能立即主张法条文义是站在自己这边,因为法条的文义并不清楚。

(二)体系上的论证

【反对】

依照《德国民法》第817条第2句【译按:相当于台湾地区"民法"第180条第4款,因不法之原因所为之给付不得请求返还】的规定,在违法或违反善良风俗的交易中,只要当事人对于违法性或违反风俗这一点有所认知,他就不能要求他方返还其业已履行的给付,尽管这个给付因为交易无效而属无法律上原因所为之给付。如果在他方当事人骗取该给付的情形对其提供《德国刑法》第263条的保护,并且因此赋予其可依《德国民法》第823条第2项【译按:相当于台湾地区"民法"第184条第2项侵权行为的规定】起诉之损害赔偿请求权,便与上述无法相容。

【赞成】

《德国民法》第 817 条只是不当得利法（Bereicherungsrecht）的规定，而非侵权行为法（Deliktsrecht）。因此，这个规定绝对可以和受骗者依《德国民法》第 823 条第 2 项所享有的损害赔偿请求权及其在刑法上受到的保护相互协调一致。④

【反对】

《德国民法》第 817 条并非单纯地只是一个不当得利返还请求权的规定，而是立基于一个普遍的原则：法律不保护违法及违反善良风俗的交易。于此前提下，不当得利返还请求权本身并不需要明文规定，因为这个先行给付并没有法律上的原因，所以即便没有《德国民法》第 817 条之规定，也还是可以直接从同法第 812 条【译按：相当于台湾地区"民法"第 179 条，不当得利的基础规范】得出不当得利的返还请求权。

在这一局当中哪边获胜，取决于我们是否赞成德国联邦最高法院的看法，亦即，究竟是要把《德国民法》第 817 条理解成纯粹不当得利法上的特别规范，还是要将之理解成"违法状态不值得任何法律保护"这种基本想法的表述。

（三）规范逻辑上的论证

【赞成】

不可以有法外空间*存在，也就是说，不可以有既不受禁

---

④ BGH NStZ 2003, 151 (152).

* 法外空间（rechtsfreier Raum），亦可译为无法空间，意指法律没有评（转下页）

止又不被允许的行为存在。因此,法秩序必须回答,在违法或违背善良风俗的交易中诈骗他方当事人的行为,究竟是被禁止还是受允许的。因为这绝不可能被允许,所以它就必须是被禁止的。这也正当化了对于违背此禁令之行为依《德国刑法》第263条施加的处罚。

【反对】

如果一个法规范禁止了某种交易的缔结与进行,那么对于违背此禁令的案件来说,就也不会形成法外空间。而"应诚实地缔结并进行这个交易"这个诫命,在逻辑上则是与"禁止缔结与进行这个交易"的禁令互不相容。⑤

依我的看法,反对立场赢得了这一局;因为从规范逻辑的角度来看,他们的论证是正确的(见上文第四课第四章之三)。

(四) 目的论的论证

目的论解释及论证有两种观点:目的之正当性(Legitimität des Telos),也就是树立规范之目的本身的正当性(外部证立:externe Rechtfertigung);以及在相关理论的意义下,所要解释的规范能够实现此目的(内部证立:interne Rechtfertigung)*。第一种观

(接上页)价的情形。其中的行为态样,既不能评价为合法,亦不能评价成违法。详可参见〔德〕亚图·考夫曼:《法律哲学》,刘幸义译,2000年版,第226页以下。

⑤ 对此详可参见上文第四课第三章及第二课第四章之三(三)。

* 易言之,"外部证立"所关心的是如何证立前提本身的正确性或妥当性,"内部证立"的重点则是在于前提与结论间的推演是否有效。此等译语以及概念说明,参见王鹏翔文章,载《月旦民商法》第4期,第20—21页;颜厥安:《法与实践理性》,1998年版,第146页以下。另有将之译为"外在说理"与"内在说理",如陈显武文章,载《政大法学评论》第56期,第315页。

点在逻辑上具有优先性，对此请见上文第二课第四章之三(三)。

1. 关于外部证立

【赞成】

《德国刑法》第 263 条亦含有保护违法交易之参与者不受他方当事人诓骗的意旨，因为，重点不在于受骗的人是否值得法秩序保护，而是仅在于行为人所为之行为依法应受指摘。⑥

【反对】

一个行为的可罚性并非建筑在"行为人的行为应受指摘"之上，而是要以"行为人对于他人施予不法"为基础。当受骗者被骗走的利益是他依法根本不应拥有或保有的利益，就不存有如此的不法。

在这一局当中，最后也是反对立场胜出，因为他们是从一般公认的不法概念导出他们的论据。

2. 关于内部证立(方法的适当性)

【反对】

去处罚通过诈术剥夺违法经济价值的行为，并不是促成匪徒间诚信(Redlichkeit unter Gaunern【译按：类似江湖道义】)的适当方法。因为，如果行骗者的诈术失败，那么受骗者的经济状态就只依靠行骗者有要让受骗者保有经济价值

---

⑥ RGSt 44, 230 (232, 249); BGHSt 2, 364 (365); 8, 254 (256); *Bruns* Gilt die Strafrechtsordnung auch für und gegen Verbrecher untereinander?, FS-Mezger (1954), 335 (356 f.).

的意愿。* 这个意愿可能有其不正当的原因,譬如施诈者想要和受骗者继续保持非法交易的关系,或是相对人(如果他没有受骗)有实力违反施诈者的意思来实现他的经济利益。形成这种意愿的原因,也可能是诈骗者还保有一丝剩余的羞耻心,不希望公然对他方当事人食言。依照纯经济的财产概念,这类的诈骗者才有可能会构成《德国刑法》第263条,而不是那些恬不知耻、在诈骗失败时还公然食言的行为人。

【赞成】

是没错,如此一来,诈欺构成要件对于一个厚颜无耻的当事人来说,的确是无能为力,而只能抓到那些还保有一丁点正直的行为人。但这就是采取经济财产概念的结果,必须要一并加以忍受。⑦ 借此,在违法交易的情形,虽然没有对于受骗的当事人提供全面的保护,但仍然还是给予了部分的保护。

这一局当中,最后同样还是反对立场得胜。"在某些个案中,通过这样的解释无法达成规范目的"这一点,在我们根据某个特定目的解释规范时,虽然还不至于让这种解释的信用完全破产;但如果所涉及的不再只是零星的个案,而是在大部分与规范目的相关的案件中都是如此,那么规范目的就不再能够正当化这

---

* 作者的补充说明如下:这里所指的情形是,受骗者先为给付,行骗者则是提出了较低价值的对待给付。如果行骗者打算纵使对方看穿诈术也不会提出全额对待给付,那么受骗者便自始没有经济上具有价值的财产地位(取得全额对待给付的希望)。

⑦ OLG Hamburg NJW 1966, 1525 (1526).

个解释;在那些目的特别强烈显现的案件中,尤其是涉及"干预规范"(Eingriffsnorm)时,规范目的就更加无法正当化解释。因为,为了在非法交易中担保最低度的诚实而科以刑罚,如果人们借此只能掌握稍微不老实的案件,但对于更不老实的情形却依旧束手无策,那么这个刑罚的科予便可说是既不公平又不合乎目的。

这场论证网球赛中,我们对于个别语句所作出的裁决结论并不是绝对终局正确的。像司法实务界对此就作出了不一样的判定。尽管如此,法律人始终必须要作出自己的决定,这也是为什么我们在这里也作出了决定。在论证网球赛局中并非罕见的是,某回合是这方得分,另一回合又变成他方得分,以至于先要以平手收场。例如,某种解决建议在文理解释的回合占了上风,但在体系解释的回合则居于劣势。暂时判定为平手后,接着就出现了我们在前面(第二课第四章)已经处理过的问题:各种解释方法间的顺位。于此,就要依据那里所说明的方式,在个案中论证来对这个问题作出决定。在这类决定中当然都会隐藏了个人喜好与评价的残留物,也可将之称为非理性(Irrationalität)的残留物。然而,这绝不会是个放弃理性论证、理性证立判决的理由。

三、公平的论证与不公平的论证

要应付反对意见,一个有效但不公平的方法,就是不要完整介绍反对意见的所有论点,而只介绍其中最弱的论点,以求能够轻易驳倒。如此便会陷入一种危险,亦即用最弱的论点来说明一个有更好论据的意见。令人惊讶的是,一个没什么说服力的论

点竟然可以在那么长的时间用来支持某个结论,而这个结论明明可以用其他方式充分地证立。对此有个例子:

就算被攻击者有躲避侵害的可能,也不会影响《德国刑法》第32条【译按:正当防卫的规定】意义下防卫行为必要性的认定,这一点受到普遍地认可,亦即"合法毋须回避不法"。若是认可一个通过逃离来躲避侵害的普遍性义务,将会导致让攻击者拥有公共空间。对于这样的法律见解,长久以来都是用以下的论点来说明:

不应期待被攻击的人要丢脸地逃离。

这个论据适合于古代骑士或早年的美国西部酒吧,在那里,被攻击若选择逃避而不拔出武器反击,会被视为怯懦。但是在我们的社会中,携带武器护卫自己已不再是人民的自尊与自由,我们毋宁会把逃离或避开眼前的攻击看作是审慎和自制的象征,而非丢脸及怯懦。尽管如此,这个丢脸逃离的论据一直以来都还是一再被援用,用来证立"受侵害者就算能够回避侵害,也还是享有自我防卫权"这个结论,只因为这个论点所支持的结论具有说服力。但这个结论的支持者在援用这个论据时,暴露了一个不必要的弱点。这个弱点近年来被回避义务(Ausweichpflicht)的支持者用来争执该结论,指出这样的评价在现今社会中的不妥。[8]

有一种论据,只有结合其他论据后才能建构起一个法律观点。用扑克牌游戏来比喻,就是:虽然没有王牌,但有好的副牌。像某个特定法律意见能排除证明困难的论据,就是一个例子。排除证明困难,不只是在刑法上可以用以支持某个理论,他处亦

---

[8] *Walther* Anm.zur Entscheidung des BGH vom 19. 06. 2002, JZ 2003, 49 (55).

然，但仅限于该理论业已借由实质论据被证立时，始得如此。第二个这种类型的论据，是相关法律见解能够精准且明确地区分。第三个此类型的论据，则是相关理论能够避免体系中的漏洞，例如可罚性漏洞。要对抗一个如此被证立的法律意见，有一种受欢迎但不公平的方法，就是——再次运用扑克牌的比喻——故意忽视对方已经放在桌上的王牌，以求镇定地吃掉副牌，例如指摘某个理论只是为了排除证明困难[9]，或是指摘某个理论不重视刑法的不完整性格（fragmentarischer Charakter）。指出刑法的不完整性以及证明困难，本身就是副牌。刑法的不完整性并非自我目的（Selbstzweck），但人们可以借此来驳斥对于一个业已另行证立的理论所提出之"该理论会造成处罚漏洞"的非难。同样的道理，也适用于证明困难。如果某个已被充分证立的理论会引发证明困难，那么人们对于相关非难可以这么论证：鉴于该理论的合理性，必须忍受证明上的困难。如果一个已被充分证立的理论与它的竞争对手相较，所引发的证明困难较小，会造成的体系漏洞较少，或是能够更清楚的界分，那么这些优点就可以额外地支持该理论。

所有不公平论证的原则就在于，人们在和对立见解进行论辩之前就先矮化对立见解。最简单的方法，就是在介绍对立见解时，用贬抑的形容词或括弧来修饰。这种方法的缺点就是，只要读者愿意，就能够轻易地看穿把戏。比较狡猾的作法则是——像人们惯常的矛盾表述——故意误解别人的看法。* 也就是说，给予

---

[9] *Prittwitz* Strafrecht und Risiko (1993), 357 f.

* 这里的矛盾，是指"故意误解"这个说法，因为误解一词指称的是一种疏失，而不会是故意。发言者为了能够较易地反驳他人，故意假装自己误解他人的意思。

别人看法尽可能愚蠢的解释,用糟糕(或者甚至是错误)的例子来演示别人的看法。我们刚才也已经展示过用一个没有那么不公平的方法来解决对手:只挑其中最弱的、无法单独存在的论据,而不理会其他的有力论据。特别是当人们没什么论辩空间时,像在考试中,这种方法就特别好用。一个极常被使用的进一步方法,我们已经在前面借由归谬论证(见上文第三课第三章)以及循环论证(见上文第四课第五章之一)展示过。这个方法就是:从一开始就以自己立场的正确性为前提,并且由此来指摘反对立场推导出的结论是个错误。于此,人们有不同的指摘可供选择,像拟制的指摘、抵触罪疑唯轻原则的指摘、抵触罪责原则的指摘,甚至是抵触逻辑的指摘。若要尽可能快速地解决反对立场,这无疑是最舒适的方法。在考试时间的压力下,或许您有时也采用了这样的手段。但您至少应该不要让自己受骗。⑩

公平论证的第一个要求就是:

让你的对手强大!

这个要求当然只适用于学术性的争议,而不能用在法庭上的权利争执或是政治圈。如果您身为律师,在法庭上却遵循了这个要求,您将会因为背叛当事人而遭告发;若您身为政治人物却遵循了这个要求,您就会很快地被同党战友弃于一旁。在学术性争议中则要适用这个要求,当然不只是因为在舞台上面对一个强大对手要比面对一个屠弱对手更加光荣,而是特别因为学术上所涉

---

⑩ 关于不公平论证的教导,可参见 *Puppe* Besorgter Brief an einen künftigen Strafrechtswissenschaftler, GA 1999, 409 (410 f.) = Strafrechts-dogmatische Analysen, 19 (20 f.).

及的不是在争辩中获胜,而是要获取知识。若是您自限于对手虚弱的论点,您就不会获得多少知识。但如果您和坚强的论点交手,并且甚至(或者正是)当您必须屈服于这些论点时,您将会得到许多领悟,至少对您自己会是如此。这里当然会需要诚实,但和一般人普遍以为的相反,学者在诚实这件事上,其实就和其他人一样地罕见。

"让你的对手强大"这句话也意味着,别让你的对手只是败在一个不幸【译按:不妥适】或是易被误解的描述上,若你轻易地就能校正这个描述的话。对此有个例子:著名的货车、自行车骑士判决(BGHSt 11, 1)。*德国联邦最高法院在该判决中,首次对于过失行为的结果归责提出了以下的要求:不仅行为必须是结果的原因,注意义务之侵害(Sorgfaltspflichtverletzung)也必须是结果的原因。⑪ 这在学界遭到反对,认为注意义务之侵害这个概念,是指存在于行为人的举止与某个对其有适用的注意规范(Sorgfaltsn-

---

* 一般称该案为自行车骑士案(Radfahrer),案件事实略为:被告驾驶一辆货车,开在一条6米宽且视线清楚的笔直道路上,被害人则是骑着自行车在其右侧。被告以26、27公里的时速想要超越被害人,但车厢右侧距离被害人的左肘仅有75公分,不合于当时交通法规所要求的侧边距离。超车时,被害人跌入货车下,头部遭货车右后轮碾压当场身亡。事后验尸发现,被害人于事故当时体内酒精浓度为1.96‰,已无安全驾驶能力,感知与反应能力大幅降低。鉴定人认定,被害人极可能原本没看到货车,突然发现时受到极大惊吓,以至于反应过度而向左倾倒,这种现象在严重酒醉的驾驶人身上经常会出现。被告于下级审被论以过失致人于死罪,因其未保持安全距离而超车,侵害了注意义务,但该判决被德国联邦最高法院废弃。德国联邦最高法院认为,有高度概然性可认定纵使被告合于义务地行为,事故仍旧会发生。只有当我们确定,结果在交通正确行为的情形不会发生,交通违反行为才会是损害结果的原因。

⑪ BGHSt 11, 1 (7), 21, 59, 33, 61 (64); VRS 21, 6;JR 1982, 382;OLG Thüringen VRS 111, 180 (184); *Fischer* Vor § 13 Rn. 29 ff. 有进一步的指引。

orm）二者间的矛盾冲突，因此注意义务之侵害本身不可能是结果的原因。*注意义务侵害与结果间的关联，亦即所谓的违法性关联（Rechtswidrigkeitszusammenhang）或义务违反关联性（Pflichtwidrigkeitszusammenhang），如果对于归责来说系属必要，那么至少必须要不同于因果关系的归责要求，另行确定并且另行证立。⑫

存在于两个语句之间的冲突，当然不可能会是结果的原因。但行为人的行为中，那些和注意义务不相容的特性，则可以是结果的原因。⑬注意义务之侵害这样的表达方式虽然很容易被误解，但德国联邦最高法院借由这个表述所要指称者，当然不会是注意义务与行为之间的冲突，亦即不会是要指称逻辑上的现象。与其拒绝德国联邦最高法院发现的归责新要求，或是提出其他的理论基础，对行为之于结果的因果关系这种一般性要求提出更精准的表达及限制，学术界其实可以做得更好，像用清楚且明确的描述来取代德国联邦最高法院那个容易被误解的描述，来表达相同的想法，也就是"不仅行为必须是结果的原因，让该行为违反注意的那些特性也必须是造成结果的原因"。和用一个内容完全不同且另行证立的归责要求来取代德国联邦最高法院的归责要求相比，这种表面上看来不足道的修正建议，在学术界当然不会像前者那般造成轰动且获得赞同。

---

* 通说在这里要强调的是，行为与法规范之间的对立状态本身，只是一种抽象的逻辑关系，不可能"引发"结果而成为原因；下文对此还会进一步说明。

⑫ Lackner/Kühl-*Kühl* § 15 Rn.43; *Rudolphi* JuS 1969, 548 (553); *Roxin* ZStW 74 (1972) Pflichtwidrigkeit und Erfolg bei den Fahrlässigkeitsdelikten, 411 (412 ff.); MüKo-*Duttge* § 15 Rn.161 ff.

⑬ *Puppe* Die Beziehung zwischen Sorgfaltswidrigkeit und Erfolg bei den Fahrlässigkeitsdelikten, ZStW 99 (1987), 595 (601); *dies.* AT 3/3.

对别人的理论做如此的改善,当然也必须非常小心,只能作为建议提供给该理论的支持者参考。因此,这应该是法学进阶者才能做的事,您或许只应该在一份学术报告或是您的博士学位论文里冒险尝试。向对手提出一个论证上的"改良"建议,甚至假定他的论证实际上是个严重错误并指摘该错误,这是不公平论证的高级训练*。对此,您可在第三课第三章之三看到所提出一个与此相关的例子。我自己就曾经对于某个针对我的论证的"改善"建议,表示非常不以为然。⑭

---

* 这里是要讽刺地表示,如此的技法可是需要很长的训练才能学会。作者对此段的补充说明如下:这样的操作,表面上看起来似乎是想好好对待所要反驳的意见,但实质上是相当恶劣的处理。这种做法特别狡猾,但却也特别的有效果。

⑭ *Koriath* Einige Gedanken zur aberratio ictus, JuS 1997, 901 (902) und dazu *Puppe* Umgang mit Gegenmeinungen, JuS 1998, 287 f.

第二章　法学对话

一、不受宰制之对话的理念

每个法学论证的结论,都是一个要求,要求某种特定的法律效果在特定的条件下发生。这样的语句,在语词的原始意义下,不会有真假对错可言,既不能通过经验的方法来证明,也无法用逻辑的方式去检验。为了要建立这种语句的真实性宣称或正确性宣称,Alexy[*]便连结了 Habermas[**]实践对话(praktischer Dis-

---

[*] Robert Alexy(罗伯特·阿列克西,1945 年出生),德国知名公法及法哲学学者,曾任教于德国基尔(Kiel)大学,2013 年退休。下文多次引用的"法学论证理论"(Theorie der juristischen Argumentation)为 Alexy 教授的博士学位论文。对于该论文的介绍,可参见颜厥安:《法与实践理性》,1998 年版,第 95 页以下。
[**] Jürgen Habermas(哈伯玛斯,1929 年出生),德国知名哲学暨社会学家,曾先后任教于海德堡大学、法兰克福大学。"沟通行动理论"(Theorie des kommunikativen Handelns)可说是他个人在哲学上的正字标记,他的思想对于欧洲和北美地区的哲学及社会学均有深远的影响,堪称当代德国最具有影响力的思想家。

kurs)的构想,发展出一套法学对话(juristischer Diskurs)*的理论。依照这种法学对话理论,当一个法律语句是一个不受宰制(herrschaftsfrei)之对话的结论时,这个语句就是真实或正确的。[15] 即便不看这个理论在今日的方法论讨论中产生了多大的影响,这个理论在此处的脉络下也具有特别的意义,因为它的基础理念就是:必须(并且也能够)通过论点的交流,来决定法学上的争议问题。然而,当一个如此的论据交流(也就是一段对话)不中立时,亦即当某种立场(不管基于何种原因)自始便享有较佳的实现机会时,就不能宣称该段对话的结论为真(正确)。因此,便有了"对话必须不受宰制"这个要求。为了满足此要求,Alexy 提出了三个条件[16]:

  1. 每个能对话的人,都可以参与对话。

  2.(a) 每个人都可以质疑任何的主张。

   (b) 每个人都可以将任何主张导入对话。

   (c) 每个人都可以表达他的立场、希望及需求。

  3. 不得通过对话内或对话外的支配性强制,来阻碍任何参与对话者利用其于 1. 与 2. 所确定的权利。

---

* 关于德语中的"Diskurs"一词,"对话"之译语参考自林远泽文章,载《人文及社会集刊》第 15 卷 3 期,第 402 页之注 1;另则有将之译为"言说"(如颜厥安:《法与实践理性》,1998 年版,第 140 页以下)、"论辩"(如〔德〕Alexy:《法律论证理论》,舒国滢译,2002 年版,第 7、133 页)、"讨论"(如林远泽文章,前揭出处)、"对话论证"(如黄建辉:《法律阐释论》,2000 年版,第 163 页)、"论述"(如陈显武文章,载《政大法学评论》第 56 期,第 315 页)、"论说"或"言谈"。

[15] Alexy Theorie der juristischen Argumentation, S. 259 ff.

[16] Alexy Die juristische Argumentation als rationaler Diskurs, in: Alexy/Koch/Kuhlen/Rüßmann (Hrsg.), Elemente einer juristischen Begründungslehre (2003), 113 (118).

有学者对此提出反对意见,认为一段法学对话在这种意义下绝对不可能是不受宰制的,因为第一,能够参与法学对话的原则上只有法律人,而非每个人均能参加;第二,并不是每个前提都可以被质疑,像法律的效力及文义,或是宪法上的一般性原则。[17]

不过这些都不是问题。将对话参与者局限在相关领域的专业人士,并不会对于这个对话的中立性有所影响,并且一个不中立的对话,只要它的参与者是经过慎重考虑后以特定前提的正确性作为出发点,仍然可以是一个不受宰制的对话。基于如此慎重考虑的理由,法律人自始便承认法律规范。如果这些法规范对于特定案件留有决定空间(Entscheidungsspielraum),或是对于特定的法律问题并未提出清楚的解答,那么便仍可对于"所有在法条文义下可能的决定,何者最为公正且最行得通"这个问题进行理性的对话。

对话是否不受宰制,问题不在于公然限定主题或讨论参与者的资格,也不在于公然地施以支配和(会让对话自始偏颇不中立而折损信用的)权威,而是在于暗中施行支配。

这些我们都可以从电视上的讨论观察到。人们在自己所参与的每一场辩论中都可亲身经历,当自己最后接受、认可其中的某方时,通常会是举止较有自信、修辞较佳、比较会开玩笑并且对答如流的那一方,有时候也是较聪明、态度较坚定、攻击性较强或耐性较佳的那方,有时则是较顽固且较迟钝的人会得到最终的认同。如果他们的对谈人不想要理解某些事物,他们就无法通过最好的论据来迫使对方理解。就像歌德(Johann Wolfgang von Goe-

---

[17] *Vogel* Juristische Methodik, S. 110.

the)的名言:"对方不理会我们的意见,而只是重复着自己的意见,还自以为驳倒了我们"和席勒(Friedrich Schiller)的描述:"诸神徒劳地对抗愚昧"。

一段不受宰制的对话,是一个天使的、纯粹精神上的对话,它摆脱了人类的一切负担与偏好(一方面像控制欲、虚荣以及自以为是的倾向,另一方面则像怯懦、讨好及迎合他人的习性)。[18] 现在,如果这些天使深思熟虑地想过他的法律见解,就不可能会一致*,但在讨论中将会显示,意见分歧的最深层理由究竟是在哪里。一个不受宰制的对话就能够做到这点。

二、关于故意的一则法学对话

> 建议读者先复习间接故意中所谓意欲理论(Willenstheorien)与认知理论(Wissenstheorien)的各种论据。**

---

[18] 这不应被理解成是对于无宰制讨论理念的嘲讽,而只是要展示,想要在人类社会的现实中认识某种特定意义下的真实,不受宰制的讨论不可能是可行的方法,而只能是种调节性的理念、一种学术性沟通的理想,Alexy Hauptelemente einer Theorie der Doppelnatur des Rechts, ARSP 2009, 151 ff.

* 作者对于此段所做的补充说明如下:这里所指的是纯粹精神上的本质(rein geistiges Wesen),如果所遇到的是纯理论性的问题,那么这些思想或许还能够一致,但如果涉及的是实践理性(praktische Vernunft)意义下的实践性问题,情况就不会是如此。因为,遇到这些问题时,就一定会受到价值决定、个人偏好所影响,随而就一定会出现分歧。

** 这个问题算是刑法史上著名千古难题之一,德国学界中相关的讨论文献不计其数。台湾地区学界关于此议题的代表性文献,则如洪福增:《刑事责任之理论》,1988年版,第365页以下;黄荣坚:《刑法问题与利益思考》,1995年版,第15页以下;许玉秀:《主观与客观之间》,1997年版,第45页以下,第161页以下;徐育安文章,载《中研院法学期刊》第10期,第81页以下。读者另可对照本书第一课第二章之五。

接下来,就以"要如何区分(作为故意最低形式的)间接故意与有认识过失二者"这个法律问题,来进行我们的对话。依照所谓"意欲理论",区分二者的关键就在于意欲要素(voluntaristisches Element);依照认知主义的故意理论,二者区别的关键则是在于认知要素(Wissenselement)。关于应如何正确界定故意要素这一点,双方的阵营中各自都还有不同的描述在互相争执。尽管很值得怀疑的是,同一阵营中的不同描述究竟是否(以及到什么程度)能够相互区隔开。为了避免对话变得过于复杂,在此就只能各自挑选一种具有代表性的描述来处理。以下,我就将意欲理论的支持者称为"发言者1",认知理论的支持者则称为"发言者2"。在每一段讨论的开头,都会用尽可能清楚且简短的描述来呈现不同的争论命题。

命题1:

间接故意与有认识过失的区别在于,间接故意的行为人对于其所认知的结果,在法律意义下同意地予以容认、忍受结果的发生,并且没有认真的信赖结果不会发生。如果存有这种认真的信赖,这种信赖就会排除故意,即便是非理性的信赖,亦然。

命题2:

间接故意与有认识过失的区别在于,间接故意行为人的认知中,结果发生的危险已经大到一个理智的人处于行为人位置上,只有当他忍受结果、同意结果的发生时,才会接受这个危险。如果行为人有认识到一个如此的危险(故意危险),那么即使他还是在"这个危险这次不会实现"的信赖下行为,也不能让他脱免责任。*

发言者1:故意不仅只是认知,而且还包含了意欲。[19] 这是唯一能和故意一词的自然语言使用习惯一致的概念理解。

发言者2:故意不是意欲,而是较重的罪责形式。[20] 法律概念并不是一定要和日常用语上最贴近的概念使用方式相结合,而是可以根据法律的需求来修改。现在,对于"意欲"(Wollen)这个表述,除描述心理学上的语言使用外,还有一种规范性论断(normativ zuschreibend)的语言使用方式,这种语言使用同样表达了这种较重的罪责形式。举例来说,当某人通过愚蠢、轻率、意志薄弱或是蔑视警告而伤害到自己时,人们就运用这种语言使用方式下的意欲。依此,父亲便绝对可以对他那个抱怨自己考试不及格的懒惰儿子说:"这不就是你想要的!"通过这句话,这位父亲当然不是在任何一种描述心理学的意义下,说他儿子确实想要这个失败的结果。他只是要儿子对于这样的结果,如同

---

* 这就是 Puppe 教授所提出的故意危险(Vorsatzgefahr)理论,对此可参见 Puppe 文章,许玉秀译,载《政大法学评论》第55期,第297页以下;许玉秀:《主观与客观之间》,1997年版,第110页以下。

[19] Baumann/Weber-*Eisele* AT 11/7, 25; *Wessels/Beulke/Satzger* AT Rn. 316, 336; *Jescheck/Weigend* AT § 29 II 2; *Stratenwerth/Kuhlen* AT 8/66; Schönke/Schröder-*Sternberg-Lieben/Schuster* § 15 Rn. 7.

[20] Lacmann Über die Abgrenzung des Vorsatzdelikts, GA 58 (1911), 113; NK-*Puppe* § 15 Rn. 40, 58; *Sauer* Grundlagen des Strafrechts (1921), 609; *Frisch* Vorsatz und Risiko (1983), 34.

他真的希望结果发生般地负起责任(请见上文第一课第二章之五)。㉑

发言者1：关于意欲一词，在日常用语中或许有时候是会有这种论断式的使用，但这种使用方式并不是一般故意概念的基础。第一级直接故意的概念*，也就是意图(Absicht)的概念，就是一种纯粹心理学上的描述性概念。只有那些真的将结果设定成行为目的之人，才是基于意图而行为。

发言者2：但是，在第二级直接故意中，意欲一词的使用便是一种纯粹论断式的使用。凡是那些认为自己一旦实现了目的(不管这是形成动机之目的，还是一个为此所投入的方法)结果便确定会发生(或是有极高可能性会发生)的行为人，不能主张他不希望结果发生；即使他在心理学的描述意义下并没有忍受结果的发生、没有同意地接受，更没有企图要让它发生，也就是在心理学的意义下并没有意欲结果发生。就连在直接故意这里，都也已经放弃了"故意是心理学描述意义下的意欲"这个原则。㉒

发言者1：但如果对于"在结果和行为人想要达成之目的间有

㉑　NK-*Puppe* § 15 Rn. 23 f.

*　德国学界将直接故意区分为两级，其中第一级的直接故意(dolus directus 1. Grades)，也被称为意图(目的)式故意(Absichtsvorsatz)，是指行为人以结果之发生作为其行为之目的，具有最强烈的意欲。至于第二级的直接故意(dolus directus 2. Grades)，则相当于台湾地区"刑法"第13条第1项所定义的故意类型(对于构成犯罪之事实明知并有意使其发生)，也是一般所理解的直接故意。

㉒　*Jakobs* AT 8/5.

必然的连结"这点没有确信,那么就只有行为人对于这个结果的内在态度(innere Einstellung)、亦即只有他对于其行为的结局加以忍受的态度,才能够取代这个确信(Gewissheit)。凡是想要取而代之地在目的达成时满足于结果发生的低度概然性的人,在故意与有认识过失之间都会陷入无法克服的区分困难;根据行为人的想象,结果发生的概然性究竟要到何种程度才能算是故意危险?㉓

发言者2:坐在玻璃屋里面就不要丢石头。* 没错,在故意与过失之间是有一个边界地带,我的理论在这里的确会遇到区分的困难。但是,几乎每个法学理论在边际地带都会遇到这种困难。而容认理论却不仅只是在边际地带不清不楚,而是在所有适用这个理论的情形中都很含糊。你只要去看看德国联邦最高法院对于杀人故意的看法就可以明了。"行为人在行为时,对于结果,究竟意识到什么以及没有意识到什么"这一点,逃避了所有法庭上的证明,都是通过假定来取代。

发言者1:如果真是如此,就必须要适用罪疑唯轻原则,作出有利于行为人的认定。在刑法上,我们不能只是为

㉓ *Jescheck/Weigend* AT § 29 III 3 d aa; *Stratenwerth/Kuhlen* AT 8/114; *Wessels/Beulke/Satzger* AT Rn. 337.

* 德国谚语:"Wer im Glashaus sitzt, soll nicht mit Steinen werfen",意指每个人不应针对那些自己也会犯的错来指责别人。

了要排除证明的困难就提出一个理论。[24]

对话理论上的评释：

发言者1所提出的最后一个论点，事实上是对于发言者2所采之立场的一种过度简化，因而抵触了公平要求。这个过度简化就在"只"这个字上头。如果我们真的"只是"为了排除证明的困难就去修改或重新表达某个中心概念，并且这样会不利于行为人，那么的确就会抵触刑法的基础原则。然而，发言者2并没有如此主张。发言者2首先尝试用一贯性（Konsequenz）与正义（Gerechtigkeit）的论据来证立他的立场，然后指出，借此他"也能"排除证明的困难。如此一来，证明困难的这个论据便完全是正当的。这个论据，虽然不是王牌，但肯定是张好牌（对此参见上文第五课第一章之三）。

然而，发言者2也有犯错，因为他把证明困难的这张牌单独打出来。发言者2原本不仅是要指出，意欲理论无法在间接故意的情形证明他们所要求的意欲要素，而且也要指出，意欲理论无法充分确定意欲要素，因为他们不清不楚地将之描述成行为人对于结果的内在态度（innere Einstellung）、描述成一种他们理解为心理事实（psychisches Faktum）的要素。发言者2一开始就把这个问题和证明问题连结在一起，自己不智地招来了发言者1的谴责："只为了"排除证明的困难。

但是，就和发言者2一样，发言者1也错失良机，他只非难了对立命题有区分的困难；其实，在这背后还藏有另一个更深层的论据。我们就用这个论据来继续讨论。

---

[24] *Prittwitz* Strafrecht und Risiko (1993), S. 358.

发言者1：在我们的刑法典中，故意非难与过失非难二者间存有一种根本的差异。大部分的构成要件都是仅针对故意的违犯而设，在那些也包括过失违犯的构成要件中，故意犯行与过失犯行间存在着一个法定刑的落差，只有通过不法非难与罪责非难间本质上（qualitativ）的差异，才能合理说明这个落差。故意危险理论在故意与过失之间，到最后只有提出一个量（程度）上（quantitativ）的差异。高度危险（große Gefahr）这个概念是一个可层升、可提高（steigerbar）的概念。这个理论若要前后一贯，就不仅必须要承认或多或少的过失行为，而且也必须要承认或多或少的故意行为。只有故意的意欲理论才有对于故意与过失之间提出一个本质上的区别。

发言者2：这在概念定义中只有纯粹表面上是如此，实质上，意欲理论也无法改变，故意与过失之间存在着一个流动的过渡阶段。意欲理论也必须处理这个问题，只不过它不是在间接故意的概念中处理，而是在补充概念（也就是有认识过失）中解决。"认真信赖结果不会发生"与"仅只是模糊地信赖结果不会发生"两者之间的过渡阶段是流动的，这同样也是一个可层升的概念。人们可能是或多或少认真、或多或少模糊的信赖。

发言者1：故意危险理论"非常不正义，并且违背了个别可非难性(individuelle Vorwerfbarkeit)原则"[25]。

对话理论上的注释:

在实践对话(praktischer Diskurs)当中有一条规则:每个对话者都必须证立他的观点。[26]当他指摘对方抵触了所有参与对话者均认可的原则(就如同这里所涉及的正义原则)时,这个规则更加有其适用。这就出现在最后一个论据中,尽管如此,这个论据特别还被援用来反对认知的故意理论。[27]这个指摘的说服力,就是建立在其强烈的措辞上。让我们试着为其补上理由。

发言者1:用一般理性的标准(nach den Maßstäben allgemeiner Vernünftigkeit)来评断犯罪行为人,而不是根据这个行为人自己的理性标准来评断,这是不公平的。行为人有权要求判决要以他(对于重要事实)的看法作为判断的基础,尤其是当他的看法被情绪上的偏见*、激动的情绪或是药物所影响时。因此,行为人的性格,其对法律以及所侵害之法益的一般态度,其于行为前、后的态度,也都必须在判决时一并

---

[25] *Prittwitz* Strafrecht und Risiko (1993), S. 357.
[26] *Alexy* Theorie der Juristischen Argumentation, S.167 f.
[27] *Prittwitz* Strafrecht und Risiko (1993), S. 357.
* 所谓看法受到情绪上的偏见(emotionale Befangenheit)所影响,简言之,就是行为人因为自己情绪而没有正确认识到事实。作者于补充说明时,试着用德国实务上的空手道保姆案(BGH NStZ 1988, 175)为例:因为婴儿不停地哭闹,或许让行为人感觉到自己看护的失败,因此想要用尽一切方法让婴儿安静下来;这样的情绪,促使他在打婴儿时,没有认真思考打死婴儿的可能性。关于该案的事实及判决要旨,可参见徐育安文章,载《中研院法学期刊》第10期,第110页的介绍。

　　　　　加以审酌。㉘唯有如此，才能作出一个合于个案与行为人人格的判决。

发言者2：法官判决的对象并不是行为人的人格，而是他的犯行。这个判决的基础虽然是行为人对事实的想象，但判决所依据的标准则不是行为人自己的标准，而是要依据一般理性的标准。那些对于高度危险已经有所认知却又不认真看待的行为人，所犯的并不是认知上(intellektuell)的过错，而是道德上的过错，他就是因为这个过错而要受到非难。就是因为行为人信赖其所认知的高度危险在当下不会实现，他便实现了自己对法律以及对他人利益的漠然态度(Gleichgültigkeit)，"漠然"意味着较重的不法非难。㉙他在情绪上附有条件的偏见、他的激动情绪或是他通过药物使用所受到的影响，应该是属于罪责裁量及刑罚裁量的问题。

对话理论的最终评释：

借此，这两个对手走到了他们争论的尽头。他们对于"什么是正义""法律在何种程度上要人民服从一般的标准"以及"法律在何种程度上必须接受人民自己的标准"这些问题，有着对立的想象。

发言者1追求个案正义，并且因此认为，其所采之故意理论

㉘ *Roxin* AT/1 12/50; *ders.* Zur Normativierung des dolus eventualis und zur Lehre von der Vorsatzgefahr, FS-Rudolphi (2004), S. 243 (246 f.).

㉙ *Puppe* Der Vorstellungsinhalt des dolus eventualis, ZStW 103 (1991), 1 (16 f.).

能够顾及个案中众多的不同观点,这也正是该理论的关键优点。[30]他信赖法官会正确挑选出个案中的诸多决定性观点,并且正确地予以相互衡量。对于发言者 2 来说,正义,主要内容则是平等对待(Gleichbehandlung)、法安定性(Rechtssicherheit)以及非恣意性(Willkürfreiheit)。因此,发言者 2 才会认为下述事实是优点:他的故意概念所含有的要素较少,而这些要素可以在每个案件中相同地适用,并且他也是尽可能清楚明白地描述了这些要素。[31] 他怀疑个案正义,并且不信任法官的判断力。

就算让这两个人继续讨论下去,也不太可能会有一方能让对方改采自己的意见,也不太可能让双方的意见以任何一种妥协的形式趋于一致。但是,对话只有在下述的情形下才能达成这种观点的澄清:只有当对话是不受宰制并且公平地进行时,也就是说,只有当对手"不再过度简化或扭曲反对意见的论据""不再提出未经证成的指摘""不再使用那些以自己的主张为正确当作前提的论据(所谓的循环论证)来驳斥反对意见",并且"尽力去了解并深入探讨反对阵营的各种论点"时,所进行的对话才能澄清双方的看法。一个如此的公平对话,不仅会让对话者更能理解对手的意见,并且也能让对话者更加了解自己的立场。这就是一个不受宰制且公平的对话所能够提供的。

---

[30] *Roxin* AT/1 12/31 ff.; *ders.* Zur Normativierung des dolus eventualis und zur Lehre von der Vorsatzgefahr, FS-Rudolphi (2004), 243 (247 ff.).

[31] *Puppe* Begriffskonzeptionen des dolus eventualis, GA 2006, 65 (78 f.).

第六课

体系方法

第一章　体系学与论点学

一、体系学的没落与论点学的兴起

体系方法,乃是将一个思考的任务(无论是要解答抽象问题,还是要判断具体个案)分解成单一个别的思维步骤或决定步骤,并且将这些步骤合乎逻辑地整理排列好。这就像谚语所说:第二步不会先于第一步。第二步,是指所有逻辑上以第一步为前提的步骤。体系方法,本质上也就是一种逻辑的运用。随而,体系方法在很大程度上也承担了逻辑在法学方法论中的命运。曾经有好几个世纪长的时间,大家在法律问题的决定上极度高估了体系方法的功效;当人们最后承认体系方法并不能满足大家对它的过度期待时,这种方法便又同样地遭遇到了极度的蔑视。过去对于体系方法的过度期待就是,人们以为能够建立一个收纳所有法学知识的体系,只要正确地将这个体系运用到每个抽象的法律问题与每个法律个案之上,就可以明确地得到解答。这样的信仰应该是在刑法上撑了最久。在这里,目的犯罪理论*的信徒与所谓因果犯罪理论**的信徒间,曾经有过如同宗教战争般的激烈对抗,这个论争一直持续到 20 世纪的 60 年代中期。① 这些犯罪理论,不外乎就是对于那些攸关可罚与否的个别法律问题,提出编排分类及解决的体系设计。这些犯罪理论的体系设计中,每一种体系都主张自己是唯一正确的。但是当大家发现到,我们从其中一个体系中也同样能够说明从另一个体系所得到的知识后,这个争议就在短短数年内平息,并且最后成为泡影。就一个特定问题的解决而言,有可能存有数种体系上的方法。时至今日,我们对于"因为某个特定的问题解决方式是从某个特定体系所导出,所以这种解决方式是正确的"这种论证,抱持着高度的怀疑。

---

* 目的犯罪理论(finale Verbrechenslehre)是以德国刑法学大师 Welzel 所倡议的目的行为论(finale Handlungslehre)作为基底,认为行为人的目的性(Finalität)是刑法上行为概念的"脊椎",因此,以行为作为审查对象的不法阶层,就不应该如古典犯罪论所宣称的那样,只是纯粹的客观事实(客观不法理论),而应该要加入主观不法要素,并以之作为不法的核心(行为不法)。这个转折在文献上被称作"不法概念的主观化"。而在罪责阶层,目的犯罪理论也反对古典体系的心理罪责概念,而强调期待可能性(规范之罪责概念)。这部分的转变,则被称为罪责概念的"规范化"与"去主观化"(Entsubjektivierung)。关于这段理论演进史,可参见蔡圣伟:《刑法问题研究(二)》,2013 年版,第 14 页以下的介绍。

** 因果犯罪理论(kausale Verbrechenslehre),也就是 Beling 与 v. Liszt 所创立的古典犯罪论体系(klassisches Verbrechenssystem),是三阶层犯罪审查体系的原型,尝试把犯罪审查设计成事实确认:不法阶层是在确认客观上是否存有犯罪事实(客观不法理论),罪责阶层则要确认行为人主观上是否存有犯罪的心理(心理罪责概念)。这个体系的形成背景,就是盛行于百年前的自然实证主义及概念法学。对此,可参见蔡圣伟:《刑法问题研究(二)》,2013 年版,第 5 页以下。

① 一方面像 Mezger Lehrbuch § 14 III (S. 108);另一方面则参见 Welzel Lehrbuch, S. 33; ders. Das neue Bild des Strafrechtssystems (1961), S.3.

因为体系方法无法满足前述对它的期盼,由此而生的失望,便曾经在这段时间内导向了一种激进的反对运动,这种反对运动不假思索地拒绝体系方法,这就是"论点学"(Topik)*。论点学学者(Topiker)对于体系方法所提出的指摘是:体系方法到最后不但没能把法律适用绘制成一种各步骤间(可带来客观确定、可预先估算之结果)的标准化程式,甚至还因为追寻体系上及概念上的协调性,罔顾个案中所出现的个别问题,也忽略了对这些问题具重要性的事理论据。于是,他们便提出问题思维(Problemdenken)来对抗这种体系思维方式。② 问题思维方式,是直接从被提出的问题着手,以解答这个问题作为目标。而证立这个解答的论据并不是从某个体系关联中导出,为了将这个解答应用到问题上,也不需要大规模的推导,这就是"论点"(Topoi)**。这个用语,源自希腊的修辞学(Rhetorik),其字意为"地方、场所"(Ort)。从语源学(etymologisch)的角度来

---

* 另亦有将之译为"集合论点法"(如 Arthur Kaufmann:《类推与"事物本质"》,吴从周译,1999 年版,第 193 页;Arthur Kaufmann:《法律哲学》,李震山译,2000 年版,第 47 页)、"类观点学"(如 Larenz:《法学方法论》,陈爱娥译,1996 年版,第 27 页)、"论述学"(如黄茂荣:《法学方法与现代民法》,2006 年版,第 912 页)、"观点衡量观"(如陈显武文章,载《政大法学评论》第 56 期,第 311 页)、"论题学"[如 Rüthers:《法理学》,丁晓春译,2005 年版,第 270 页]、"问题导向思维"(如黄建辉:《法律阐释论》,2000 年版,第 15 页)或是"问题导向的主题思维"(如黄舒芃:《变迁社会中的法学方法》,2009 年版,第 1 页)。

② Viehweg Topik und Jurisprudenz, 3. Aufl., (1965), 16 ff.; Horn Zur Bedeutung der Topiklehre Theodor Viehwegs für eine einheitliche Theorie des juristischen Denkens, NJW 1967, 601 (606); Mittelstraß (Hrsg.) Enzyklopädie Philosophie, Band. 4 (1996), 320. 对此的批判,见 Rödig Einführung in eine analytische Rechtslehre (1986), 90 ff.

** "Topoi"一词是"Topos"的复数形态,源于希腊语,亦有将之译为"价值观点"(如黄茂荣:《法学方法与现代民法》,2006 年版,第 912 页)、"论据"(如 Rüthers:《法理学》,丁晓春译,2005 年版,第 270 页)或是"观点"。

看，德语中"Gemeinplatz"④一词与这个表述最为相近，但是在今天几乎没人理解"Gemeinplatz"这个字。* 想要把这个用语不含轻蔑意味中性地翻译成德语，几乎是不可能的，像俗语（Redensart）、标语（Schlagwort）、格言（Spruch）或闲谈（Schnack）这些德语译词，都蕴含了轻蔑的意思在其中。** 所谓论点，就像流传已久的拉丁法谚"dolo agit qui petit quod statim redditurus est"，意即"要求对方给付自己受领后必须立即归还之物者，此要求即属狡诈【译按：对方可针对此要求提出狡诈抗辩】"，或是"nemo auditur suam Turpitudinem allegans"，意指"没有人可以拿自己的劣行来当作抗辩"。这些论点多半是直接从健全的人类理智或正义感所导出的独立论据，没有它们，就没办法适用法律。

但是我们因为这样就必须放弃体系方法吗？或是因此就可以任意决定要不要体系性地思考、工作？一旦我们只看具体个案或是个别问题，就会涉入一种危险，亦即，我们对于这个问题的决定可能会和自己先前已作出的其他决定相互扞格，无论这个决定的本身是多么的明显易懂，均然。换句话说，我们所涉入的危险，就是对于那些已经（通过概念界定及运用）定义成标准上相同

---

④ 在 Hoffmeister 所编写的哲学概念辞典（Wörterbuch der philosophischen Begriffe, 1955, 614）中，就是这么解释"论点"（Topos）一词。

* 在德汉辞典中对于"Gemeinplatz"一词的解释通常是"陈腔滥调、空洞的客套话"；但就这个德文复合字来说，前半部的"gemein"有"普通、常见、共同或通俗"的意思，后半部的"Platz"则是指"地方、场所位置"。若是没有先了解它的典故来看这个字，即便是德语母语者也难以望文生义。

** 在德语中，"Redensart"这字也有"空话"的意思，"Schlagwort"也有"陈腔滥调""老生常谈"的意思，"Spruch"也有"废话""空谈"或"说大话"的意思，"Schnack"则是也含有"空话""废话"的意思。

的事物,作出不平等的处理。如此一来,便没有实现法律适用的一个重要诉求:平等意义下的正义。④

二、论点学方法与体系方法的实际演练

> 以下再次涉及教唆者于正犯发生客体错误时的可罚性问题(罗瑟/罗萨案)[*]。

现在就让我们用一个大家已知的例子,来分别演练论点学的方法与体系方法:正犯在他执行教唆者所给予的委托时认错了人(等价之客体错误),并将这个(对教唆者来说)错误的被害人杀死或伤害,此时应该如何处罚教唆者?对于这个问题,有三种可能的答案:第一种可能的处理就是,教唆者应依"教唆犯罪既遂"来处罚,亦即客体错误既然不会为正犯自己带来什么好处【译按:意指此种错误不会对于正犯成立故意既遂犯有所影响】,那么这种错误就也同样不会让教唆者得到好处。第二个可能的结论则是,正犯所引起的"结果"不能归责于教唆者,但正犯所为之"行为"则仍可归责于教唆者,因此教唆者应依"教唆未遂"处罚。第三种可能的处理则是,无论是正犯引起的结果还是其所为之行为都不能归责于教唆者,最多只能够在其所教唆之犯行属重罪^{**}

---

④ 对此参见 *Rödig* Einführung in eine analytische Rechtslehre (1986), 42.

* 罗瑟/罗萨案(Fall Rose-Rosahl)的简要说明,见本书第 257 页的译注。

** 《德国刑法》将所有的犯罪分成重罪(Verbrechen)与轻罪(Vergehen)两种,区分标准是各罪的最低法定刑(法定刑下限):最轻本刑为 1 年以上有期徒刑者,即属重罪(《德国刑法》第 12 条第 1 项)。

时，依《德国刑法》第 30 条之规定论以教唆的（徒然）未遂*而罚之。德国联邦最高法院采取了第一种解决方式，Roxin 则采第三种立场。Roxin 在证立其解答时，使用了下面三个论点。以下，就依照其提出的顺序，将这三个论据依序提出。

  论据 1：

  然而不容怀疑的是，如果 St. 是有意地将 N 代替 S 射杀，便存在着一个排除教唆处罚的逾越（Exzess）。适用于故意逾越的这个原则，也必须适用于非故意的逾越，因为就"正犯的犯行偏离于教唆者之想象"这点来说，两者是相同的。

  论据 2：

  这个从一般逾越原理所导出的结论，是以错误理论中的演绎作为根据。因为，St. 所发生的客体错误对于幕后者 B 来说，是一种打击错误。幕后者针对 S 所射出的"箭"（即 St.）有所"偏离"，并取而代之地击中了 N。如果我们在打击错误的情形，采取实务、通说以及本书采取的看法，排除了故意既遂犯的认定，那么在这样的观点下，此处便也只成立未遂教唆。⑤

  论据 3：

  这个解决方案，也可以从 Binding 所提出的论据得到证

---

 * 此系指应论以"未遂教唆"（versuchte Anstiftung）。德国文献上所称的"未遂教唆"与"教唆未遂"（Anstiftung zum Versuch）是两个不同的概念，前者是指被教唆者尚未至犯罪（或是所着手实行的犯行不能算是其被教唆之犯罪）的情形，也就是台湾地区"刑法"于 2005 年修法前第 29 条第 3 项前段所规范的对象（被教唆人虽未至犯罪，教唆犯仍以未遂犯论）；后者则是限于正犯业已着手于（被教唆之）犯罪的实行。未遂教唆在德国是规定在《德国刑法》第 30 条（条文内容见本书第 258 页之译注）。

 ⑤ *Roxin* AT/2, 26/120.

实【译按：此指宾丁大屠杀论据】。Binding 的论据是以下面的假设作为出发点：St. 在发现了自己的错误后，又继续埋伏等待 S，并且在其出现后将之射杀。如此一来，St. 便构成了两个谋杀罪，而 B 则因教唆谋杀 S 而应受罚。但是，不能把 N 的死亡结果也一起归责到 B 的教唆行为，因为他只想教唆一个谋杀行为。⑥

这就是一种纯粹论点学的论证方式。Roxin 放弃了把这个问题置入一个较高度的体系关联中，不去为他的解决方案找出一般性的规则。例如不去追问，在何种条件下要将正犯的犯行普遍地归责于教唆者，或是不再追问，什么是共犯的从属性（Akzessorietät）以及在何种条件下从属性原则会介入。取而代之，他直接走进个别问题，并且只在某种特定的意义下去证立他的解决方案。而这些个别的论据，也具有论点学方法的性格，这方法并非偶然的源自修辞学（Rhetorik）。⑦

第一个论据，是拿一个已经清楚被决定的情形来和一个有争议的情形作比较，通常是通过"这不应当有所差异……"的形式出现。这种论证形式在现代的法学中相当常见，而且也经常被争执。"正犯究竟是故意还是非故意地击中另一名被害人"这个问题，对于教唆犯的主观构成要件固然不会有任何影响；但对于教唆犯的客观构成要件来说，也就是对于教唆者对正犯所施以的影响来说，正犯是有意还是无意地攻击另一个异于原先与教唆者约

---

⑥ *Roxin* AT/2, 26/121.

⑦ *Ritter/Gründer* (Hrsg.) Historisches Wörterbuch der Philosophie Band. 10 (1998), S.1266.

定之被害人这点,则会有其重要性。如果要主张这个区别对于"正犯的着手实行与结果能否归责到教唆者"这个问题来说不重要,那就还要提出更进一步的论证。

在第二个论点中,修辞学的性格又更加地明显。Roxin 为了证立他的结论,使用了一个明白生动的图像:正犯就像一支由教唆者对被害人所射出的箭一样。如果正犯发生了客体错误,那么在一定程度上,这支箭就是未击中目标。因此,正犯的错误对于教唆者而言,便体现为一种打击失误;依照通说,打击失误无论如何都会排除行为人对结果的责任。人们当然可以这么理解教唆者的可罚性:正犯的犯行之所以要归责于教唆者,是因为他将正犯当作实现自己目的之工具来使用,就如同使用一个无生命的客体般。然而,这符合我们对于教唆者与正犯间关系的通常理解吗?符合一般对于主行为为何归责于教唆者的理解吗?

第三个论点也是一种比较。被拿来比较的情形是,正犯首先由于客体错误而将被误认者杀死,然后又再杀死了正确的被害人。这里涉及一种数量上的正犯逾越(quantitativer Täterexzess),教唆者所受到的归责不可以超过其原先所教唆的数量。因为人们只能归责教唆者一个杀人罪,于是,最容易想到的就是挑选其中那个最能符合其想象的杀害行为(也就是杀死正确被害人的那个杀人罪)来归责。[⑧] 亦即,当正犯也杀死了正确的被害人时,杀死错误被害人的部分便不应再归责于教唆者。现在,这个结论被一般化而变成:就算是正确的被害人根本未被波及(也就是在未发生数量方面之正犯逾越的情形),杀死错误被害人的部分也还是不可

[⑧] *Roxin* Rose-Rosahl redivivus, FS-Spendel (1992), 289 (298 f.).

归责于教唆者。关键步骤就是在这个一般化。

现在,如果我们要用体系方法来处理相同的法律问题,那么我们就必须要先弄清楚,未遂的归责(Zurechnung des Versuchs)与结果归责(Zurechnung des Erfolges)这两个问题在逻辑上是处于何种顺序。Roxin 的做法是先讨论总体的归责,也就是先讨论既遂的归责(Zurechnung der Vollendung),然后再讨论未遂的归责,而这个未遂的归责在一定程度上是局部归责(Teilzurechnung)。但如此一来,他就是在第一步之前先跨出了第二步。因为在逻辑上,未遂的归责始终是结果归责的前提。正犯着手实行教唆者所促使的犯行,是教唆的第一个(客观上的)结果。由此导出以下关于罗瑟/罗萨问题的逻辑审查架构:

问题 1:教唆者是否应依未遂犯处罚?

答案若为肯定,则要继续检视

问题 2:教唆者是否应依既遂犯处罚?

关于问题 1:

A 教唆 T 着手实行杀 S。

T 对 N 开枪(以为自己是对 S 射击)构成了未遂犯,这个未遂犯是否就是 A 教唆他去违犯的那个未遂犯?

依照《德国刑法》第 22 条【译按:该条内容为"凡是依其对犯行之想象直接着手实现构成要件者,为未遂犯"】,未遂的内容是针对行为人关于犯行及其结果的想象。

T 认为自己射杀了 S。行为人的想象与 A 的想象相互合致。T 已经着手去实现 A 教唆其实现的那个结果。

依照《德国刑法》第26条【译按:教唆犯之规定】,T的未遂应归责于A。

关于问题2:

教唆者是否应依既遂犯处罚?

对N的既遂,应归责于T,尽管他原本是想射杀S(不重要的客体错误)。

如果行为人已经去违犯教唆者唆使其违犯的未遂,并且行为人的错误不会让他脱免既遂的非难,那么这个错误就也不会让教唆者脱免责任(教唆从属性原则)。

推价:T于等价之客体错误状态下对N所违犯的杀人罪,应依既遂犯归责于A。*

这个结论并不是在每个法秩序中都能主张绝对有效(正确),而是只有像在我们的法律体系中,根据现行法上对于主行为应如何归责于教唆者所设的一般性规则,这个结论才会是有效的。我们可以想象一下,可能在某个法体系中,教唆者的可罚性是取决于主行为是否在一切观点下(包含在其客观上的结果)均与教唆者的意志相符。那么这里当然就会浮现以下的问题:是否正犯同样有理由要求,在客体错误或其他错误的情形中也要限制

---

* 原版中有较详细的说明,新版则是只留下关键的推论过程。读者可参考原版中的解说:在客体错误的情形,正犯在错误的影响下,具有杀害(对于教唆者来说)正确被害人的想象。因此,正犯从事了一个合于教唆者之指示杀害正确被害人的未遂,也就是说,正犯从事了教唆者所促使的那个未遂。所以,正犯的未遂(着手行为)无论如何都能够归责于教唆者。如果正犯所违犯的未遂是教唆者促使其违犯的那个犯行,那么接下来的结果归责问题,便是要取决于从属性的规则。一个没能让正犯自己得到好处的错误,也不能让教唆者得到好处。借此便确认了结论:教唆者应依教唆主行为人既遂犯行而罚之。

他的责任。但这和我们的法律体系无论如何是不相容的。

每个体系当中,都会有既定的知识(甚或决定)在其中。在我们的例子里,所指的就是共犯从属性的观点以及未遂的主观定义。但"体系并非知识本身,而是知识的工具"。对于解决较为复杂的任务来说,这个工具无论如何是不可或缺的。就此而言,体系绝对可说是与电脑程式相似。要解决同一个任务,或许可适用数种不同的电脑程式,但若是没有这样的程式,就行不通了。

论点学作为方法,会诱使我们将某个在特定脉络下发展出来的想法移植到其他(该想法不应存在的)脉络中。当想法被浓缩成一个口号标语(论点)时,像信赖原则、自我负责原则、罪责原则或诚实信用原则,就会更容易发生上述的状况。对此也有一个例子:司法实务在交通刑法的范畴中发展出所谓信赖原则。⑨ 信赖原则限制了《德国道路交通规则》(StVO)第 1 条,该条要求每个人的行为都必须不会危及他人。这个限制可以这么描述:

> 在确定避免危险的注意义务时,每个交通参与者均得信赖其他交通参与者会在交通中正确行为。只要没有征兆显示其他参与者会违背交通规则,他就不需要去注意这一点。

这个原则后来被扩展到其他所有的法领域(夹带着大量例外)。⑩ 现在,人们这么描述信赖原则:

---

⑨　BGHSt 7, 118; 12, 81 (83); 14, 97 (99); 14, 201 (211).

⑩　BGHSt 43, 306 (310 f.), 53, 38 (45); BGHR StGB § 15 Fahrlässigkeit 1; Schönke/Schröder- *Sternberg-Lieben/Schuster* § 15 Rn. 151 ff.; MüKo *Duttge* § 15 Rn.142 ff.; *Stratenwerth/Kuhlen* AT 15/64 ff.; *Kindhäuser*/Zimmermann AT 33/31 ff.; *Kühl* AT 4/49 ff.; *Jakobs* AT 7/53; *Roxin* AT/1 24/21 ff.

依照信赖原则,每个人都可以信赖其他参与者会履行其注意义务。

如此一来,信赖原则就从原本发展及适用的脉络(为了限制"每个人的行为都必须不危及或损害他人"这个原则)中被提取出来。这个原则可以用来否定以下情形中第一行为人之于(通过其自身违反注意义务之行为加上其后第三人的注意义务违反行为所招致之)损害的责任。[11]

因为信赖原则的意义,显然不会是要让已确定侵害注意义务的行为人脱免对后果的责任,所以人们又提出了进一步的原则来限制信赖原则。这原则就是:

若自己业已违反注意义务而行为,便不得信赖其他人会合于义务的行为。[12]

借由这句话,让一个先前罔顾速限规定而超速的汽车驾驶,在其速度恢复到合法范围后,也不能信赖路边想要过马路的行人会先察看左右是否有来车。巴伐利亚州高等法院就用了这样的论证,判处一名汽车驾驶对于一名不小心的行人成立过失致人于死罪。[13] 一个正确的想法再次地从其体系脉络中抽离,并因而被篡改。"违反注意义务的人不能对于'他人会遵守其自身之注意义务,并进而防止由此所生的损害后果'这点主张信赖"这句话,其意义不是在于"他自己通过其行为没有正当化这样的信

---

[11] SK-*Rudolphi*, 8. Aufl., Vor § 1 Rn. 73.
[12] BGH VRS 13, 225 (226); 14, 294 (295); 33, 368 (379); 35, 113 (116).
[13] BayOblG VRS 58, 221 mit Bespr. *Puppe* AT 5/5 ff.

赖,因此也失去了信赖他人合乎注意义务而行为的权利"⑭,而是要澄清:信赖原则所限制的是注意义务,而不是要限制对于侵害注意义务之后果所生的责任。因此,要完整地说这句话,应该如下般地描述:

> 违反注意义务的人不能以"他信赖其他人都会遵循他们的注意义务并防止(或不扩大)由此而生的损害"为由来卸责。

这句话不能用来让违反注意义务的行为人在未来承担起比一般人更加严格的注意义务,这在某程度上是处罚。*

会产生这样的误解,就是因为现今的文献在论证时太常使用口号、标语或论点,而不是用完整的语句。借由那些标语,像信赖原则、自我负责原则、规范保护目的,人们无法证立或证明任何东西,即便是像罪责原则或诚信原则这么崇高的语词,也是一样。请您用完整的语句来思考、论述及书写,而不要只用关键字。也要请您留意的是,应当完整描述您的语句,并且让这些语句处于正确的体系脉络中。

---

⑭ *Puppe* AT 5/11 ff.; *dies.* Die Beziehung zwischen Sorgfaltswidrigkeit und Erfolg bei den Fahrlässigkeitsdelikten, ZStW 99 (1987), 595 (611); *Stratenwerth / Kuhlen* AT 15/68; *Roxin* AT/1 24/24; *Krümpelmann* Zur Verwirkung des Vertrauensgrundsatzes, FS-Lackner (1987), 289 (292); MüKo-*Duttge* § 15 Rn. 144.

* 作者对此处的补充说明如下:借由"某程度上是处罚"(gewissermaßen zur Strafe)一语,是要指称"自己违反义务而行为就不得信赖他人会履行注意义务"这种主张,是通过丧失信赖的权利,来让行为人为其错误行为受到制裁。

第二章　所谓的审查架构

一、审查步骤在逻辑上的正确顺序

所谓审查架构(Aufbauschemata),不外乎就是一种用以解决特定任务(对个案作出判决)的程式,一种或多或少内容丰富、或多或少可普遍运用的程式。为了避免违犯结构性的错误,许多学生将这种审查架构表死记硬背下来,以求能够在考试的紧要关头按照架构表中所规定的步骤,一步步努力且刻板地执行,就像照着食谱做一道新菜一样。他们相信这样可以节省时间,但这却是个错误。其实,只要真的曾经理解过一个审查架构表中所表达的逻辑关联,无论如何就不会违犯某些重大的结构错误,就算他已经忘记了这个架构表,也是一样。结构上的错误,像审查未遂时从客观构成要件开始,也就是从着手实行开始审查,这是一个连高年级的法律系学生也还是会经常违犯的错误。但只要了解了为什么我们在审查未遂犯时要(与既遂犯的审查相反)从主观构成要件开始,就绝不会违犯上述的错误。《德国刑法》第 22 条的立法定义提道：

> 凡是依其对犯行之想象直接着手实现犯罪构成要件者，为未遂犯。

也就是说，行为人是否业已尝试去实现一个构成要件，并不是取决于他在客观上所实现的任何事实，而是仅仅取决于他主观上相信自己实现了什么。他在客观上所引起的，可以是完全无害的事物。把一汤匙果糖加进别人的咖啡中，也可能会构成未遂的谋杀罪，只要行为人相信，所加入的是致命剂量的铅糖。* 也就是说，单凭客观事实，我们根本没办法知道要审查哪一个构成要件。** 既遂犯的情形当然与此不同，这也是为什么未遂犯的审查只能从主观构成要件开始的原因。

一个正确的审查流程所必须具备的各种条件中，最重要的就是在逻辑上正确地排列个别审查步骤的顺序。这意味着：

> 在每个审查步骤中，皆不得把任何尚未审查的事物或任何依其任务不应审查的事物拿来当作前提。

---

* 铅糖（Bleizucker），学名为"乙酸铅"，外形为白色晶状，带甜味，能溶于水，具有毒性。尽管有剧毒，铅糖曾在19世纪被拿来当作糖的替代物，尤其是在维也纳，常会将之加入红酒中以提升甜度。关于乐圣贝多芬死因的各种说法中，有一说即主张是因为饮用红酒而铅中毒。

** 像看到一对男女在公园暗处拉扯，如果不知道当事人主观上的意向，那么这样的客观事实就有可能会是强制的着手、强盗的着手、强制性交的着手、杀人的着手、伤害的着手，当然也可能只是打情骂俏的着手。只要不知道当事者的主观想法，这些可能就永远只会是可能，无法确定。这同时也涉及着手实行的判断，学说上虽然提出了不同的着手理论，但技术上只可能采行主观客观混合理论的基本出发点，以行为人的主观想象作为判断着手的背景事实（至于具体判准则是下一个层次的问题）；对此详可参见蔡圣伟：《刑法案例解析方法论》，2023年版，第166—168页。

凡是想要审查某个主张的人，必须要先怀疑那个主张。如果他先把这个有待审查的主张预设为正确，那么他就已经自我矛盾。他的审查最后若是导出了相反的结论，就会让他陷入极大的困境中。如此一来，他就必须删除自己到目前为止的所有论述，并且要整个从头开始。如果他不这么做，那么从第一个矛盾便衍生出第二个矛盾，而这第二个矛盾会使整个审查在结论上不具有任何意义。

有鉴于如此的毁灭性结局，原本似乎很难想象真的会有结构建议抵触这个规则，但事实上确有其事。在许多关于刑法实例解答的导论书籍中，都会建议读者在特定案例中合并地审查共同正犯。[15] 然而，不管案例事实是如何，A 的犯行就是不同于 B 的犯行，A 的故意就是异于 B 之故意的另一个心理事实。A 的可罚性，也同样是有别于 B 之可罚性的另一个法律效果。同时处理数个法律问题，这已经抵触了体系方法。更重要的是，为了一开始就共同地审查数个参与者，就要先假定这些参与者是共同正犯。但这只有在提出任务者【译按：出题者】有对此给予指示，要求大家以此作为基础并且不要审查共同正犯之要件时，才可以被容许。这种指示，有可能是通过"叙述案例事实时根本没有区分这两个人"的方式，一定程度上默示地表达出来。然而，关于共同正犯性质的审查，原则上就如同所有其他的法律问题一样，当然应该要予以处理。但如果审查者只有共同地确认数个参与者的构

---

[15] *Fahse/Hansen* Übungen für Anfänger im Zivil-und Strafrecht, 8. Aufl. (1996), 62; *Haft* AT S. 205; *Roxin/Schünemann/Haffke* Strafrechtliche Klausurenlehre mit Fallrepetitorium, 4. Aufl. (1982), S. 22; *Scholz/Wohlers* Klausuren und Hausarbeiten im Strafrecht, 2. Aufl. (1999), 34; *Schramm* Klausurentechnik, 4. Aufl. (1978), 59; 明白反对者，如 *Teubner* Die Examensklausur im Bürgerlichen Recht (1984), S. 131.

成要件该当性,那么他就会面临无解的难题。亦即,他就必须要将不同的参与者区分开来,继续进行个别的审查。这样的审查,将会陷入完全的混乱。特别是在他先以共同正犯的关系作为前提后,他就不再能够否定共同正犯关系的存在。⑯ 也就是说,他根本不能再去审查"A 或 B 究竟是正犯还是帮助犯"这个问题。相反的,如果他这么做,那么在形式上就会和自己的前提相冲突;并且,若是他最后得出"其中某个参与者只是帮助犯,甚至只是一个行为工具【译按:间接正犯的被利用者】"这样的结论时,他便制造了一个实质的矛盾。这些都是抵触"逻辑上应正确安排审查步骤之顺序"这个要求的后果。

二、审查步骤的连贯性

关于结构安排的第二个规则是:

不可重复任何的审查。如果同样的法律问题在另一个不同脉络下再次出现,就应该援用先前的审查结果。

这不仅只是基于经济的理由,也是为了要预防实际的矛盾危险,也就是要避免自己在针对同样的审查对象进行第二次审查时,得出与前次审查不一致的结果。因此,在同一个审查程式中,后续的步骤有时候会要取决于先前步骤的审查结果。也就是说,一个审查流程不应该无视先前的审查结果而顽固呆板地坚持

---

⑯ 依照 *Küpper*, Auslegung und Methode. Ein Versuch systematisch zu denken, FS-Puppe (2011), 137 (148)的看法,这当然无法被看出来,因为借此"被发现的结论"(亦即鉴定者从一开始就共同地审查所有参与者)便已经确认了共同正犯的属性。

走完全程,若这么做就足证其不智。

譬如,在审查既遂犯时,若已得出主观构成要件不该当的结论,那么接着还去审查未遂犯便是愚蠢的,因为此一未遂的审查最多也只是重复这个结论。但如果既遂犯的审查是卡在客观构成要件【译按:客观构成要件不该当】,而行为人的想象又是和客观事实一致,那么就算要进行未遂的审查,这个审查也只是在简短地确认这个(主观想象与客观事实间的)一致关系。[*]只有当既遂犯的实现是搁浅在客观构成要件上,而行为人的想象又偏离于这个客观事实时,才需要深入地进行未遂犯的审查。只有当行为人的想象与(构成要件不该当的)客观事实不一致时,行为人的想象才有被涵摄到构成要件下的可能【译按:才会有肯定构成要件故意的可能】。人们将此称为"反面的构成要件错误"(umgekehrter Tatbestandsirrtum【译按:因其结构与构成要件错误相反】)。此外,像我们在审查特别构成要件时,确认了某个构成要件要素不该当,而这个要素也同样出现在基本构成要件之中,审查者居然在确认不能适用特别构成要件之后又再仔细地审查这个基本构成要件,这也是一个结构错误的例子。

三、经济性与普遍性

接下来的两个要求,虽然可以提升一个审查架构的品质,但并非绝对必要。一个审查架构,就像一个电脑程式,应该要尽可

---

[*] 亦即,是要确认行为人于行为时所想象的事实是否确实和客观上的相关事实一致。若果如此,则该想象自然也不会被评价成该罪名的构成要件故意。

能的简短及经济。也就是说,不应包含那些随后会证实为多余的步骤。另一方面,一个审查架构也应该尽可能地能够普及,如此一来,法律适用者才不需要多花时间与精力去决定应选择哪一种审查架构,并且,尤其不会掉入选择架构时犯错的危险。这也就是为什么我们要相当固执地遵循审查架构的原因,特别是在法学教育一开始的时候,这种刻板执着,会让人想起普鲁士的军事操练规章*。在特定案件中,从法益侵害的阻却违法问题开始审查,的确可能会是比较经济的做法,也就是在我们对于某个法益侵害行为是否该当于构成要件仍有疑问,但很清楚地存在着阻却违法事由(像通过承诺或是正当防卫)的情形。尽管如此,在每个可罚性的审查中,我们还是要从构成要件开始进行。

人们当然也可能会过度地夸大了上述的固执,至少高年级的法律系学生应该要避免这种错误。例如,当一个医疗侵入行为清楚地可通过病人的承诺阻却违法时,就没有必要去讨论关于医疗侵害之构成要件该当性的各种意见。人们可以基于"清楚存在着阻却违法事由"这个理由,而让上述争议悬而不决。这个例子显示了,聪明的操作审查架构不会是指不顾后续步骤地始终用同样方式彻底分析讨论每个步骤。一个清楚的错误,就像在审查完基本构成要件后,已经确认了实现基本构成要件的行为可被阻却违法,还接着去审查加重构成要件。首先,这样的做法是不经济的。如果基本构成要件的实现可被阻却违法,或者行为人在基本构成要件未遂犯的部分已经有效的中止【译按:《德国刑法》上中止行

---

* 普鲁士的军事操练规章(preußisches Exerzierreglement),于17世纪印行,主要是关于射击武器的操作使用的规定以及战术规则,以极为繁琐著称。

为的法律效果为"不罚",而非仅为减轻或免除其刑】,那么随后还去审查加重构成要件便是多余的;因为,无论加重事由的构成要件是否该当,只要有任何阻却违法与中止的可能,就还是必须要审查阻却违法事由和中止。*其次,这也不合体系。逻辑上,每个加重构成要件都是以违法且有罪责地实现基本构成要件为前提。⑰法律初学者应该尽可能快速地摆脱下面这种想法:在解案例时,带入越多的问题、提出越多自己读过、学到的争点,就会获得更高的认可(越高分)。⑱在实例解析中,究竟有无必要去处理某个特定法律问题,还是应该避开这个问题才算是灵巧,要能对此作出正确的决定,有时需要某程度的感觉与经验。原则上,对于一个法律案件的解决,就和要完成任何的任务一样,不管是理论上的任务还是实践的任务,都有下面这句话的适用:最安全、最简单及最精简的解决途径,就是最好的途径。

---

* 作者于此是要强调审查实例时逻辑上的正确顺序。如果在具体个案中,同时存有阻却违法(或中止)以及成立加重事由的可能性,那么,当基本构成要件的实现会被阻却违法(或是成立德国法上"不罚"的中止)时,我们就不需要再去审查加重构成要件。相反地,如果在这种案例中一开始就先从加重构成要件开始审查,那么在构成要件该当性的阶层就要处理加重事由的相关争点,而且到头来也还是要检视阻却违法事由或中止。

⑰ Küpper对此表示反对,认为在人们能够从事对于阻却违法所必要的衡量(像正当防卫的合宜性或依照《德国刑事诉讼法》第127条逮捕现行犯的合比例性)之前,必须先确认所实现的是第224条【译按:危险伤害罪】还是第226条【译按:重伤害罪】的伤害罪;见 Küpper, Auslegung und Methode. Ein Versuch systematisch zu denken, FS-Puppe (2011), 137 (149).他所误解的是,伤害罪应受衡量的比重并非取决于其是否可涵摄到某个加重构成要件下。

⑱ 然而很遗憾的,如此的想法不仅支配了补习班教材,甚至也出现在部分教科书当中。例如,Rengier便在他的教科书中建议,在违法性的审查前先审查加重构成要件,如此才不会在基本行为能够阻却违法时,漏未处理加重构成要件的"问题",见 BT/2, 4/8;14/1.

推荐读物

说　明：

在方法论的范畴，相对于其他实践性的法律适用领域，比较不会受到文献新鲜度影响。因此，我在推荐名单中绝对是有意识地加入那些我认为对学生读者会有帮助且属高水准的早期文献。

方法论的教科书：

1.Engisch, Karl:《法学思维导论》(Einführung in das juristische Denken)，第 12 版，2018 年版，第 292 页。仍旧值得阅读的古典读本。[*]

2.Larenz, Karl/Canaris, Claus Wilhelm:《法学方法论》(Methodenlehre der Rechtswissenschaft)，第 3 版，1995 年版，第 325 页，新版预告于 2023 年出版。[**]

---

[*] 本书已有中文译本:《法律思维导论》，郑永流译，法律出版社 2004 年版。

[**] 本书已有中文译本:《法学方法论》，陈爱娥译，五南出版公司 1996 年版。该版乃根据较精简的学生版(Studienausgabe)文本而翻译，陈教授另于 2022 年改版，将内文改成完整的全文版。

3. Möllers, Thomas：《法学方法论》(Juristische Methodenlehre)，第 4 版，2021 年版，第 598 页。

4. Pawlowski, Hans-Martin：《法律人的方法论》(Methodenlehre für Juristen)，第 3 版，1999 年版，第 522 页。

5. Rüthers, Bernd/Fischer, Christian/Birk, Axel：《法理论与法学方法论》(Rechtstheorie und juristische Methodenlehre)，第 12 版，2022 年版，第 627 页。

以下的书籍，则是通过其所强调的方法论特殊观点来排列。部分书籍已绝版，但仍可在学术性的图书馆中找到。

关于解释：

◎Wank, Rolf：《法律解释》(Die Auslegung von Gesetzen)，第 6 版，2015 年版，第 114 页。其中附有各个法领域清楚的例子。

关于法学上的概念形式：

◎Wank, Rolf：《法学上的概念形成》(Die juristische Begriffsbildung)，1985 年版，第 175 页。

关于定义理论：

◎v. Savigny, Eike：《学术定义的基础课程》(Grundkurs im wissenschaftlichen Definieren)，第 5 版，1980 年版，第 168 页，附有许多法学上的例子。

关于逻辑在法律上的运用：

1. Herberger, Maximilian/Simon, Dieter：《法律人的知识理论》

(Wissenschaftstheorie für Juristen),1980 年版。

2.Heyder, Udo:《法律适用中特殊法学推论形式的有效性及助益》(Gültigkeit und Nutzen der besonderen juristischen Schlussformen in der Rechtsanwendung),波恩法学专论,新系列第 6 册,由 Di Fabio, Udo/Kindhäuser, Urs/ Roth, Wulf‐Henning 主编,2010 年版,第 163 页。

论证理论的导论:

1.Koch, Hans‐Joachim/Rüßmann, Helmut:《法学论证理论》(Juristische Begründungslehre),1982 年版,第 383 页,已绝版。

2.Neumann, Ulfrid:《法学论证学说》(Juristische Argumentationslehre),1986 年版,第 136 页,已绝版。*

3.Alexy, Robert:《法学论证理论》(Theorie der juristischen Argumentation),第 2 版,1991 年版,2001 年再版,433 页。**

关于方法论的历史及较新的发展:

◎Rückert, Joachim/Seinecke, Ralf(主编):《民法方法论——从 Savigny 到 Teubner》(Methodik des Zivilrechtsvon Savigny bis Teubner),第 3 版,2017 年版,第 659 页;第 4 版于 2023 年问世。这是数名当代民法方法论重要代表人物的论文集。

---

* 该书作者于 2023 年另行发表《法律论证理论》(Juristische Argumentationstheorie),全书共 230 页。

** 此书已有中文译本:《法律论证理论——作为法律证立理论的理性论辩理论》,舒国滢译,中国法制出版社 2002 年版。